진리를 찾는 사람들을 위한

가톨릭에 관한 신앙사전

페터 제발트 지음 · **이기숙** 옮김 · **최현식** 감수

KULT
by Peter Seewald
Copyright © 2007 Pattloch Verlag GmbH & Co KG, München
All rights reserved

Korean translation copyright © 2008 by BONUS Publishing Co.
Korean translation copyright arranged with Pattloch Verlag GmbH & Co KG
through Book Seventeen Agency, Seoul, Korea

이 책의 한국어판 저작권은 북세븐틴 에이전시를 통한 Pattloch Verlag GmbH & Co KG와의
독점계약으로 보누스출판사에 있습니다. 저작권법에 의해 보호를 받는 저작물이므로
무단전재 및 무단복제를 금합니다.

머리말

울타리 사이로 들여다본 가톨릭

나는 그리스도교 사상에 다시 관심을 갖기 시작하면서 이상한 경험을 하게 되었다. 이미 기적에 관한 책과 세계문학에 나오는 예수에 관한 이야기와 성경의 글을 발췌하여 읽은 나는 어느 날 한 성당에 들어가 의자에 앉았다. 그리고 제단과 신자석과 반원형 천장과 거대한 성상들과 극적인 내용을 표현한 성화들을 찬찬히 살펴보았다. 이 모든 그림들과 조각들의 표현에는 일정한 공통된 형식이 있지 않을까? 실제로 거기에는 기호 언어와 내밀한 상징과 그리스도교 고유의 신앙 문법이 있었다. 단지 내가 그것을 이해하지 못할 뿐이었다. 동네 성당의 여러 상징들을 상형문자처럼 여기는 사람이 어떻게 미사에 깊이 몰두할 수 있을까? 나는 놀라움을 금치 못했다.

유럽 대륙에서 어느 방향으로 어느 만큼의 거리를 가든지 우리는 그리스도교의 증거물을 만난다. 성당과 경당, 순례자의 길과 풍습은 유럽이 그리스도교에 맞서 자란 것이 아니라 그리스도교를 통해 세워졌다는 사실을 증명한다. 모차르트와 바흐를 좋아하고 뒤러와 미켈란젤로를 사랑하는 사람은 그리스도교에 감화된 문화유산을 누리는 것이다. 달력을 보는 사람도 필연적으로 그리스도 탄생 이후의 날들을 센다. 심지어 계몽주의도 그리스도교 없이는 생각하기 힘들다. 물론 십자가의 이름으로 많은 오류와 범죄가 저질러지기도 했다. 그러나 이구동성으로 그리스도교의 막대한 유산을 포기하겠다는 것은 재산을 물려줄 숙모 집에서 편히 살면서 그 집을 경멸하는 것과 똑같다.

기억해 보자. 우리보다 먼저 살았던 세대에게는 세상의 어떤 것도 그냥 존재하지 않았다. 세상에는 눈에 보이는 세계와 눈에 보이지 않는 세계가 있었다. 그들은 눈에 보이지 않는 세계를 특별한 방법으로 조금이나마 눈에 보이게 하고 싶어 했다. 천상의 마법을 지상으로 가져오고, 우리에게 삶의 동력을 공급하는 전원에 접속하고 싶어 했다. 그리스도교 문화는 인류의 근원적 지식과 고대의 유산만 전해준 것이 아니라, 2000년이라는 세월 동안 유례없는 영적인 전통을 만들어냈다. 그것은 낮과 밤을 위한 전통이었고, 탄생의 순간부터 영원의 문턱에 이를 때까지 지켜야 할 전통이었다. 그 전통은 신비로 가득한 전례와 성사와 치유의 기도를 통해 만들어졌다. 그렇다면 이성은 어디에 있을까? 인류 최고의 천재 화가 중 한 명은 과거에 서재로 이용되었던 바티칸의 '서명의 방'에 그리스도교 세계관에서 사유와 신앙이 서로 어떻게 접목되는지를 표현했다. 라파엘로는 그의 유명한 프레스코화에서 아테네 학당과 성체 논의를 대비시켰다. 한쪽에는 소크라테스와 피타고라스, 자신이 저술한 『윤리학』을 손에 든 아리스토텔레스가 있고, 맞은편에는 대주교와 예언자와 사도와 교부들이 있다. 그러나 대립의 관점이 아니라, 모든 등장인물이 경쾌하게 공간을 거닐며 자연스럽게 이어지는 이원적 체계의 관점에서 묘사했다.

　이 책은 그리스도교의 유산을 잠시 울타리 사이로 들여다본 시도에 불과하다. 그러면서 우리에게 잊혀진 분야를 발견하고 싶은 사람을 위한 안내서이기도 하다. 그 귀중한 유산 중에는 이상하게 보이는 것도 많을 테고, 허무맹랑하고 의심스럽게 생각되는 것도 있을 것이다. 그뿐만 아니라 보물과 유산들은 우리에게 언제나 도전이다. 편협해진 우리의 현실 감각에 대한 도전이고, 낮은 곳에서 정신 세계로 올라갈 엄두를 내지 못하고 신성의 아름다움이 주는 큰 기쁨을 누리지 못하는 우리의 사유에 대한 도전이다.

알베르트 아인슈타인도 깨달았듯이, 근본적으로 "삶을 사는 데는 두 가지 방식이 있다. 기적은 없다고 믿든가 아니면 모든 것이 기적이라고 믿는 삶이다." 상대성이론의 창시자에게 결론은 분명했다. "나는 후자를 믿는다." 왜 안 그렇겠는가.

뮌헨에서
페터 제발트

차례

그리스도교의 상징 ········· 13
중세의 베스트셀러 ········· 15
야훼와 여호와 ········· 16
예수의 이름 ········· 17
888 ········· 17
역사상 가장 길었던 교황 선거 ········· 18
성경에 관한 상식 ········· 19
요한 23세 어록 ········· 20
레오 13세의 초상화 ········· 21
어부의 반지 ········· 21
시토회 ········· 22
십자가의 형태 ········· 23
타우 십자가 ········· 25
교회 건축의 양식 ········· 26
종교 음악의 역사 ········· 28
발명가로 활약한 사제들 ········· 30
그리스도교 종파의 수장 ········· 36
유다교와 그리스도교 ········· 37
그리스도교와 이슬람교 ········· 38
가톨릭과 개신교의 차이 ········· 39
가톨릭 용어 소사전 ········· 41
바티칸 ········· 43
샤를르 드 푸코 ········· 44
괴테가 말하는 그리스도교 ········· 45
레오 톨스토이 ········· 45
모차르트 ········· 46
빈센트 반 고흐 ········· 46
루이 파스퇴르 ········· 47
예수는 왜 친구가 없었을까 ········· 47
교황청 용어 소사전 ········· 48
성경 속의 진기록 ········· 50
성경의 연표 ········· 51
성경의 시간 계산 ········· 52
전례력 ········· 53
진화와 창조 1 ········· 54
진화와 창조 2 ········· 56
수도자의 아침기도 ········· 58
아빠스 ········· 59
고대 역사서 ········· 60
수호성인 ········· 61
세계 각국의 수호성인 ········· 61
십자가가 그려진 국기 ········· 63
교회의 배경을 가진 세계 10개 수도 ··· 65
성(聖)의 뜻을 가진 20대 도시 ········· 66
성경의 배경을 가진 나라 이름 ········· 67
베네딕토 수도원의 맥주 ········· 68
카카오와 초콜릿 ········· 70
포크의 역사 ········· 70
카푸치노 ········· 71
발렌타인 데이 ········· 72

54와 관련된 사실들 ······ 72	성경의 도량형 ······ 106
요한 바오로 2세가 남긴 기록 ······ 74	유다인과 예수 ······ 107
교황사의 진기록 ······ 74	전례 장소와 기물 ······ 108
성당의 방향 ······ 77	부속 제대 ······ 110
세계에서 가장 엄격한 수도회 ······ 77	주교의 복장 ······ 111
알파와 오메가 ······ 78	사제의 검은 제복 ······ 112
예수와 세계사 ······ 78	사제의 각모 ······ 113
수(數)의 성경적 의미 ······ 80	수도회 약자 ······ 114
악마의 계급 ······ 85	수도회의 수도복 규정 ······ 117
천사의 품계 ······ 86	수도자는 어떻게 되는가 ······ 118
노트르담의 악마상 ······ 88	천사에 관하여 ······ 119
성인의 최후 ······ 88	요한 23세의 편지 ······ 121
그리스도교 초기의 이단 ······ 89	가톨릭 공의회 ······ 122
가장 완벽한 수 7 ······ 91	회칙 ······ 123
성경의 장과 절 ······ 94	로마의 교회들 ······ 123
성경의 책들 ······ 95	마르틴 루터의 10월 31일 ······ 124
성경 속의 사라진 책들 ······ 96	노트르담의 가시관 ······ 126
성경 번역 ······ 97	샤르트르 성당의 미로 ······ 126
UN의 공식 기도문 ······ 98	소피아 대성당 ······ 127
생활 기도문 ······ 99	코파카바나의 예수상 ······ 128
날씨에 관한 기도문 ······ 103	복음의 진수 ······ 129
아멘 ······ 104	하느님의 존재 증명 1 ······ 129
율법 중의 율법 ······ 105	유럽연합의 깃발 ······ 130
토라 ······ 105	하느님의 존재 증명 2 ······ 131
노아의 방주 ······ 106	거룩한 명화 ······ 131

하느님의 존재 증명 3 …… 133	교회학자 …… 165
십자가 아래의 해골 …… 133	종교에 관한 학문 …… 166
마르틴 루터의 논제 …… 134	추기경은 어떻게 되는가 …… 167
요한 바오로 2세와 숫자 13 …… 135	추기경의 드레스코드 …… 168
일주일이 7일이 된 이유 …… 136	단추 구멍 열병 …… 168
죽음의 기술 …… 137	교회학자 명단 …… 169
사랑의 노래 …… 138	위대한 여성들 …… 170
전례에 관한 소사전 …… 140	빛의 날 …… 172
포도주에 넣는 물 …… 145	예루살렘 증후군 …… 172
전례복 색상의 의미 …… 145	전례 용구의 의미 …… 173
예수회 신부의 위트 …… 146	예수의 발자국 …… 176
신앙 명언록 …… 146	하느님과 고전문학 …… 177
열두 사도의 상징 …… 149	악마의 발자국 …… 179
사물의 상징적 의미 …… 150	옥타비우스 …… 179
식물의 상징적 의미 …… 151	역사가 타키투스 …… 180
그리스도교 이모티콘 …… 152	황금서 …… 181
성인들의 상징 …… 152	로마 순교록 …… 182
사도 교부 …… 155	신앙이란 무엇인가 …… 184
예수의 일생 …… 156	세계 종교의 신자 증가율 …… 185
삼위일체 …… 157	이슬람 사원 …… 186
동시이처존재 …… 158	세계의 대형 교회들 …… 186
깨달음 …… 159	성당 이용료 …… 187
예수의 사전 …… 161	금주령 …… 188
라칭거 추기경이 들려주는 우화 …… 164	세상에서 가장 짧은 회칙 …… 188
악마의 사전 …… 164	세라핌 …… 189

스틸리티스의 기둥	190	기적의 변호인	216
예수에 관한 책	190	기적을 인정받는 일곱 가지 기준	217
산상 설교	191	시성 절차	218
수사학의 대가 예수	192	성모의 일곱 가지 고통	219
신앙의 변호인	193	성모의 일곱 가지 기쁨	220
수호성인	194	성모 축일과 기념일	220
동물과 직업과 질병의 수호성인	195	성모의 발현	221
기도와 계율과 성사에 관련된 수	199	성모 발현에 관한 통계표	222
화살기도	202	프랑스 루르드	223
성경 속의 식이요법	203	메주고리예	226
금식 규정	204	기적의 메달	227
식사 규정	205	카푸친회의 비오 신부	228
클뤼니 수도원의 몰락	205	성 마르티노의 망토	230
케이크 레시피	206	수도자의 유서	230
가르멜 수도원의 생명수	207	성인의 유해	231
거룩한 약초들	208	나폴리의 야누아리오	232
최후의 만찬	209	야고보의 길	233
가난한 라자로	211	특이한 성인들	234
베드로 헌금	211	오래된 금언	234
회의론자를 위한 반론	212	모든 일에는 때가 있다	235
처음	212	회심	235
천지창조의 일곱 날	213	모든 이를 위한 윤리	236
십계명	214	입교자	236
시편 1장	214	그리스도의 무기	237
성경 속의 동물	215	거룩한 창	237

하느님의 이성	238	호쿠스포쿠스	259
사도신경	238	구경거리	259
예수의 어록	240	기적의 표징	260
예수의 명칭	241	기적에 관하여	261
십자가의 길	242	란치아노의 성체	263
베로니카의 수건	243	대교황	264
배신의 스토리	244	무류성	264
가상칠언	246	삼층관	265
치유자	247	한국 주교회의 전국위원회	265
독일인 미헬	248	분주한 교황에게 주는 충고	266
미션 파서블	249	견진성사	267
땅의 주인	250	최고의 미덕	267
교회의 재산	250	악덕의 기호	268
교회에 다니는 사람이 더 오래 산다	250	죄악의 종류	269
보이론 수도원의 요제프	251	사계의 재	270
아르스의 비안네 신부	251	고난의 가르침	271
하느님에 대한 불경	252	영혼에 관하여	272
미사 전례 절차	252	프란치스코의 설교	273
미사에서의 몸가짐	253	프란치스코의 오상	274
대영광송	254	축일의 수	274
영성체 기도	255	신비 체험	275
성당 예절	256	아빌라의 성녀 데레사	276
오란스	257	리지외의 성녀 데레사	276
O로 시작하는 응답가	257	성인들의 통공	277
혼인 서약	258	공중 부양	278

수도원의 묘지	280
백합	281
모든 성인 대축일	282
성경의 해석	282
성경 속의 관능적 대목들	283
요한 묵시록의 말 탄 네 사람	286
기도의 종류	287
시편기도	287
주님의 기도	289
빛의 기도	290
묵주기도	291
묵주기도는 어떻게 하는가	293
수녀의 화살기도	294
좋은 생각을 위한 묵상	295
십자가의 민족	297
트리어의 십자가	298
바이블 TV	299
성경 영화의 배우들	299
축구 선수의 성호 긋기	301
영혼의 무게	301
현대 라틴어	301
세계의 종교 인구	302
유럽의 종교인 통계	303
세계 최소 규모의 가톨릭 교구	304
교회의 자선단체 통계	304
세계에서 가장 큰 성당	305
오스트리아의 순례지	305
서유럽 순례지 홈페이지	306
성당 방명록	308
하느님 나라로 가는 길	309
하느님을 찾아서	310
요한 바오로 1세의 권고	312
은총에 관하여	313
성탄절에 관하여	314
부활절 웃음	317
부활 달걀	317
영원에 관한 정의	318
종말에 관한 역사	319
무지개	320
마지막 일들	320
예수의 재림	322
예수의 마지막 어록	323
찾아보기	324

일러두기

1. 책 속에 인용된 성경 구절은 가톨릭 새번역 『성경』을 참조했다.
2. 가톨릭의 문헌, 회칙, 전례 등에 사용되는 교회 용어의 표기는 가톨릭에서 사용하는 라틴어 발음 원칙에 따랐다.
3. 외국 인명과 지명의 표기는 출신지역과 시대에 따라 외래어 표기법을 적용했다. 다만 가톨릭 성인들의 이름 중 일부는 한국 가톨릭교회의 표기 원칙을 따랐다.

그리스도교의 상징

닻: 그리스도교 박해 때 신자들이 몰래 사용한 표지(U 모양의 반달 위에 선 십자가).

IHS: 그리스도의 이름을 조합한 결합 문자. 예수의 그리스어 표기인 IHΣOUΣ(Iesous)의 첫 세 글자 I(Iota)와 H(Eta)와 Σ(Sigma)를 딴 것이다. 결합 문자 IHS(Σ=S)는 주로 장식물과 전례복에 사용되었다. IHS를 민속적인 해석에 따라 독일어로 풀면, Jesus(예수), Heiland(구원자), Seligmacher(구세주)가 된다. 라틴식 독법인 Iesus Hominum Salvator(인류의 구세주 예수)도 널리 알려져 있다.

XP: Cristus의 축약형이다. 그리스어 Χριστος의 첫 두 글자 X(Chi)와 P(Rho)로 만든 결합문자로서 십자가 다음으로 많이 사용되는 예수의 상징이다. 312년에 콘스탄티누스 대제가 막센티우스를 상대로 싸울 때, "이 표시 아래에서 너는 승리할 것이다"(In hoc signo vinces)라는 계시에 따라 십자가 깃발에 그려 넣은 XP가 그의 승리를 도왔다고 한다. XP는 그리스도교가 세계를 정복하고 구세주 예수가 죄악의 지배를 물리친다는 뜻도 가지고 있다. 동그라미 안에 그려진 XP는 바퀴 모양의 해를 상징하는데 이것도 승리의 특성을 강하게 부각한다.

INRI: 빌라도가 예수의 십자가에 못 박은 명패(요한 19,19-22)에 적힌 "Iesus Nazarenus Rex Iudaeorum"(유다인들의 왕

나자렛 사람 예수)의 약자이다. 요한 복음에 의하면 이 명칭은 히브리어, 그리스어, 라틴어로 적혀 있다. 명패의 일부는 현재 바티칸의 예루살렘의 성 십자가 성당(산타 크로체 인 제루살렘메)에 전시되어 있다.

물고기: 그리스도를 나타낸다. 초기 그리스도교 신자들 사이에서 신자를 식별하는 비밀 암호로 사용되었다. 그리스어에서 물고기를 뜻하는 낱말 IXΘYΣ(ICHTYS)는 'I(Iesus) X(Christos) Θ(theu) Y(hyios) Σ(soter)'(예수 그리스도 하느님의 아들 구세주)의 축약형이다. 또 다른 해석에 의하면 물고기는 사도(=사람을 낚는 어부)들이 예수를 위하여 포교한 신자들을 상징한다. '어부의 반지'는 교황이 착용하는 반지의 명칭이다.

삼각형 속에 그려진 눈: 어디에나 계시는 하느님(하느님의 편재)과 성부와 성자와 성령의 삼위일체를 상징한다. 최고 계급의 천사들(케루빔, 세라핌)도 그들이 가진 예리한 지혜의 표지로 날개에 눈을 달고 있다.

깃발을 든 양: 그리스도를 상징하는 하느님의 양은 로마 지하 묘지에도 그려져 있다. 7세기 말에 동방 교회가 트룰로 공의회에서 그리스도를 양으로 묘사하는 것을 금지했지만, 서방 교회에서는 죽음을 이겨낸 깃발을 든 승리의 파스카 양이 계속 부활의 상징으로 인기를 끌었다. 성 요한 세례자는 세상의 죄를 짊어진 예수를 '하느님의 양'으로 언급했다. 요한 묵시록(14,1)에도 승리를 거두는 양에 관한 대목이 나온다. "내가 또 보니 어린양이 시온 산 위에서 계셨습니다."

십자가: 그리스도를 상징하는 가장 보편적인 표지이고 그리스도 자체를 나타내는 기호이다. 십자가는 예수의 희생을 통해 사랑과 영원한 생명의 상징으로 바뀌는 인간의 힘의 도구이다. 십자가는 구원에 이르는 길이다. 그리스도의 수난으로 십자가는 구원이 되고, −에서 +의 기호가 생기며 포옹의 표지가 만들어진다. 십자가는 여러 개의 이중 시스템이 통합하여 하나가 되는 현상이고 두 팔을 벌린 사람의 모습과도 흡사하다. 그리스도교 신자가 아닌 사람들은 십자가 공경을 기이하게 생각했다. 기원후 240년경 로마의 팔라티노 언덕에 새겨진 낙서가 이것을 증명한다. 그 낙서에는 머리가 당나귀 모습인 사람이 십자가에 못 박혀 있고 "알렉사메노스가 자기 신을 경배한다"라는 문구가 적혀 있다(십자가 조롱). 그러나 초기의 예수 추종자들에게도 십자가는 수치스러운 처형의 표시였고 일종의 교수대로서 섬뜩한 느낌을 주었다. 그 후 낭만주의 시대에 들어서 처음으로 사람들은 십자가를 죽음을 이겨낸 승리의 상징으로 온전히 인식하게 되었다.

중세의 베스트셀러

중세에 인기 많았던 책은 생활의 지혜서들이다. 물론 저자들은 자신의 방법을 알려주기보다는 예수의 가르침을 설파했다. 그 지혜서들은 현재도 '재고목록'에 올라 있다. 다시 말해 여전히 팔리는 책들이다.

서명	작자
『준주성범』	토마스 아 켐피스

『신애론』 ··· 프란치스코 드 살
『그리스도의 삶』 ·· 루돌프 폰 작센
『영혼의 성』 ·· 아빌라의 성녀 데레사
『황금 전설』 ·· 야고보 데 보라지네

『황금 전설』(Legenda aurea)은 중세에 나온 성인 전설 표준서를 독일어로 번역한 가장 오래된 책이다. 라틴어 원서 제목은 『한 권으로 지은 성인 전설』(Legenda sanctorum in uno volumine compilavit)이다. 『황금 전설』은 1,000여 권이 넘는 사본으로 전해 내려왔다. 저자는 1228/1229년에 제노바 인근에서 태어난 도미니코회 수도자이며 1292년부터 제노바 대주교를 지낸 야고보 데 보라지네이다.

✚
야훼와 여호와

이스라엘 사람들의 경외심은 하느님의 이름을 부르지 말 것이며, 심지어는 그 이름을 입에 올리지도 말 것을 명령했다. 그들은 하느님의 이름을 가리키는 네 문자 JHWH를 글로는 적지만, 말로 할 때는 이것 대신 ADONAI(주님)라고 불렀다. 훗날 마소라 학자들(기원후 500년경의 성경학자들)은 기억을 돕기 위해 ADONAI의 모음들을 네 문자 JHWH에 첨가했다.

$$J \quad H \quad W \quad H \quad + \quad A^e \quad D^O \quad N^A \quad I$$
$$\downarrow \quad \downarrow \quad \downarrow \quad \downarrow$$
$$= \quad J^e \quad H^o \quad W^a \quad H$$

그럼에도 하느님의 이름이 입으로 불리는 일은 없었다. 하느님을 부르는 유일한 호칭은 찬양 구절 Hallelu–JAH에 들어 있다.

예수의 이름

천사가 요셉의 꿈에 나타났을 때 그는 하느님의 아들에게 줄 이름도 알려주었다. '예수', 히브리어로는 '여호수아'이고, "하느님이 우리와 함께 계신다"라는 뜻이다. 이 이름 속에는 발음해서는 안 되는 하느님의 이름 JHWH가 반영되어 있다. 고대 이스라엘에서는 남아의 3분의 1이 이 이름으로 세례를 받았다.

888

숫자 888은 그리스도교 초기부터 그리스도의 수를 대변했다. 그리스어에서 예수를 뜻하는 낱말 Iesous(Jesus)에 그 이유가 담겨 있다. 그리스어 알파벳에서는 문자마다 특정한 수가 배당되어 있다.

I	e	s	o	u	s		
10	8	200	70	400	200	=	888

역사상 가장 길었던 교황 선거

교황	선출연도	콘클라베 기간
첼레스티노 4세	1241	2개월
인노첸시오 4세	1243	20개월
클레멘스 4세	1265	5개월
그레고리오 10세	1271	3년

교황이 서거하면 투표권을 가진 추기경들이 모여 신임 교황을 선출한다. 그런데 중세에는 추기경들 사이의 의견 대립이 심해서 신임 교황을 선출하는 데 오랜 시간이 걸리곤 했다. 1268년 클레멘스 4세가 사망하고 역사상 가장 오랜 공석 기간이 발생하자, 당시 프란치스코회 총장이었던 성 보나벤투라의 권고에 따라 비테르보의 시민들은 행동에 들어갔다. 그들은 추기경들을 교황궁에 감금한 채 음식을 넣어주지 않았고 무장한 사람들로 하여금 건물을 지키게 했다. 그래도 결과가 나오지 않자 시민들은 교황궁의 지붕을 뜯어냈다. 그 바람에 자주색 옷의 추기경들은 맨하늘 아래에서 고스란히 비바람을 맞아야 했다. 그럼에도 회의는 몇 달을 끌다가 마침내 6명의 추기경들로 구성된 소위원회가 뤼티히의 수석 부제인 테발도 비스콘티를 교황으로 결정하고, 이 결과를 그레고리오 10세가 수용하면서 끝없이 이어지던 공위 기간이 막을 내렸다. 이렇게 해서 독특한 교황 선출 방식인 콘클라베(라틴어: Conclave, '열쇠가 있어야 들어갈 수 있는 방', '결쇠로 문을 잠근 방'이라는 뜻)가 생겨났다.

성경에 관한 상식

1 성경에서 가장 짧은 장은 시편 117장이다. 가장 긴 장은 시편 119장이다. 성경의 장들 중 중간은 시편 125장과 126장 사이이다. 창세기 1장부터 시편 125장까지가 664장이고 시편 126장부터 요한 묵시록 22장까지가 664장이다. 664장과 664장을 더하면 1,328장이다.
2 창세기 1장 20–22절에 의하면 달걀보다 닭이 먼저 생겼다.
3 성경에서 언급되지 않은 유일한 가축은 고양이다.
4 성경에 나오는 가장 긴 이름은 마헤르 살랄 하스 바즈이다.(이사야서 8장 1절)
5 성경에 적힌 문자수는 제2경전까지 포함하면 무려 429만 1,480개에 달한다.
6 구약성경은 기원전 722년부터 400년 사이에 탄생했다. 이 시기에 바빌론에 살던 유다인들이 구약성경에 언급된 문서들과 그들 민족의 전승 및 구전을 수집하여 한데 묶은 것이다.
7 70인역 성경은 구약성경의 그리스어 번역 중 가장 오래되고 중요한 경전이다. 전승에 의하면 이 성경은 알렉산드리아에서 72명의 유다 학자들이 72일 만에 완성했다고 한다.
8 성경은 쉘(Shell) 교통 지도와 외트거 박사의 요리책과 더불어 독일 가정에서 가장 많이 보는 책이다.

요한 23세 어록

이탈리아 사람들은 그를 '파파 조반니'라는 친근한 이름으로 부른다. 농부의 아들로 태어나 78세에 교황이 된 후 교회 역사상 가장 중요한 공의회의 하나를 소집한 요한 23세는 믿음과 용기와 인간애를 실천한 교황이었다. 공의회가 개최된 날 저녁에 그가 베드로 광장에 모여든 수많은 순례객에게 했던 즉석 연설은 불후의 명연설이다. "늦었으니 이제 모두 돌아가십시오. 집에서 여러분의 아이들을 쓰다듬어 주십시오. 그리고 그들 모두를 사랑하는 교황이 있다고 전해 주십시오."

| 어록 |

"목자의 지팡이를 들고도 거룩할 수 있지만 빗자루를 쥐고도 얼마든지 거룩해질 수 있다."

바티칸 뜰을 거닐고 있던 교황에게 캐나다에서 온 주교가 물었다. "교황 성하, 바티칸에서는 몇 사람이나 일을 합니까?" 요한 23세는 주저 없이 대답했다. "절반쯤 될 겁니다!"

요한 23세가 안젤로 론칼리 대주교로 일하던 시절 어느 외교 사절 환영 파티에서 파리의 수석 랍비를 만났다. 만찬장에 입장할 때 수석 랍비가 대주교에게 먼저 들어가기를 권했다. 론칼리 대주교는 부드럽게 랍비를 문으로 먼저 들여보내며 말했다. "구약 성경 먼저 들어가십시오."

요한 23세가 로마의 성령 수도원 병원을 방문했다. 귀빈의 방문에 감동한 수녀원장은 자신을 이렇게 소개했다. "성하, 저는 '성령'의 수장입니다." 교황도 감동받았다. "이런 행운이 있나. 저는 예수 그리스도의 대리자에 지나지 않습니다."

레오 13세의 초상화

레오 13세도 다른 교황들처럼 자신의 초상화를 그리게 했다. 그런데 놀랍게도 그는 화가의 작업을 몰래 지켜보았다. 그림이 완성되자 화가는 교황에게 캔버스에 적어 넣을 적절한 글귀를 말해 달라고 청했다. 교황은 고개를 끄덕이고는 "간단하게 '마태오 복음 14,27 – 레오 13세'라고 쓰시오"라고 말했다. 곧장 집으로 달려가 성경의 해당 부분을 펼친 화가는 이런 구절을 발견했다. "나다. 두려워하지 마라."

어부의 반지

새 교황이 선출될 때마다 이른바 어부의 반지가 별도로 제작되는데, 베네딕토 16세의 경우 펠리칸이 새겨져 있다. 펠리칸은 중세 이후 성체를 상징해 왔다. 고대 전설에 따르면 펠리칸은 유사시에 자기 가슴을 쪼아 그 피를 새끼에게 먹인다고 한다. "그것이 사실이라면 이 새는 피를 흘려 우리에게 생명을 주시는 그리스도의 몸

과 대단히 비슷하다." 토마스 데 아퀴노도 '성체 찬미가'(Adoro te devote) 에서 성체를 주시는 그리스도를 "자비로우신 펠리칸"(Pie pellicane)이라 고 부른다. 교황의 반지 안쪽에는 베네딕토 16세의 문장이 새겨져 있 다. 반지는 18K로 만들어졌고 무게는 17.5g이다.

✚ 시토회

11세기 시토회 수도자들은 당시 많은 수도원에서 보기 힘들었던 은둔 과 가난과 규율에 충실한 삶을 목표로 수도원을 세웠다. 이런 목표를 가진 수도회라면 수도원의 위치도 새로운 양식을 반영해야 했다. 베네 딕토회 수도원들은 "너희는 세상의 빛"이라는 예수의 말에 충실하여 하 늘과 가깝고 눈에 잘 띄는 산 높은 곳에 세워졌다. 반면에 시토회 수도 원은 '숨어 지내는 삶'이라는 예수의 또 다른 가르침을 따랐다. 바깥으 로 드러나지 않으면서 인간들 속에서 일하시는 하느님의 사업, 내면에 서 이루어지는 겸손한 믿음의 길을 의미하는 것이었다. 이에 따라 시 토회 수도자들은 프랑스의 시토 수도원 본원처럼 인가에서 멀리 떨어진 계곡의 강가에 수도원을 세웠다. 베르나르도의 이상에 따라 좁고 검소 한 공간을 지어 정신 집중에 도움을 주어야 했다. 1134년에 총참사회에 서 의결된 건축과 예술품 관련 수도회칙에는 이렇게 적혀 있다. "우리 의 성당이나 수도원의 어떤 공간에도 그림이나 조각이 놓이는 것을 금 한다. 그런 것에 주의를 빼앗기면 경건한 묵상의 유익함이 방해를 받기 때문이다." 수도회칙은 수도원마다 똑같은 평면도와 똑같은 실내 장치 를 하도록 규정했고, 수도원 건물에는 탑이 없는 성당을 세우도록 했

다. 수도원 정문을 벗어나 건물을 짓거나 스테인드글라스를 하는 것도 엄중한 처벌을 받았다. "스테인드글라스는 2년 내에 다른 것으로 바꾸어야 한다"고 1134년의 수도회칙에 적혀 있다. "그렇지 못할 때에는 창문을 교체할 때까지 즉각 수도원장과 부원장과 포도주 창고감독은 6일에 한 번씩 물과 빵만 먹으며 금식해야 한다."

✚
십자가의 형태

그리스도교 세계에서 십자가는 각기 다른 전통을 가지고 있다.

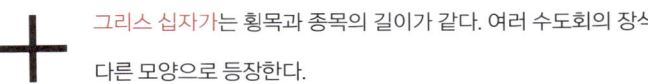

그리스 십자가는 횡목과 종목의 길이가 같다. 여러 수도회의 장식에서 각기 다른 모양으로 등장한다.

라틴 십자가는 고난의 십자가라고도 불리는 전형적인 그리스도의 십자가이다.

성 안드레아 십자가는 횡목과 종목이 X자 형으로 비스듬히 옆으로 누운 모습이다. 이런 형태의 십자가에 달려 처형된 사도 안드레아의 이름을 따서 붙였다.

이중 십자가는 **대주교 십자가**라고도 한다. 흔히 주교나 추기경 등 고위 성직자들의 문장에서 볼 수 있다. 위쪽을 가로 지른 짧은 횡목은 십자가에 붙인 명패를 의미한다.

러시아 십자가 또는 **러시아 정교 십자가**는 대주교 십자가와 모양이 비슷하고, 아래에 비스듬히 걸쳐 있는 횡목은 두 발을 받치는 발판을 의미한다.

성 베드로 십자가는 라틴 십자가가 거꾸로 선 모습이다. 사도 베드로는 머리를 아래쪽으로 하고 십자가형을 당했다.

교황 십자가는 교황직의 공식적인 상징이다.

클로버 십자가는 길이가 똑같은 횡목과 종목의 끝이 잎이 세 갈래로 갈라진 클로버의 모양과 같아서 나온 이름이다. 클로버는 그리스도와 삼위일체의 상징이다.

예루살렘 십자가는 다섯 개의 십자가가 서로 연결되어 있다. 예수와 네 명의 복음사가를 표현한 것이라고도 하고, 다른 해석으로는 다섯 개의 그리스 십자가로써 예수의 다섯 상처를 상징화한 것이라고도 한다.

타우 십자가

T 모양의 타우 십자가는 성 프란치스코에게 그리스도를 따르는 방식을 상징했다. 가난 속에서 살며 참회하고 늘 예수를 본받는 것이었다. 프란치스코는 자신이 쓴 모든 편지에 타우 십자가를 그려 서명했고, 집과 벽과 나무에도 그려 넣었다. 그런데 사실 여기에는 사소한 오해가 숨어 있다. X처럼 생긴 고대 히브리어 문자 Taw를 T처럼 보이는 그리스 문자 Tau와 혼동한 것이다. 히브리어 문자 Taw는 하느님에 대한 순종과 죽음의 위험에서 구원됨을 뜻했다. 이스라엘 사람들은 이 기호를 기름 램프나 동전과 같은 일상 용품에 표시하여 늘 순종의 미덕을 기억하려고 했다. 로마 병사 명단에서 이름 옆에 T가 적혀 있으면 그 사람은 전투에서 살아남았음을 의미했다. T를 생명의 기호로 사용한 사람은 300년경 사막의 교부 성 안토니오였다. 1215년 교황 인노첸시오 3세는 공식적으로 그리스도교 신자들에게 타우 십자가를 참회의 표시로 쓸 것을 권했다.

✙ 교회 건축의 양식

로마네스크 양식(10~12세기): 고딕 이전 양식 또는 롬바르드 양식이라고도 한다. 고대 말기 이후 유럽에서 처음 등장한 웅장한 건축 양식이다. 대표적인 특징으로 반원형 아치인 돔을 들 수 있다. 요새처럼 두껍게 만든 벽(특히 서쪽 측벽), 작은 창문, 입방체 모양의 기둥 머리(주두, 柱頭)도 전형적인 특징이다. 로마네스크 시대 초기에는 천장을 우물 반자처럼 평평한 격자 형태로 만들었으나 훗날 교차 돔으로 바뀌어 넓고 큰 공간 위에 반원형 천장을 씌웠다. 조각과 그림들은 대담하고 강렬한 모티브를 보인다. 마인츠, 슈파이어, 보름스에 있는 대성당이 로마네스크 건축물로 유명하다.

고딕 양식(12~16세기): 화려한 세부 장식과 종교적인 분위기, 수직선의 강조, 금세공 장식이 두드러진 건축 양식이다. 형태상으로는 반원형 아치, 입방체형 기둥머리, 원형 아치, 치아 형태나 입방체형 프리즈가 특징이다. 벽은 보조 기둥이나 장식용 아케이드로 구획했다. 뾰족아치, 기둥, 버팀목, 교차 리브 돔, 원형의 장미창과 납유리창을 통해 빛이 흘러들게 했다.

르네상스 양식(14~16세기): 고대 그리스와 로마의 미술과 학문이 부활한 시기이다. 이탈리아의 르네상스 건축은 명확하게 한눈에 조망할 수 있고 균형미가 조화를 이룬다. 건축의 평면도는 단순하고 이상적인 기학학적 형태(정방형, 원형)로 설계되었다. 기둥, 붙임기둥(필라스터), 기둥머리, 박공 등은 그리스 고전 양식에서 취한 것들이다. 수평면을 강조했고, 고대 양식을 모방하여 기둥 몸체(주신, 柱身)에 홈을 파거나 매끄럽게 만들었으며, 주랑 대신 아케이드를 설치했다. 창에 붙이는 격자인 트레이서리와 아라베스크를 화려하게 장식했고 후기에 와서는 소용돌이 장식과 쇠장식 등으로 치장했다.

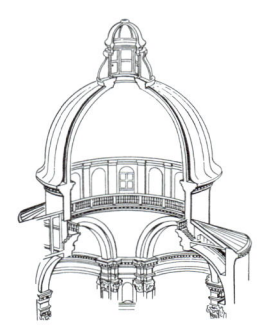

마니에리스모(16세기 중기~후기): 르네상스 양식의 과장에서부터 시작하여 극단적인 부자연스러움과 기교로 치우쳤다. 인위적이고 장식적이며 긴장감이 팽배한 양식이 주도했다(미켈란젤로, 브론치노).

바로크 양식(17세기): 로마 가톨릭 교회의 자극으로 미술과 건축의 다양한 형식을 통합하여 사실적이고 극적인 건축물을 만들어냈다. 풍부한 곡선, 동적인 평면이나 정면, 창틀과

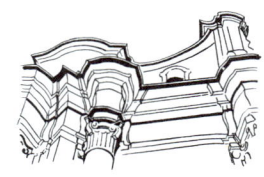

코니스(돌림띠)에서 이런 특징을 발견할 수 있다. 스터코(석고, 석회, 모래를 섞어 벽돌이나 목조 건축물 벽면에 바르는 미장재 – 옮긴이)를 많이 사용했고 벌거벗은 어린아이 상이 많다. 르네상스 양식에 운동감, 형태의 과장, 화려함을 보태었다. 건축의 나머지 부분이 중심을 향해 통일되고 십자 교차부 위에 천장을 씌웠다. 공간이 넓어지고 측랑에 경당을 설치하여 횡면을 강조했다. 스터코와 목재를 사용한 경쾌한 모양의 풍부한 장식은 이후 로코코 양식으로 발전했다.

로코코 양식(18세기 중기~후기) : 극단적인 장식과 경쾌한 양식이 특징이다. 루이 15세의 궁전에서 볼 수 있다.

고전주의 양식(1750~1850) : 바로크와 로코코에 대한 반발로 고대 그리스의 엄격한 형식미로 돌아가려는 양식이다. 교회는 축 시스템의 중심부가 되었고 동쪽을 향해 짓던 전통에서 벗어났다. 이로써 교회 탑과 돔이 강조되었다. 고전주의 형식의 건축은 밝고 날렵하며 날카롭게 다듬어진 인상을 준다.

종교 음악의 역사

| 르네상스 시대 |

팔레스트리나　'모테트', '미사', '마르첼로 교황 미사'(Missa Papae Marcelli), '짧은 미사'
　　　　　　　(Missa Brevis)

오를란도 디 라소　'수난곡', '미사', '마드리갈', '마니피캇'

| 바로크 시대 |

몬테베르디 '성모 마리아의 저녁기도'

쉬츠 '교회 합창음악', '크리스마스 오라토리오'

북스테후데 '우리 주 예수의 육신'(Membra Jesu nostri)

헨델 '메시아', '이집트의 이스라엘인', '예프타'

비발디 '마니피캇', '글로리아'

바흐 '아베 마리아', '요한 수난곡', '마태오 수난곡', '마니피캇', '미사 B단조', '크리스마스 오라토리오'

| 고전파 시대 |

하이든 '천지창조', '넬슨 미사'(Missa in augustiis), '미사 C장조'

모차르트 '아베 베룸'(Ave Verum), '대관식 미사', '레퀴엠'

베토벤 '올리브 산의 그리스도', '장엄 미사'

| 낭만파 시대 |

리스트 '그리스도'

멘델스존 '엘리야', '바오로'

베르디 '미사 레퀴엠'

브람스 '독일 진혼곡'

브루크너 '테 데움', '미사'

레거 종교 성가곡

슈베르트 '아베 마리아', '독일 미사', '미사 Ab장조'

발명가로 활약한 사제들

| 1000년 이전 |

울필라스 주교(+381)는 고트어 알파벳을 만들었다. 소문자는 수도자들의 저술에서 처음 사용되었다 ⓒ 독일어 인쇄체는 수도자들이 최초로 사용했다 ⓒ 성 치릴로는 슬라브어 알파벳을 창안했다 ⓒ 성 메스로프는 아르메니아어 알파벳을 창안했다 ⓒ 성 보에시오는 6세기에 정교한 물시계를 제작했다 ⓒ 디오니시우스 엑시구스 수도원장은 6세기에 그리스도 기원(서력기원)을 도입했다 ⓒ 잘츠부르크의 성 비르질리오 주교(+784)는 지구가 구형이라고 가르쳤다 ⓒ 파치피코는 9세기에 물시계를 만들었다 ⓒ 교황 실베스테르 2세는 이탈리아 산술에서 쓰이던 로마 숫자 대신 아라비아 숫자를 도입했다 ⓒ 물레방아를 고안한 사람은 성 우르소이다 ⓒ 토스카나 지방의 베네딕토회 수도자 귀도 다레초(980~1050)는 4선 보표, 음계, 모노코드, 음악의 규칙을 만들고 화성의 기본 원리를 정립했다 ⓒ 밀라노의 주교 성 암브로시오(+397)는 정격 성가의 기초를 확립했다 ⓒ 그레고리오 대교황은 교회 전례를 개혁하고 그레고리오 성가를 편찬했다 ⓒ 플랑드르의 베네딕토회 수도자 후크발트(900년경)는 다성 성가를 작곡했다 ⓒ 테게른제의 베네딕토회 수도원장 고스베르트(983~1001)는 포부르크의 아르놀트 백작과 함께 스테인드글라스를 발명했다.

| 1000~1500년 |

테게른제 수도원에서는 지워지지 않는 잉크를 발명했다 ⓒ 베네딕토회 수도자 블라시우스 발렌티니는 최초로 환자 치료에 화학 요법을 이용

했다 ⓒ 중세의 베네딕토회 수도원은 모든 병자들의 피난처였다 ⓒ 유럽 유일의 의과대학이던 살레르노 대학 교수들은 8~14세기에 모두 베네딕토회 수도자들이었다 ⓒ 프라이부르크의 프란치스코회 수도자 베르톨트 슈바르츠는 화약의 발명자로 알려져 있다 ⓒ 루이 7세의 장관을 지낸 생드니 수도원장 쉬제는 증기로 작동하는 기계를 제작했다 ⓒ 도미니코회 수도자 알레산드로 다 스피나는 13세기에 최초로 안경을 제작했다 ⓒ 플라비오 지오이아 부제는 자석 나침반과 항해 나침반의 기능을 개선했다 ⓒ 중세의 천재 물리학자, 화학자였던 프란치스코회 수도자 로저 베이컨은 돋보기, 쌍안경, 오목거울을 발명했다 ⓒ 빈 슈테판 대성당의 한 참사회원(+1442)은 독일 최초의 달력을 제작했다 ⓒ 교황 그레고리오 13세와 밤베르크의 예수회 회원 클라비우스는 달력을 개량했다 ⓒ 레겐스부르크의 레기오몬타누스 주교는 미터법을 고안했고, 태양은 멈춰 있고 지구가 돈다는 사실을 갈릴레이보다 2세기 먼저 가르쳤다 ⓒ 니콜라우스 쿠사누스 추기경(+1464)은 지구가 태양의 주위를 돈다는 사실을 가르쳤다.

| 1600년 이후 |

수도자 루카 파치올리 디 보르고는 대수학을 널리 알렸다 ⓒ 독일의 유명 학자였던 빔펠링 신부는 독일 최초로 합리적인 교육을 논한 방법론을 저술했다 ⓒ 스페인 몬트세라트의 베네딕토회 수도자 페트루스 폰티우스는 최초로 청각 장애인을 위한 수화를 창안했고, 프랑스의 샤를 드 레페 수도원장은 이 수화법을 완성했다 ⓒ 예수회 신부이며 수학, 물리, 천문학 교수였던 크리스토프 샤이너(+1650)는 태양 관측 망원경과 사도기(寫圖器)를 발명하고 태양의 흑점을 발견했으며 최초로 태양의 자전 주기와 적도의 위치를 알아내었다 ⓒ 루체른의 예수회 신부 요

한 밥티스트 치자트는 오리온 자리의 성운과 토성의 달을 발견했다 ⓒ 예수회 신부 프란체스코 그리말디(+1663)는 빛의 회절을 알아냈다 ⓒ 성 예로니모의 사도적 성직회 회원인 보나벤투라 카발리에리(+1647)는 체적과 면적 계산에 쓰이는 불가분량법을 창안했다 ⓒ 수학자이며 천문학자였던 지안바티스타 리키올리 신부(+1671)는 달의 반점을 발견했다 ⓒ 하비(+1618)는 혈액순환 체계를 발견했다 ⓒ 부알로 신부는 파렌하이트보다 50년 먼저 수은주 온도계를 소유했다(1659년) ⓒ 생모르 학파의 베네딕토회 수도자들은 17세기에 외교학과 연대기학을 탄생시켰다 ⓒ 예수회 신부 에우세비우스 키노(+1711)는 뉴캘리포니아를 발견했다 ⓒ 예수회 신부 아타나시우스 키르허(1680년경)는 메가폰과 환등기와 분수, 아이올로스 하프와 팬터미터를 발명했다 ⓒ 도미니코회 수도자 대 알베르토는 아리스토텔레스 이후 처음으로 동물학, 광물학, 식물학을 학문적으로 체계화했고 아연과 비석(砒石)을 발명했으며 최초로 온실을 만들었다 ⓒ 몽펠리에서 활동한 신학자 아르날두스 데 비야노바는 3종의 산(酸)을 발견했다 ⓒ 시토회 수도자들은 소방 펌프를 발명했다 ⓒ 파리 수도원의 수도자들은 소방대를 조직했고, 루이 15세는 이들을 파리 최초의 소방관으로 불렀다 ⓒ 예수회 신부들은 가스등을 발명했다 ⓒ 1815년에 예수회 신부 던은 프레스톤에 최초의 가스 회사를 설립했다 ⓒ 프랑스의 롤레 부제는 프랭클린보다 2년 먼저 뇌우에 전기성이 있음을 가르쳤다 ⓒ 팔레르모의 테아티노회 수도자이며 천문학자인 주세페 피아치(+1826)는 행성 체레스를 발견했다 ⓒ 테아티노회 수도자 페르디난트 슈테르칭거(+1786)는 뮌헨 왕립학술원의 공동 설립자였다 ⓒ 펠리체 폰타나 신부는 경이로운 예술품인 인체 밀랍 표본을 피렌체, 빈, 파리에 만들었다 ⓒ 미녜 수도원장은 파리 인근 몽트루즈에 세계 최대 인쇄소의 하나를 세워 날마다 1,000권의 책을 찍어냈다

ⓒ 슈미트 신부는 1790년에 최초의 석판화를 제작했다 ⓒ 예수회 신부 마르케(+1675)는 미시시피강을 최초로 발견했다 ⓒ 프레몽트레 수도회 소속으로 모라비아의 브렌디츠에서 활동한 프로코프 디비시 신부는 최초로 피뢰침을 설치했다 ⓒ 안젤로 마이 추기경(+1849)은 학자들이 재활용 양피지에 관심을 갖도록 만들었고 재생법을 창안했다 ⓒ 피안톤 신부는 1845년에 두발자전거를 발명했다 ⓒ 예수회 신부이며 근대 최고 천문학자의 하나인 안젤로 세키(+1879)는 기상 관측기를 제작했다. 제2회 파리 세계박람회에서 금메달을 수상한 세키는 러시아와 오스트리아 황제, 프로이센과 벨기에 및 여러 나라 국왕들이 참석한 자리에서 황제 나폴레옹 3세로부터 친히 레지옹 도뇌르 오피시에 훈장을 받았다. 태양 분광경을 발명한 세키는 스펙트럼 분류법의 창안자이기도 하다 ⓒ 덴마크 주교 니콜라우스 스테노(+1686)는 침샘관과 눈물샘을 발견했다 ⓒ 선교사 에우세비우스 키노(+1711)는 리오그란데 강의 어귀를 발견했다 ⓒ 예수회 선교사 사무엘 프리츠는 1689년에 돛대 없는 작은 배를 타고 처음으로 아마존 강 전역을 탐험했다 ⓒ 예수회 선교사 마르틴 도브리츠호퍼는 최초로 남아메리카에 대해 자세한 정보를 제공했다 ⓒ 요제프 티펜탈러 신부는 18세기에 처음으로 세계 최고봉인 다울라기리 산맥에 관심을 가졌다 ⓒ 예수회 신부 아담 샬(+1666)과 지아코모 로는 중국 달력을 개혁했다. 당대의 유명 수학자이며 천문학자였던 샬 신부는 북경에 천문대를 신설하고 각종 광학 기계와 천문학 기구를 제작했으며 대포를 주조하고 선박을 건조했다. 그는 숭정제에 의해 수학위원회 위원장에 임명되어 일급 관리가 되어 귀족 반열에 올랐다 ⓒ 그리스도교 교육 형제회 설립자 장 드 라 살 복자는 1684년에 최초의 직업학교와 교사 양성을 위한 사범학교를 건립했다 ⓒ 중국에서 주교로 활동한 엘리기우스 코지는 1886년에 새로운 한자 체계를 고안했다 ⓒ

콘스탄츠의 슐라이어 신부는 볼라퓌크어의 창안자이다 ⓒ 제바스티안 크나이프 신부는 합리적인 물 치료법으로 세계적인 명성을 얻었다 ⓒ 헝가리 수칸에서 신부로 활동한 프란티세크 마드바는 1840년경에 자연요법 의사로 유명했다 ⓒ 나병환자 병원을 최초로 건립한 사람은 수도자들었다 ⓒ 쉰보른의 프리드리히 카를 후작 주교는 1724년에 독일 최초의 해부학과를 뷔르츠부르크 대학에 설치했다 ⓒ 스페인의 수도자 후안 힐라베르토 호프레는 1409년에 최초의 정신병원을 발렌시아에 설립했다 ⓒ 천주의 성 요한은 신경요법의 개혁가이자 성 요한 의료봉사 수도회의 창립자이다 ⓒ 성 요한 의료봉사 수도회의 관구장이던 코엘레스틴 오피츠는 1847년 2월 6일에 오스트리아에서 최초로 마취를 실시했다 ⓒ 이 수도회의 또 다른 관구장인 요하네스 드 데오 소벨은 프라하의 병원에서 새로운 살균 소독법을 실시했다 ⓒ 사르키 수도원장은 프랑스 혁명 당시 신문에 문예란을 도입했다 ⓒ 빈 황실의 고대 주화 및 유물 수집관장으로 일한 예수회 신부 요제프 힐라리우스 에켈은 화폐 연구를 순수 학문으로 발전시키고 『고대 화폐론』(1792~1798)이라는 유명 저술을 남겼다 ⓒ 예수회 신부로 천문학자, 물리학자였던 카를 브라운은 지구의 밀도와 중력 상수에 대해 근대의 가장 예리한 논문들을 남겼다 ⓒ 폰트레몰리의 주교 안젤로 피오리니는 1899년에 독창적인 열차 신호장치를 개발했다 ⓒ 보헤미아 브레슬라우의 추클린 신부는 1899년에 신형 벌집을 고안했다 ⓒ 근대의 유명 양봉가이며 신부였던 치어촌 박사는 꿀벌의 단성 생식을 발견했고 신형 벌집(이동식)을 개발했다 ⓒ 잘츠부르크의 프란치스코회 수도자 페터 징어(+1882)는 판심포니쿰(여러 성부와 악기를 모방하여 소리를 내는 풍금의 일종 – 옮긴이)이라는 기발한 악기를 제작했다 ⓒ 예수회 신부 라나는 1687년경에 시각 장애인에게 읽기를 가르치는 방법을 창안하고 1670년에는 기구(氣球)

에 관한 글을 썼다 ⓒ 예수회 신부 파브리는 처음으로 혈액순환을 규명했다 ⓒ 수도자 로저 베이컨은 축음기를 발명했다 ⓒ 구르크의 후작 주교인 잘름 추기경은 1799년에 최초로 오스트리아 최고봉인 그로스글로크너 산에 올랐다 ⓒ 티롤 지방의 보좌신부 젠은 알프스 동부의 얼음굴을 개척했다 ⓒ 예수회 신부 리스가니히는 마리아 테레지아 여제 시절에 오스트리아 자오선을 확립했다 ⓒ 수도자들은 홉을 사용한 고급 맥주 양조술을 개발했다 ⓒ 1513년 제5차 라테란 공의회에서는 고리대금업자에게 과세하기 위해 전당포 설립을 규정했다 ⓒ 플라비오 비온도 신부는 고전 지지학의 창시자이다 ⓒ 로카르노의 '스위스 학교' 학장인 바르톨로메오 메르콜리 신부는 프레스코화 복원을 위한 화학 약제를 발명했다 ⓒ 생모르 학파의 베네딕토회 수도자 마비용과 몽포콘은 17세기에 고문서학을 확립했다 ⓒ 수도회 참사회원 요한 프란츠 뒤케누아는 1773년에 처음으로 농업 전시회를 개최했다 ⓒ 이탈리아의 체레보타니 신부는 1900년에 '키코리베트'라는 전신기를 발명했다 ⓒ 라자로 수도회의 설립자 성 빈첸시오 드 폴(1567~1622)과 제네바 주교였던 성 프란치스코 드 살(1576~1660)은 신문을 처음 발간한 사람들로 알려져 있다 ⓒ 아위 신부는 미터법의 창안자이다 ⓒ 첼레의 수도자 부도스는 최초로 오르간을 제작했다 ⓒ 이탈리아 레체의 칸디드 신부는 전기 오르간을 제작했다 ⓒ 예수회의 르페아와 시카르드 신부는 키니네에 해열 작용이 있음을 발견했다 ⓒ 라나 신부는 전기의 법칙성을 발견했다 ⓒ 샤프 신부는 전신기를 발명했다 ⓒ 예수회 신부 샤이너는 망원경을 발명했다 ⓒ 마그나우 신부는 현미경을 발명했다 ⓒ 드포르제 신부는 1772년에 최초로 기구(氣球)를 제작했다 ⓒ 가톨릭 선교사들은 누에를 유럽에 들여왔다 ⓒ 베랄 수도자는 유리잔을 발명했다 ⓒ 예수회 신부들은 이미 17세기에 수에즈 운하 계획안을 세웠다 ⓒ 예수회 신부 파페브로흐는 현대 외교학의 창시자이다 ⓒ 위대한 언어학자 막스 뮐러의 증언에 따르면 예수회의 코퀴르도 신부는 비교언어학의 중요한 사실들을 밝혀냈다 ⓒ 앞에서 언급한 예수회 신부 아타나시우스 키르허는 1665년에 대양으로 흘러드는 주요 하천들의 지도를 제작했다 ⓒ 예수회 신부 요제프 프란츠는 빈에 동양 학술원 설립안을 세우고 훗날 이 학술원 원장이 되었다.

✚ 그리스도교 종파의 수장

종파	수장	초대 수장	현재 수장 (2007년)	역대 수장의 수	시도 전래성
가톨릭교회	교황	시몬 베드로	베네딕토 16세	265	있음
정교회	콘스탄티노플 총대주교	사도 안드레아	바르톨로메오 1세	273	있음
성공회	캔터베리 대주교	토머스 크래머	로완 D. 윌리엄스	35	논란이 있음
콥트교회	교황	요한 마르코	세누다 3세	116	있음
시리아 정교회	총대주교	시몬 베드로	이냐시오 차카 1세	122	있음
아르메니아 사도교회	총대주교	유다 타대오	카레킨 2세	152	있음
아시리아 교회	총대주교	사도 토마스	딘카 4세 카나니아	115	있음
새사도교회	사도장	프리드리히 크레페스	빌헬름 레버	8	없음
예수그리스도 후기성교회	회장	조지프 스미스	고든	15	없음

유다교와 그리스도교

고대 유다교의 토대가 없었다면 그리스도교는 존재하지 않는다. 유다교와 그리스도교는 뿌리가 같다. 예수는 유다인이었다. "아멘. 내가 진실로 너희에게 말한다. 하늘과 땅이 없어지기 전에는, 모든 것이 이루어질 때까지 율법에서 한 자 한 획도 없어지지 않을 것이다."(마태 5,18) 초기 그리스도교 신자들은 예외 없이 모두 유다인이었다. 그들은 예수가 그랬듯이 유다교의 전통들을 지극히 당연하게 '새로운 길' 속으로 받아들였다. 이 전통들 가운데 상당수가 지금까지 그리스도교 전례에 남아 있다. 유다교 전승의 문서를 신약 성경과 연결 짓는 전통이 그 한 예가 된다. 예수도 예언자들을 자주 언급했듯이("오늘 이 성경 말씀이 너희가 듣는 가운데에서 이루어졌다" 루카 1,1-4; 4,14-21), 지금도 미사의 말씀 전례는 구약 성경의 한 대목을 복음서와 연관시켜 봉독한다. 유다력에 따라 지내던 풍습과 관례들은 그리스도교에서 그 내용이 바뀌었지만 폐지되지는 않았다.

유다교	그리스도교
차누카(빛의 축제)	크리스마스 트리와 성탄절.
페사흐(파스카)	부활 전야와 부활 축제.
바 미즈바(남아의 성년식)	견진성사(유다교와 똑같이 13~14세가 되었을 때 받는다).
키파(유다인 남성의 모자)	주교와 교황의 모자. 인간에게 머무는 하느님의 손길을 나타낸다.
메주자(문설주에 건다)	교회 입구에 놓인 성수.

하루의 기도	성무일도.
유다력(태음력)	부활절 날짜를 정하기 위하여 사용함.
샤부오트	추수감사절.
마기드(탈출기 이야기)	부활찬송(Exultet).
안식일과 페사흐 축제	손씻기, 시편 찬송.
키두쉬	빵과 포도주 축성, 빵 나눔, 성변화, 영성체
카도쉬	거룩하시도다, 거룩하시도다, 거룩하시도다.
샬롬 알레헴(여러분에게 평화를 있기를)	평화의 인사.

그리스도교와 이슬람교

모하메드는 유다인들과 그리스도교 신자들을 일컬어 '성경의 사람들'이라고 했다. 코란이 성경에서 많은 내용을 취했다는 것은 역사적으로 입증된 사실이다. 코란에도 아브라함(이브라힘)과 욥이 등장하고, 요셉과 모세가 상세하게 기술되어 있으며, 예언자로 기록된 예수(이사)에 대해서는 더욱 자세한 이야기가 나온다. 마리아와 세례자 요한도 코란에 언급되어 있다.

유다인들과 그리스도교 신자들과 이슬람교 신자들이 새로운 공동체를 만들고 서로 합심하여 한 분의 하느님을 섬길 것을 희망했던 모하메드의 꿈은 실현되지 않았다. 그로 인한 실망감은 코란의 뒷부분에서 분명히 느낄 수 있다. 타종교인들에 대한 당초의 종교적 관용에서 노골적인 적대감으로 돌아섰다(코란 9장 1절 이하와 48장 16절). 2장 257절에서 허용하고 있는 종교의 자유는 과거의 일이 되었다. 그럼에도 '성경의 소유자'들은 계속해서 특별한 위치에 있었다. 그들은 이슬람교 수용을 강요받지 않았지만, 이슬람교 신자들처럼 말을 타거나 이슬람교 신자들보다 좋은 집에서 사는 것은 금지당했고 이슬람교 신자를 만나면 공손하게 나귀에서 내려서야 했다.

그리스도교와 이슬람교의 공통점
유일신에 대한 믿음.
성경.
하느님이 영원히 지배한다.
하느님이 세계를 창조하셨다.
하느님이 인간을 만드셨다.
하느님은 인간의 심판자이다.

공동의 신념
하느님만을 경배한다.
하느님의 계명을 지킨다.
선을 행하고 죄를 고백한다.
하느님께 도움을 청한다.
하느님께 용서를 빈다.
천국 또는 지옥.

가톨릭과 개신교의 차이

| 구원론 |

가톨릭: 신앙과 선행(신앙의 실천)으로 구원받는다. 원칙적으로 루터의 교리를 거부하지 않지만 교회의 역할을 강조한다.
개신교: 은총과 신앙을 통해서만 구원받는다.

| 성사 |

가톨릭: 일곱 성사가 있다. 세례성사, 견진성사, 성체성사(성만찬, 빵과 포도주가 그리스도의 몸과 피로 변함), 고해성사, 성품성사(사제 서품), 혼인성

사(이혼 불가), 병자성사.

개신교: 세례와 성만찬만 있다. 이 두 성사만이 그리스도로부터 나왔기 때문이라고 강조한다.

| 성직 |

가톨릭: 성직은 별도의 성품성사를 통해서만 오를 수 있고 남자에게만 허락된다.

개신교: 보편 사제직.

| 교황 |

가톨릭: 교황의 수위권과 무류성을 인정한다.

개신교: 교황의 수위권과 무류성을 거부한다.

| 성모 공경과 성인 |

가톨릭: 성모와 성인 공경은 가톨릭 신앙의 본질적인 부분이다. 성모의 원죄 없는 잉태와 성모 승천은 19세기와 20세기에 와서 교리로 선언되었다.

개신교: 성경만을 근거로 하며, 성모 공경 특히 성인 공경을 거부한다.

| 타종교인과의 결혼 |

가톨릭: 혼인 관면을 받아야 한다.

개신교: 허용된다.

가톨릭 용어 소사전

하느님의 변호인(Advocatus dei): 시복이나 시성 과정에서 소송을 신청하는 대리인을 일컫는 비공식 명칭.

악마의 변호인(Advocatus diaboli): 시복이나 시성 과정에서 시복 또는 시성에 반대되는 근거들을 모아 제출하는 교회측 대변자(정의의 후원인 'Promotor iustitiae')를 일컫는 비공식 명칭.

로만 칼라: 사제 평상복의 일부로 흰색과 검정으로 이루어진 빳빳한 깃.

묵상(Recollectio; 라틴어 Recollectio: '다시 모으다', '다시 얻다'): 종교적인 명상.

회칙(Encyclica; 그리스어 Kyklos: '원'): 교회에서 발행하는 회보. 18세기 이후에는 교황이 모든 가톨릭 교회에 보내는 교서의 명칭으로 쓰이고 있다.

칙령(라틴어 Bulla: '주머니'): 교회의 중요 사안과 관련하여 교황이 양피지에 라틴어로 작성하여 발표하는 문서로, 금속 인장을 찍는다.

교의(Dogma): 성경에 적혀 있거나 교회 전통에 포함되어 있는 신앙의 가르침으로서 모든 신자에게 구속력을 지니며, 교회의 교도권이 하느님의 계시로 제시하는 진리이다.

라틴어: 이탈리아어와 더불어 바티칸에서 공식 언어로 사용하는 언어이며 가톨릭 교회의 모든 공식 문서는 아직까지 라틴어로 발표된다.

사도 전래성: 주교직이 초기의 사도들로부터 시작하여 끊어지지 않고 계승됨.

사도좌(Sedes Apostolica, Sedes Sancta, Holy See): 로마 교황이 사도 베드로의 후계자로서 갖는 주교의 직위. 사도좌(교황)는 국제법상의 법률 주체이며 다른 주권 국가들과 외교 관계를 맺는다.

사도좌 정기 방문(Ad limina; 라틴어 Limen : '문턱') : 교회법에 따라 모든 교구의 주교들이 의무적으로 5년에 한 번씩 사도 베드로와 바오로의 묘지를 참배하고 교황에게 각자 맡은 교구의 현황을 보고하도록 한 규정.

교황청 부서(Dicasterium) : 가톨릭 교회의 행정을 맡고 있는 로마 교황청(Curia Romana)의 중앙 기구들을 말한다. 로마 교황청에는 국무원(Segreteria di Stato), 9개의 성(省, Congregazioni), 11개 평의회(Pontifici Consigli), 3개 법원(Tribunali)이 있다. 그 밖에 교황 궁무처(Camera Apostolica), 사도좌 재산 관리처(Amministrazione del Patrimonio della Sede Apostolica), 성좌 재무 심의처(Prefettura degli Affari Economici della Santa Sede)도 교황청에 속해 있다.

교황 지팡이(Ferula) : 교황이 짚는 목자의 지팡이. 윗부분이 둥글게 구부러진 주교 지팡이와 달리 십자가가 달려 있다.

교회법(Codex Iuris Canonici = CIC) : 교회 규범을 적은 법령집. 라틴 가톨릭 교회의 전례 규정 등을 담고 있다.

취임식(Inauguration; 라틴어 Inauguratio : '시작') : 교황직을 시작하는 취임식.

주교직(Episcopate) : 주교의 직위 또는 주교 전체를 가리킨다.

교구 법원(Offizialat) : 주교구의 교구 법원은 교회 법원의 하나로서 교회와 관련된 모든 다툼, 형사 사건, 혼인과 관련된 소송을 다룬다. 교구법원은 훈령을 받지 않는 독자적인 기구이다.

교리교육(Catechesis; 그리스어 Katechio : '말로써 가르침') : 신앙 전달을 목표로 그리스도교의 교리를 가르치는 것.

교회법적 소명(Missio canonica) : 신앙을 전파하고 종교적 지식을 가르칠 수 있는, 교회법에 따라 요구되는 공식 위임과 허락.

순교록(Martyrologium) : 교회 성인들의 순교행적을 모아놓은 책.

순교자(라틴어 Martyr : '신앙의 증인', '피로써 증언한 이') : 자신의 신앙 때문에 박해를 받고 육체적 고통을 당하고 죽은 사람. 그리스도교 최초의 순교자는 스테파노(사도 7,59)이다. 성 스테파노는 성인 달력에서도 우위를 차지하여 예수 탄생 축일 다음날인 12월 26일이 축일이다.

니힐 옵스탓(Nihil obstat) : 가톨릭 신학의 교리를 가르치는 사람이나 출판물에게 주는 '검열 필증 문구'로 "이의 없음, 아무것에도 위배되지 않음"이라는 뜻이다.

신성 모독(라틴어 Profanare : '신성을 더럽히다', '세속화') : 교회와 같은 축성된 건물을 모독하거나 세속화하는 것을 말한다.

바티칸

바티칸은 세계에서 가장 작은 나라이다.

국경의 길이	3.2km
철도망	0.86km
면적	약 0.44km²
인구	약 900명
언어	이탈리아어, 라틴어
종교	가톨릭
상징색	흰색, 노랑
문장	교차된 두 개의 열쇠
통화	유로화(교황의 초상이 새겨져 있음)
수장	교황

| 방위군 | 스위스 근위대 |
| 국제 자동차 번호 표시 | V |

교황 주소 His Holiness, Pope Francis PP.
00120 Via del Pellegrino Citta del Vaticano
phone: +390669881022 | 홈페이지 www.vatican.va

샤를르 드 푸코

아프리카에서 장교 생활을 한 그는 상스러운 품행과 처신 때문에 군대에서 쫓겨난 방탕아였다. "나는 믿음도 없이 교회에 다니기 시작했다"고 샤를르 드 푸코는 자신의 회심을 묘사했다. 그는 고해 도중 아주 중요한 신앙 체험을 했다. "하느님, 당신은 이 고해를 통해 저에게 모든 것을 내려주셨습니다. 이 얼마나 축복받은 날입니까." 푸코는 1890년에 메르 알베릭이란 이름으로 트라피스트 수도회에 들어갔다. 나자렛과 예루살렘에서 수도원 노역자로 일하면서 3년 동안 침묵 생활을 했다. 푸코는 사하라 주민들에게 하느님의 말씀을 전할 수 있는 수도원 공동체 설립을 꿈꾸었다. 그러나 북아프리카로 돌아갔을 때 그는 혼자였고, 1916년

에 세누시아파 신도의 총에 맞아 사망했다. 20년 후 젊은 신부들은 샤를르 드 푸코의 이상을 좇아 '예수의 작은 형제회'를 설립했고 이 수도회는 곧 전세계로 퍼져나갔다.

✚ 괴테가 말하는 그리스도교

"아무리 정신 문화가 발전하고, 자연과학이 더 넓고 깊게 성장하고, 인간 정신의 폭이 넓어진다고 해도 우리 인간은 복음서에서 빛을 발하는 그리스도교의 숭고함과 윤리적 문화를 넘어설 수 없다."

— 에커만의 『괴테와의 대화』 중에서

✚ 레오 톨스토이

레오 톨스토이는 하느님을 보고자 했던 어느 왕의 일화를 들려준다. 왕은 사흘 안에 자신에게 하느님의 모습을 보여주지 않으면 죽음을 내리겠다고 신하들을 위협했다. 첫날이 시작되고 둘째 날이 지나가고 셋째 날이 왔다. 궁의 모든 신하들은 마음이 조마조마하고 불안하여 어쩔 줄을 몰랐다. 그때 왕의 소원을 전해들은 한 양치기가 들에서 와서 말했다. "전하께 하느님을 보여드리겠습니다." 왕이 대답했다. "너의 대답에 내가 만족하지 못하면 목이 달아날 줄 알아라." 양치기는 왕에게 시장터로 나가자고 했다. 햇빛이 찬란하게 비추는 날이었다. 양치기는 왕에게 말했다. "해를 쳐다보십시오!" 그가 하라는 대로 하던 왕은 이렇게 소리질렀다. "내 눈을 멀게 할 작정이냐!" 양치기가 말했다. "그것 보십시오. 하느님이 만든 피조물도 볼 수 없는데 하물며 하느님을 보려고 하시다니요."

✚ 모차르트

신동 모차르트의 이름은 원래 볼프강 아마데우스가 아니었다. 그가 세례 때 받은 이름은 요하네스 크리소스토무스 볼프강구스 테오필루스(Johannes Chrysostomus Wolfgangus Theophilus)였다.

그리스식 이름 '테오필루스'는 '하느님을 사랑한다'는 의미이고, 이를 라틴어로 옮기면 '아마데우스'(Amadeus)이다. 알다시피 모차르트는 훗날 라틴식 이름을 택했다.

✚ 빈센트 반 고흐

1880년, 27세의 반 고흐는 벨기에의 한 탄광 지역에서 착취당하는 노동자들과 그 가족들, 즉 찢어지게 가난한 이들 틈에서 함께 생활하고 있었다. 고흐는 평신도 설교사였다. 사람들은 그를 "우리의 자비로운 사마리아인"이라고 불렀다. 교회 당국은 당연히 그의 '사마리아인 스타일'을 비판했다. 고흐는 설교사 직에서 쫓겨났지만 그 대신 앞으로 그림을 그리며 위안을 받기로 했다. 그는 만년의 작품 중 하나에 '자비로운 사마리아인'이라는 제목을 붙였다.

✠ 루이 파스퇴르

화학자이며 생리학자인 루이 파스퇴르(+1895)에 대해 이런 이야기가 전해진다. 어느 날 그의 제자가 그토록 많은 사색과 연구를 하신 분이 어떻게 그렇게 믿음이 깊으냐고 물었다. 파스퇴르가 대답했다. "많이 사색하고 연구를 했기 때문에 브르타뉴 농부처럼 믿음이 깊은 것이라네. 지금보다 더 많이 사색하고 많이 공부했다면 아마도 브르타뉴 농부의 아낙처럼 믿음이 깊었을 걸세."

✠ 예수는 왜 친구가 없었을까

어느 날 아빌라의 성녀 데레사가 탄 마차가 거리의 도랑에 빠졌다. 바퀴 축이 부서지자 데레사는 예수와 대화를 나누며 원망을 가득 늘어놓았다. 그런데 놀랍게도 데레사는 예수로부터 이런 말을 들었다. "내 딸아, 나는 내 친구들을 종종 이렇게 대접한단다." 데레사는 평소의 거침없고 쾌활한 성격대로 이렇게 대답했다. "그렇고 말고요, 주님. 그래서 주님에게는 친구가 없는 것입니다."

교황청 용어 소사전

알현(Audientia papalis): 교황을 만나보는 행사. 대개 성 베드로 광장에서 열린다.

바빌론 유배: 1309년에서 1376년까지 교황들이 아비뇽으로 교황청을 옮긴 사건.

소칙령(Breve): 교황이 발표하는 짧고 단순한 형식의 교서.

대칙령(Bulle): 황제나 교황이 발표하는 장중한 형식의 교서.

카마우로(Camauro): 교황이 겨울에 쓰는 털로 만든 방한모.

교의(Dogma): 신앙의 내용, 무오류의 종교적 가르침.

회칙(Encyclica): 교황이 전세계 교회에 보내는 문서.

교황좌의 선언(Ex cathedra): 교리와 관련된 결정이 '무오류'로 선포되기 위해 필요한 요건.

파문(Excommunication): 교회가 내리는 형벌.

이단(Heresy): 그리스도교 신앙에서 크게 벗어나는 주장.

비정통교리(Heterodoxy): 비정통설, 사교.

종교 재판(Inquisition): 재판을 통해 이단을 심판하는 일.

성무집행 금지(Interdictum): 사제의 성무 활동을 금지하는 것.

추기경(Cardinal): 교황 다음의 최고위 성직자.

교황령(Patrimonium petri): 교회국가라고도 한다. 과거에는 교황이 이탈리아에 갖고 있던 영유지였다.

콘클라베(Conclave): 새 교황을 선출하기 위한 추기경 회의.

정교협약(Concordat; 政教協約): 가톨릭 교회가 국가와 맺는 협정.

공의회(Council): 가톨릭 교회의 대표자들이 모여 중요 사항을 논의하는 회의.

교황청(Curia romana): 가톨릭 교회의 행정을 맡아보고 통괄하는 곳.

라테란: 과거 로마 제국의 궁으로 교황의 교회가 있는 곳.

교황 사절(Legate): 교황이 파견하는 대표.

교황 실록(Liber pontificalis): 역대 교황들의 전기집.

수도대주교(Metropolit): 특별한 권한을 가진 관구의 주교.

팔리움(Pallium): 양털로 만든 띠. 교황과 대주교를 나타내는 표지이다.

교황 임기(Pontificatet): 교황의 재임 기간.

폰티펙스 막시무스(Pontifex maximus): '최고의 교량 기술자'라는 뜻으로 455년부터 교황의 칭호로 쓰였다.

교황의 수위권(Primatus romani pontificis): 로마 대주교가 갖는 절대적인 지위와 권위.

교황위의 공위(空位) 기간(Sedisvakanz): 전임 교황과 신임 교황 사이의 공백 기간.

시노드(Synode): 주교들의 모임.

티아라(Tiara): 과거에 교황이 머리에 쓰던 삼층의 황금관.

✚ 성경 속의 진기록

가장 오래 산 사람	므두셀라. 969년을 살았다.
가장 큰 배	노아의 방주(길이 150m, 너비 25m).
가장 높은 산	성경에 언급된 산 중 최고봉은 터키 동부에 있는 아라랏 산(터키에서는 아그 다크라고 부름)으로 높이가 5,156m이다.
가장 높은 건축물	바벨탑. 정확한 높이는 알려지지 않았다.
가장 많이 거명된 여성	아브라함의 아내 사라. 성경에서 56번 거명되었다.
가장 오래 걸린 여행	40년이 걸렸다. 원을 그리며 제자리로 돌아오는 여행이었다.
가장 큰 침대	요르단 동쪽 나라의 옥 왕이 소유하고 있던 침대. 쇠로 만들어졌고 길이가 4m, 너비는 2m였다.
가장 많이 자식을 낳은 사람	판관 압돈. 40명의 아들을 두었다.
가장 힘이 센 남자	삼손. 당나귀 턱뼈로 1,000명을 죽였다.
가장 돌팔매질을 잘한 사람	다윗. 단 한 번 돌을 던져 골리앗을 죽였다.
가장 키가 큰 사람	골리앗. 3m가 넘는 장신이었다.
가장 정력이 좋은 사람	솔로몬 왕. 700명의 정부인과 300명의 첩실을 두었다.
가장 나이가 어린 왕	요아스. 7세에 왕이 되었다.
가장 많이 거명된 왕	다윗. 성경에서 1,118번 거명되었다.
가장 많이 가축을 소유한 사람	욥. 양을 1만 4,000마리, 낙타를 6,000마리, 소를 2,000마리 소유했다.
가장 짧은 절	"예수님께서 눈물을 흘리셨다."(요한 11,35)

성경의 연표

| 제1기 (무한한 시간) |

아담	930년	
셋	912년	
에노스	905년	
케난	910년	
마할랄엘	895년	

예렛	962년
에녹	365년
므두셀라	969년
라멕	777년
노아	950년

제1기는 대홍수 후에 막을 내린다. 그 후 아브라함과 함께 시작되어 예수 시대까지 계속된 2000년의 제2기에서는 인간 수명이 120년으로 줄었다(창세 6,3). 이때를 구약 시대라고 한다.

| 제2기 |

셈	600년
아르팍샷	933년
셀라흐	433년
에베르	464년
펠렉	239년
르우	239년

스룩	230년
나호르	148년
테라	205년
아브라함	175년
이사악	180년
모세	120년

신약 시대인 제3기는 예수 그리스도와 함께 시작한다.

성경의 시간 계산

신약 성경의 사건들은 흔히 정확한 시간과 함께 묘사된다. 루카 복음서는 "제6시쯤 되자 어둠이 온 땅에 덮여 제9시까지 계속되었다"고 예수의 죽음을 기술한다. 제9시는 예수의 사망 시각으로 기록되었다. 이것을 기념하여 현재까지도 매주 금요일 오후 3시가 되면 교회에서 종을 울린다.

고대 로마인들은 하루를 해돋이에서 해넘이까지 열두 시간으로 나누었다. 따라서 제6시는 정오이다. 밤은 네 번의 야간 보초 시간으로 나누었다.

| 신약 성경과 구약 성경의 하루 구분 |

신약 성경		구약 성경	
제3시	6~9시	아침	6~10시
제6시	9~12시	하루의 더운 때	10~14시
제9시	12~15시	하루의 서늘한 때	14~18시
제12시	15~18시		

| 유다교의 절기 |

1. 니산(아빕)*	3/4월	7. [티쉬리](에타님)	9/10월
2. [이야르]*(시브)	4/5월	8. [마르쉐반](불)	10/11월
3. 시반	5/6월	9. 키슬레브	11/12월
4. [탐무스]	6/7월	10. 테벳	12/1월
5. [아브]	7/8월	11. 스밧	1/2월

6. 엘룰 .... 8/9월   12. 아달 2/3월

* 역법의 출발점은 니산 월에서 춘분(밤과 낮의 길이가 같은 날)이 지난 다음 초승달이 뜰 때였다. 유다인들은 이집트에서 나온 뒤 바빌로니아 역법에서 쓰는 달 이름을 사용했다. 구약 성경에는 이따금 다른 이름(위에서 괄호 안에 적힌 이름)이 나온다. 대괄호에 있는 이름은 성경에 나오지 않는 이름이다.

전례력

전례력(교회력)은 대림시기의 첫 일요일에 시작되어 그리스도왕 대축일과 함께 끝난다. 가톨릭에서는 전례력을 통해 구원의 신비를 기념한다. 대림시기의 4주간은 성탄절에 오시는 그리스도의 탄생과 최후의 심판을 기다리는 때이다. 주님의 탄생(12월 25일)을 축하하는 성탄 시기는 주님 공현 대축일(1월 6일)까지 계속된다. 전례력에서 최대 축일은 부활절이다. 부활절은 재의 수요일부터 시작되는 40일 동안의 사순시기 다음에 온다. 부활 축일은 8일간이며, 부활 시기는 성령강림절까지 계속된다. 주님 공현 대축일과 사순시기 사이에 있는 주일들, 그리고 성령강림 대축일과 그리스도왕 대축일 사이에 있는 주일들은 이른바 연중 시기의 주일로 지낸다. 전례력에서는 그리스도의 다른 축일들과 성인들의 기념일들 및 축일들도 지켜 거행한다.

진화와 창조 1

진화론자들과 창조론자들은 세계 창조가 우주의 대폭발로 탄생한 우연인지, 아니면 말 그대로 창조인지를 놓고 논쟁한다. 가톨릭 교회는 진화 과정과 창조 행위를 명확하게 구분하지 않는다.

성경의 시각에서 보면 하느님은 세계 전체를 무에서 창조하셨다. 하느님은 이 세상의 일부나 어떤 우주의 힘이 아니라, 인간의 상상력을 절대적으로 뛰어넘는 인격체이다. 우주를 뜻하는 라틴어 'Universum'은 세계 창조가 하느님을 제외한 모든 존재하는 것들, 즉 창조된 모든 세계를 포함한다는 것을 나타낸다. 고대 그리스인들은 이보다 훨씬 장엄하고 포괄적인 표현을 썼다. 그들은 우주를 '코스모스'(Kosmos)라고 불렀다. '장식' 또는 '질서'를 뜻하는 말이다. 그래서 고대 그리스인들은 우주를 질서정연한 전체, 계층적으로 나누어진 구조라고 생각했고, 하등 생물에서 더 차원 높은 고등 생물로, 순수한 물질에서 순수한 영혼으로 올라가는 일종의 사다리라고 보았다. 하느님이 계시다는 사실, 영원의 말씀인 로고스, 즉 이성이 존재한다는 사실은 두 눈으로 확인할 수 있다고 사도 바오로는 말한다. "세상이 창조된 때부터, 하느님의 보이지 않는 본성 곧 그분의 영원한 힘과 신성을 조물을 통하여 알아보고 깨달을 수 있게 되었습니다."(로마 1,20)

▶ '인간'이라는 기적은 100조 개 이상의 세포로 이루어져 있다.

▶ 생명체의 모든 유전 정보(게놈)는 DNA(Desoxyribo-Nucleic-Acid, 디옥시리보핵산)에 들어 있다.

▶ DNA는 각 세포의 세포핵에 싸여 있는 '염색체' 속에 있다. 세포 한

개당 DNA의 총 길이는 약 2m이다. 인간의 몸이 대략 100조 개의 세포로 이루어져 있으므로, 인간 DNA의 총 길이는 2,000억km가 된다. 이는 지구와 태양 사이의 거리의 650배에 해당한다.

▶ 골수는 시간당 150억 개의 혈액 세포를 생산한다. 이를 위해서는 3,000만km의 DNA가 복제되어야 한다.

▶ 박테리아와 식물과 동물을 포함한 모든 생물은 DNA와 단백질의 기본 구조는 물론이고 '유전자 코드'의 구조도 모두 똑같다.

▶ 학문이 우주에서 발견한 가장 복잡하고 복합적인 인간의 뇌는 무게가 1.3kg이고 약 1,000억 개의 신경 세포로 이루어져 있다. 뇌의 모든 하드웨어와 소프트웨어는 가장 복잡한 작은 부분까지 포함하여 사전에 프로그램되어 있다. 뇌의 컴퓨터 프로그램은 자궁의 난세포가 수정될 때 생성되며 아직 태어나지 않은 인간의 첫 번째 DNA의 고분자에 저장되어 있다.

▶ 노벨상 수상자 크리스티앙 드 뒤브에 의하면, 뇌에서 일어나는 모든 정보처리가 제대로 작동하기 위해서는 "수십억 개의 세포 연결 부위에서 적시에 적정량의 신경전달물질이 방출되어야 하고 이것이 수용체와 올바로 결합하여 기능을 충분히 발휘한 뒤 너무 오래 머물러 있지 않고 다시 제거되거나 파괴되어야 한다."

✚ 진화와 창조 2

우리가 살고 있는 지구는 아주 작은 부분까지 정교하게 고안된 대단히 경이로운 구조물이다. 꼼꼼하고 섬세하게 조율된 지구는 자신의 축을 중심으로 자전하면서, 9억 4,000만km에 달하는 태양의 주위를 1년 주기로 시간당 10만 7,280km의 속도로 정확하게 돌고 있다. 이 모든 것들은 세계가 의도적으로 고안되고 계획된 창조임을 알려준다. "내가 땅을 세울 때 너는 어디 있었느냐? 누가 그 치수를 정했느냐? 또 누가 그 위에 줄을 쳤느냐? 그 주춧돌은 어디에 박혔느냐? 또 누가 그 모퉁잇돌을 놓았느냐?"(욥 38,4-6)

| 지구의 치수를 재다 |

a) 반지름   6,371km

b) 둘레   4만 45km

c) 겉넓이   5억 1,010만 934km^2

d) 부피   1조 830억km^3

e) 자전 속도   1,666km/hr

| 지구에 줄을 치다 |

a) 태양까지의 거리   1억 4,960만km

b) 지구의 공전 거리   9억 4,000만km

c) 공전 속도   10만 7,280km/hr

d) 지구에서 가장 가까운 항성   알파 켄타우로스(Alpha Centauri). 40조km 거리.

| 지구에 주춧돌을 놓다 |

a) 지핵   지표로부터 6,370~2,900km 깊이에 있다.

b) 맨틀   지표로부터 2,900~40km 깊이에 있다.

c) 지각   지표로부터 40~0km 깊이에 있다.

지구의 구조는 자전 속도와 공전 속도에 중요하다.

| 지구에 모퉁잇돌을 놓다 |

a) 북극   b) 남극

북극과 남극 사이에는 거대한 막대자석처럼 작용하는 지축이 있다.

지구는 생존에 지극히 불리한 우주 속을 우주선처럼 끊임없이 떠다닌다. 지구는 정확하게 1년 안에 태양의 주위를 돌아야 한다. 궤도를 이탈하거나 시간적으로 오차가 생겨서는 안 된다. '생존'이 가능한 최적의 상황을 만들기 위해 지구의 크기와 형태, 위치와 축, 지구의 자전과 자전 속도는 아주 세밀한 부분까지 서로 정확하게 맞춰져 있다. 우주의 나이와 근원을 탐구하는 여러 이론들은 현재 많은 논란을 낳고 있다. 아인슈타인의 상대성이론을 비롯하여 우주의 대폭발이론, 우연론, 진화론, 카오스이론, 그 밖에 우주의 나이와 관련한 모든 이론들이 그렇다.

자연과학은 세계를 연구할 수 있지만, 이 세계의 배후에 누가 있고 세계가 어디에서 왔으며 왜 세계가 존재하는지를 설명하지는 못한다.

진화론의 창시자 찰스 다윈: "눈이 진화를 통해 탄생했다는 가정은 솔직히 고백하건대 어불성설처럼 생각된다."

노벨상 수상자 막스 플랑크: "아무리 여기저기를 보고 멀리 바라보아도 우리는 종교와 과학 사이에서 모순을 발견하지 못한다. 오히려 결정적인 문제에서 완벽하게 일치함을 발견한다. 오늘날 많은 이들이 믿고 두려워하는 것과 달리 종교와 과학은 서로 배치되지 않는다. 오히려 그 둘은 서로 보완하고 서로를 요구하는 관계이다. 신은 그를 믿는 이들에게는 모든 사고의 시초에, 물리학자들에게는 모든 사고의 마지막에 자리 잡은 존재이다."

알베르트 아인슈타인: "모든 깊이 있는 과학자들은 틀림없이 일종의 종교적인 감정을 갖고 있다. 그가 깨닫는 빈틈없는 연관성들을 그 자신이 최초로 생각해 냈다고는 상상할 수 없기 때문이다."

생물학자 에드윈 쿠클린: "지구상의 생명체 탄생을 우연으로 설명하려는 것은 인쇄소가 폭발하여 사전이 탄생하기를 기대하는 것과 같다."

✚ 수도자의 아침기도

초대송은 수도자들이 아침에 드리는 기도의 시작 부분이다.

> 주님 제 입술을 열어 주소서.
> 제 입이 당신 찬미를 전하오리다.

영광이 성부와 성자와 성령께
처음과 같이 이제와 항상 영원히.
아멘.

아빠스

4세기에 그리스도교 은수자들은 하느님과 진리를 찾기 위해 이집트의 사막으로 들어갔다. 이들 중에 참된 스승이며 정신적인 지도자였던 지혜로운 원로들을 일컬어 '아빠스'(Abbas), 즉 사부라고 불렀다. 수도원장을 뜻하는 독일어 Abt도 여기에서 나온 말이다. 아빠스가 깨달음의 말 혹은 통찰의 말을 발견하면 그 지혜의 말씀은 대를 거치며 전해 내려왔다. 이것을 아포프테그마타(Apophthegmata), 잠언이라고 한다. 잠언은 침묵 속에서 탄생한 깨달음의 말이라고 여겨졌다. 특히 10년 이상을 이집트의 은수자들과 생활한 요한 카시아노의 기록에서 이 사막의 아빠스들이 남긴 지혜의 일단을 엿볼 수 있다. 그 가운데 이런 이야기가 있다. 어느 날 홀로 사는 수도자에게 방문객들이 찾아와 물었다. "당신은 당신의 고요한 삶에서 어떤 의미를 찾으십니까?" 수도자는 마침 깊은 우물에서 물을 긷고 있었다. 그가 방문객에게 말했다. "우물을 들여다보십시오! 무엇이 보입니까?" 방문객들은 깊은 우물을 들여다보았다. "아무것도 안 보입니다." 잠시 뒤에 수도자가 다시 말했다. "우물을 들여다보십시오! 무엇이 보입니까?" 방문객들은 또 우물을 내려다보았다. "네, 지금은 우리의 모습이 보입니다!" 수도자가 말했다. "그것 보십시오. 제가 방금 물을 길었을 때는 물이 고요하지 않았으나 이제는 고요합니다. 자기 자신을 본다는 것, 그것이 고요한 삶에서 얻어지는 경험입니다."

고대 역사서

신약 성경만큼 뚜렷한 증거를 가진 역사적 저술은 거의 없다. 더욱이 신약 성경은 일찌감치 탄생했다. 신약 성경 초기의 저술들은 그리스도가 세상을 떠난 지 몇 년 지나지 않아 등장했다. 고대의 역사서 중 현재 전해지는 사본들과 비교해 보자.

저자	저술	탄생기	사본
타키투스	연대기(1~6권)	기원후 116년	1종, 기원후 850년
타키투스	연대기(11~16권)	기원후 116년	1종, 11세기
플라비우스	유다 전쟁기	기원후 70년	1종(라틴어판), 4세기 6종(그리스어판), 10세기
호메로스	일리아드	기원전 800년	650종, 기원후 2~3세기
복음사가	마르코, 마태오, 루카, 요한 복음서	기원후 50년	5,664종, 1~3세기 그리스어 사본 단편
			합계: 2만 4,000종

✚ 수호성인

트렌토 공의회의 결정에 따라 1566년에 나온 『로마 교리서』의 2부 2장 76조는 세례명의 의미를 이렇게 설명한다. 세례자는 "성인의 이름을 세례명으로 취함으로써 그 성인의 덕목과 성스러움을 본받아야" 한다. 또 세례자는 해당 성인과 맺어짐으로써 "자신의 이름을 가진 수호성인에게 도움을 청해야 하고, 성인이 전구를 통해 하느님의 뜻에 맞는 삶을 실현하려는 자신에게 도움을 주도록 간청해야 한다."

✚ 세계 각국의 수호성인

영국: 성 보니파시오(윈프리드), 증거자 성 에두아르도
프랑스: 오를레앙의 성녀 요안나(잔다르크), 투르의 성 마르티노, 리지외의 성녀 데레사
독일: 대천사 미카엘, 성 보니파시오
캐나다: 나자렛의 성 요셉
러시아: 미라의 성 니콜라오
스페인: 성 야고보, 성 라우렌시오, 아빌라의 성녀 데레사
스위스: 성 니콜라오 데 플뤼에
헝가리: 헝가리의 성 스테파노 1세
브라질: 알칸타라의 성 베드로
이탈리아: 성 프란치스코, 시에나의 성녀 가타리나

핀란드: 웁살라의 성 헨리코
노르웨이: 노르웨이의 성 올라보
오스트리아: 나자렛의 성 요셉, 성 콜로만노, 성 레오폴도 3세
폴란드: 슐레지엔의 성녀 헤드비히, 크라쿠프의 성 스타니슬라오
포르투갈: 성 토마스
멕시코: 나자렛의 성 요셉, 성 후안 디에고
덴마크: 성 안스카리오
프로방스: 세례자 성 요한
아일랜드: 킬데어의 성녀 브리지다, 성 파트리치오
아이슬란드: 성 안스카리오, 성 토르락 토르할손
스웨덴: 스웨덴의 성녀 비르지타
불가리아: 불가리아 사람 성 보리스
칠레: 성 프란치스코 솔라노
프리슬란트: 성 소야고보
그루지야: 순교자 성 제오르지오
그리스: 성 안드레아
콜롬비아: 성 베드로 클라베르
마요르카: 성 알폰소 로드리게스, 팔마의 복자 라이문도 룰로
프로이센: 프라하의 성 아달베르토, 폴란드의 성 히야친토
사르데냐: 툴루즈의 성 사투르니노
세인트토머스 섬: 성 토마스
바티칸: 성 토마스

십자가가 그려진 국기

그리스도교는 유럽을 비롯한 여러 나라에서 민족을 형성하고 국가의 기틀을 다진 요소였다. 이것을 표현하기 위해 해당 국가의 문장과 상징과 국기에는 지금도 그리스도의 십자가가 그려져 있다. 그중 몇 가지를 추려보면 다음과 같다.

국기	도입연도	국가	십자가의 종류
	1219년	덴마크	스칸디나비아 십자가: 1219년에 도입한 다네브로크가 기원이다.
	1918년 5월 29일	핀란드	스칸디나비아 십자가
	2004년 1월 26일	그루지아	성 제오르지오 십자가
	1822년 3월	그리스	그리스 십자가
	1801년 1월 1일	대영제국	유니언잭: 영국 국기(성 제오르지오 십자가), 스코틀랜드 국기(성 안드레아 십자가), 아일랜드 국기(성 파트리치오 십자가)의 3국 국기를 조합하여 만들었다.
	1915년 6월 19일	아이슬란드	스칸디나비아 십자가
	1962년 8월 6일	자마이카	성 안드레아 십자가

국기	도입연도	국가	십자가의 종류
	1918년	라트비아 해군기	띠 십자가
	1937년	리히텐슈타인	왕관 위에 그려진 십자가
	1942년 4월 15일	몰타	성 제오르지오 십자가
	1899년 1월 1일	노르웨이	스칸디나비아 십자가
	1699년	러시아 해군기	성 안드레아 십자가
	1286년	스코틀랜드	성 안드레아 십자가. 성 안드레아는 스코틀랜드의 수호성인인다.
	1906년 1월 22일	스웨덴	스칸디나비아 십자가
	1815년 7월 4일	스위스	그리스 십자가(스위스 십자가라고도 부름)
	1990년	슬로바키아	대주교 십자가
	1981년 12월 19일	스페인	왕관을 장식하는 소형 라틴 십자가
	1866년	통가	그리스 십자가

교회의 배경을 가진 세계 10개 수도

부에노스아이레스(Buenos Aires): 뱃사람들의 수호성인인 산타 마리아 델 부엔 아이레의 이름을 따서 붙였다.

산티아고 데칠레(Santiago De Chile): 성 야고보라는 뜻이다. '데칠레'를 덧붙인 것은 같은 이름을 가진 다른 나라 도시와 구별하기 위함이다.

산호세(San José): 성 요셉. 코스타리카의 수도.

산토도밍고(Santo Domingo): 거룩한 주일. 도미니카 공화국의 수도.

산살바도르(San Salvador): 거룩하신 구세주. 엘살바도르의 수도.

산타페 데보고타(Santa Fe De Bogotá): 거룩한 신앙. 콜롬비아의 수도 보고타는 곤잘로 히메네스 데 케사다가 건설했다. 스페인에 있는 자신의 고향 이름을 따서 산타페라고 명명했다.

산크리스토발 델라 아바나(San Cristóbal de la Habana): 쿠바의 수도의 정식 이름.

산후안(San Juan): 푸에르토리코의 수도. 1521년에 성 요한 세례자를 기리기 위해 '산후안'으로 개명했다.

아순시온(Asunción): 스페인어로 승천을 뜻한다. 파라과이의 수도로 정식 명칭은 누에스트라 세뇨라 델라 아순시온('성모 승천')이다. 1537년 8월 15일에 후안 데 살라자르와 곤잘로 데 멘도자가 건설했다.

뮌헨(München): 수도자를 뜻하는 독일어 Mönch에서 나왔다. 바이에른의 주도 뮌헨시의 문장에 그려진 '뮌헨 킨들'에도 수도자의 모습이 담겨 있다.

성(聖)의 뜻을 가진 20대 도시

새크라멘토 Sacrament ·· 미국, 캘리포니아

생테티엔 Saint Etienne ·· 프랑스, 론 알프스

세인트루이스 Saint Louis ·· 미국, 미주리

장크트 모리츠 Sankt Moritz ······································· 스위스

샌안토니오 San Antonio ·· 미국, 텍사스

샌버너디노 San Bernardino ·· 미국, 캘리포니아

샌디에고 San Diego ··· 미국, 캘리포니아

샌프란시스코 San Francisco ······································· 미국, 캘리포니아

산후안 San Juan ·· 미국, 푸에르토리코

장크트 텐 Sankt Pölten ·· 오스트리아

산마리노 San Marino ··· 산마리노

산살바도르 San Salvador ·· 엘살바도르

샌타바버라 Santa Barbara ··· 미국, 캘리포니아

산타크루즈 데테네리페 Santa Cruz De Tenerife ················· 스페인, 카나리아 제도

샌타페이 Santa Fe ·· 미국, 뉴멕시코

샌타모니카 Santa Monica ·· 미국, 캘리포니아

산티아고 데칠레 Santiago De Chile ······························· 칠레

산티아고 데콤포스텔라 Santiago De Compostela ················ 스페인

산티아고 데 쿠바 Santiago De Cuba ······························ 쿠바

상파울루 São Paulo ··· 브라질

성경의 배경을 가진 나라 이름

앤티과(Antigua): 콜럼버스는 자신의 고향 세비야에 있는 교회 'Santa Maria de la Antigua'의 이름을 따서 이 섬나라를 명명했다. 수도는 세인트존스(성 요한)이다.

아르메니아(Armenia): 아람족의 시조인 아람(Aram)의 이름에서 유래했다. 아람은 셈의 아들이며 노아의 손자였다.

도미니카(Dominica): 카리브해에 있는 섬나라. 라틴어로 주일을 뜻하는 Dominica dies에서 이름을 얻었다. 콜럼버스가 1493년 11월 3일 일요일에 발견했다.

도미니카 공화국(Dominican Republic): 1697년에 스페인 사람들이 일요일에 발견했다.

엘살바도르(El Salvador): 스페인어로 '구세주'(예수 그리스도)를 뜻한다.

과들루프(Guadeloupe): 콜럼버스가 스페인의 수도원 'Santa Maria de Guadelupe'의 이름을 따서 이 섬을 명명했다.

이스라엘(Israel): 이스라엘 12지파의 아버지인 야곱의 다른 이름.

팔레스타인(Palestine): 구약 성경에 언급된 필리스티아 사람들로 거슬러 올라간다. 필리스티아라는 이름은 다시 셈족어 P.L.Sh('침입자')에 뿌리를 두고 있다.

솔로몬 제도(Solomon Islands): 섬을 발견한 스페인 선원은 1567년에 이곳에서 금을 발견하기를 기대하고 부유함으로 유명했던 솔로몬 왕의 이름을 따서 섬이름을 지었다.

상투메 프린시페(São Tomé e Príncipe): '성 토마스'라는 뜻의 섬나라. 1471년 성 토마스의 축일이던 12월 21일에 발견되었기 때문에 이 이름이 붙었다.

세인트 빈센트(Saint Vincent): 카리브해에 있는 이 섬은 1498년 1월 22일 크리스토프 콜럼버스가 성 빈첸시오 축일에 발견했다.

세인트 유스터스(Saint Eustace): 서인도제도에 있는 네덜란드령 섬의 하나. 성 에우스타시오의 이름을 따서 붙였다.

트리니다드(Trinidad): 전승에 따르면 콜럼버스는 이 섬의 이름을 '트리니다드'라고 지으면서 삼위일체 축일을 기념하려 했다고 한다. 또 다른 일설에 따르면, 섬 남쪽 해안에 솟아 있는 세 산봉우리를 보고 이름을 지었다고도 한다.

✚
베네딕토 수도원의 맥주

오늘날 마시는 맥주는 성 베네딕토회 수도원의 발명품이다. 원래 맥주는 로마 시대부터 있었다. 로마 사람들은 발효시킨 메귀리, 호밀, 밀 또는 보리에 장과식물과 생강을 비롯한 각종 양념으로 향을 내어 맥주를 빚었다. 이렇게 만든 것을 그들은 '체르비시아'(Cervisia)라고 불렀다. 로마 신화에서 농작물의 수호여신인 체레스의 선물이라는 뜻이다. 그러나 8세기에 이르러 수도자들은 보존성을 높이는 방법을 찾아 더 많은 향신료를 넣다가 홉을 발견했다. 그들은 수도원의 실험실과 채소밭에서 얻은 재료를 섞어 통증과 각종 질병, 미용과 젊음의 유지, 축제와 금식제 등 기쁠 때나 슬플 때를 막론하고 어느 경우에나 마실 수 있는 맥주를 빚었다.

이후 수도원의 맥주 양조장은 우후죽순처럼 생겨났다. 800년에 카를 대제의 영토에는 맥주를 만드는 수도원이 500곳이 넘었고, 그중 300곳은 바이에른 지방에 있었다(프란치스카너, 파울라너, 아우구스티너 같은 맥주 상표가 현재까지 전해오고 있다).

817년 수도원 개혁을 위해 아헨에서 열린 종교회의에서는 맥주가 그리스도교의 탕약으로까지 격상했고, 금식재에도 허용되었다. 음료는 금식에 위배되지 않는다는 이유 때문이었다. 독일에서 역사가 가장 오래된 양조장은 바이에른의 베네딕토회 수도원인 바이엔슈테판으로 1040년에 양조권을 획득했다. 파울라너 수도원의 수도자들은 1630년부터 알콜 농도 7.5%의 도수 높은 맥주를 만들었다. 이 '마시는 빵'은 수도자들이 금식재 때 마시는 주식이었다. 수도원 의사들은 꿀을 넣은 맥주를 불면증과 감기와 기침 예방약으로, 캐러웨이와 아니스와 약초를 넣은 맥주를 소화제로 처방했다. 그들은 일반적으로 맥주가 신경을 강하게 하고 탈수 작용이 있다고 생각했고, 이뇨 작용과 신장 활동에 효과적이라고 보았다. 맥주는 남자들의 지나친 정욕을 예방하는 약으로도 사용되었다. 홉의 꽃에 남자들의 리비도를 억제하는 효과가 있기 때문이다. 1516년 4월 23일 빌헬름 공은 '순수 맥주 제조령'(보리, 홉, 물, 효모만을 재료로 사용하도록 정한 법)을 만들었고 이 법은 오늘날까지 지켜지고 있다.

✚ 카카오와 초콜릿

1569년 멕시코의 주교들은 지롤라모 디 산 빈첸초라는 이름의 수도자를 바티칸의 교황 비오 5세에게 사절로 보냈다. 카카하카우이틀이라는 나무와 카카하티 열매에서 추출한 쇼코아틀이라는 새 음료를 금식 기간(사순시기)에 마셔도 되는지 확인하기 위해서였다. 교황은 쓰고 뜨거운 카카오를 억지로 마신 뒤 이렇게 말했다고 한다. "이 음료는 금식 규정에 위배되지 않습니다."(Potus iste non frangit jejunium.)

그 후 걸쭉한 액체 카카오에서 기름을 걷어내고 바닐라와 설탕을 섞으면 마실 수 있다는 사실을 한 수도원에서 알아낸 뒤 이 음료는 승승장구의 길을 걸었다. 드디어 과테말라의 수도원 요리사들은 카카오를 딱딱한 판자 형태로 저장했다. 17세기 초에 유럽에서는 초콜릿을 찬성하는 예수회와 반대하는 도미니코회 간에 치열한 논쟁이 벌어졌다. 다행히 1662년 브란카치오 추기경이 최종적으로 초콜릿을 찬성하는 입장을 표명하면서 논쟁은 종지부를 찍었다.

✚ 포크의 역사

17세기까지 유럽에서는 수도자들이 지켜온 식탁 예절에도 불구하고 포크로 식사하는 것이 종교적인 범죄로 취급되었다. 포크를 사용하면 '하느님의 피조물이 인간의 손으로 만져질 가치가 없음'을 표현하는 것이라고 그리스도교는 가르쳤다. 게다가 포크 사용은 여자처럼 유약한 행동으로 간주되었다. 포크는 비잔틴 제국에서 유래하여 동방교회의 문화권에서 나왔다. 물론 9세기에 라바누스 마우루스 수도원장이 저술한 22권짜리 백과사전 속 삽화에는 몬테카시노의 베네딕토회 수도자 두 명이 느긋하게 식탁에 앉아 칼과 포크를 써서 고기를 먹는 장면이 있기는 하다. 그러나 그 후 포크는 사회에서 자취를 감추었다. 그러다가 17세기가 되어 이탈리아를 필두로 유럽 각국의 왕실에서 다시 포크가 등장하여 손가락이 아닌 포크를 사용하는 풍습이 유행하기 시작했다.

✚ 카푸치노

1683년에 투르크군을 격퇴한 뒤 승리의 표지를 만들고 싶었던 빈의 제빵사들은 초승달 모양의 과자인 크루아상을 만들었다. 그들은 또 오스만 투르크군이 남기고 간 낯선 모카 콩을 가지고 실험을 했다. 모카 콩을 갈아 물을 붓고 우유를 첨가한 결과 카푸치노가 탄생했다. 이 음료가 이런 이름을 얻게 된 것은 카푸친회 수도자인 마르코 다비아노 덕분이다. 다비아노 신부는 십자가를 들고 축복을 내리며 대륙을 누볐다. 빈의 해방을 위해 다비아노 신부만큼 기도한 이도 없었다. 다비아노 신부는 2003년 4월 27일에 교황 요한 바오로 2세에 의해 시성되었다.

✚ 발렌타인 데이

성 발렌티노 주교의 활동지였던 이탈리아 도시 테르니는 발렌타인 데이인 2월 14일이 되면 약혼한 수백 명의 연인들과 함께 해마다 성대한 꽃축제를 벌인다. 오스카상 수상자이며 영화 〈인생은 아름다워〉의 감독 겸 주연배우인 로베르토 베니니는 이 축제에 참가하여 사랑에 대해 설교했다. 그는 젊은이들에게 항상 예수를 본받으라고 충고했다. "그분의 발걸음을 따라가고 여러분의 시선은 예수님이 보셨던 쪽으로 돌리십시오!" 마지막으로 그는 이탈리아의 국민 시인 단테 알리기에리의 말을 빌려 이렇게 기도했다. "마리아여, 성자의 어머니이며 딸이신 당신은 그 어떤 조물보다 겸손하고 위대하시며 영원한 충고의 굳건한 지향점이십니다."

✚ 54와 관련된 사실들

54m	베들레헴에 있는 예수탄생교회의 길이.
54년	바오로가 에페소에 나타난 해.
54~68년	네로 황제의 재위 기간.
154회	신약 성경에서 베드로의 이름이 언급된 횟수.
254년	오리게네스가 사망한 해.
354년	성 요한 크리소스토모가 출생한 해(+407).
354년	성 아우구스티노가 출생한 해(+430).

354년	교황 리베리오가 12월 25일을 예수 탄생일로 선언한 해.
540년	그레고리오 대교황이 출생한 해(+601).
540년	수도자 디오니시우스 엑시구스가 사망한 해(디오니시우스 엑시구스는 처음으로 예수의 탄생 연도를 계산하여 새로운 기년법의 시작으로 삼았으나 오류가 있었다).
543년	예루살렘의 '새 성모 성당'이 봉헌된 해.
547년	누르시아의 성 베네딕토가 사망한 해.
754년	로마력에 따른 그리스도의 탄생 연도.
754년	보니파시오가 프리슬란트에서 순교한 해.
1054년	동서 교회가 분열된 해(교회가 로마를 중심으로 하는 서방 교회와 비잔틴을 중심으로 하는 동방 교회로 갈라져 분열했다).
1545년	트렌토 공의회가 개최된 해(트렌토 공의회에서 비오 5세는 로마 가톨릭 전례 예식을 '오류가 없는' 것으로 선포하고 의무적인 전례로 확정했다).
1546년	마르틴 루터가 사망한 해(1483년 출생).
1754년	대교황 레오(400년경 출생)가 교회학자로 선포된 해.
1854년	성모 마리아의 원죄 없이 잉태되심이 믿을 교리로 선포된 해.
1954년	여왕이신 복되신 동정 마리아(Maria Regina) 기념일이 도입된 해.
1954년	'코무니오네 에 리베라시오네' 운동이 시작된 해.
1954년	독일을 티 없이 깨끗하신 성모 성심께 봉헌한 해.
5,456개	예수의 몸에 난 상처의 수(헬프타의 성녀 제르트루다(1256~1302)의 환시에 나타남).

✚ 요한 바오로 2세가 남긴 기록

1978년 10월 16일 제264대 교황으로 선출된 카롤 보이티야는 교황직에 오른 최초의 폴란드 사람이었고 비이탈리아인으로는 455년 만에 탄생한 교황이었다.

외국 여행	104회	회칙	14개
방문국	129개국	교황 권고	15개
방문도시	697개시	교황 교서	42개
연설 횟수	2,415회	자의 교서	28개
이동 거리	116만 2,615km	저서의 쪽수	8만 쪽
세계 일주	29회	알현 방문객	1,680만 명
시복식	1,338회	해방된 나라	동구권
시성식	482회	제정일	세계 청년의 날
임명한 추기경	232명	장례식 참배객	500만 명

✚ 교황사의 진기록

초대 교황은 사도 베드로이다. 성경에는 예수가 직접 그를 교황으로 임명한 것으로 나와 있다. 그는 로마에서 순교했으며 그의 무덤 위에 성베드로 대성당이 세워졌다.

최장 기간 재임한 교황은 성 베드로이다. 정확한 재임 기간에 대해서는 의견이 분분하지만, 34년 또는 37년간 가톨릭 교회의 수장이었다. 2위는 비오 9세이다. 그는 1846년부터 1878년까지 총 31년 7개월 동안 교황직에 있었다. 요한 바오로 2세는 26년 6개월을 재임하여 3위를 기록했다.

최단 기간 재임한 교황은 스테파노 2세이다. 752년에 교황에 선출된 지 나흘 뒤에 세상을 떠났다. 사망 원인은 뇌졸중이었다고 한다. 그러나 그는 당시 주교품을 받지 않았기 때문에 교황 명단에서 제외되었다. 따라서 공식적으로는 우르바노 7세가 최단 기간 재임한 교황으로 기록되었다. 우르바노 7세는 1590년 9월 15일부터 9월 27일까지 12일 동안 교황직에 있었다. 교황 선출 기간 중에 말라리아에 걸렸고 즉위식을 하지 못했다. 요한 바오로 2세의 전임 교황인 요한 바오로 1세의 재임 기간도 짧았다. 교황이 된 지 33일 만에 심근경색으로 서거했으며, 그의 죽음을 놓고 갖가지 음모론이 등장했다.

최연소 교황은 베네딕토 9세이다. 1032년에 교황이 되었을 때 겨우 12세였다. 그는 두 번 교황직에서 물러났고 총 세 번 정식으로 선출되었다. 요한 12세(955~964)는 교황관을 썼을 때 16세에서 18세 사이였다고 한다.

최초로 사임한 교황은 폰시아노(230~235)이다. 교황 실베리오도 537년 폰차 섬에 잡혀 있었을 때 퇴임해야 했다. 요한 18세(1009)와 그레고리오 12세(1415)도 압력을 받고 교황직을 내놓았다. 스스로 물러난 유일한 교황은 첼레스티노 5세로 1294년 12월 13일에 퇴임했다. 82세에 교황에 선출된 그는 5개월 뒤에 정치적 압력을 이기지 못하고 물러났다.

독일 출신의 첫 교황은 그레고리오 5세(996~999)이다. 잘리어 왕조 출신이며 케른텐의 오토 공작의 아들이었다. 24세의 나이로 교황에 선출되었으나 반란이 일어나 무일푼으로 로마에서 쫓겨난 뒤 말라리아에 걸려 세상을 떠났다.

대립 교황: 14세기 말에서 15세기 초까지 심각한 교회 분열 속에서 3명의 교황이 동시에 탄생하는 일이 벌어졌다. 그레고리오 7세, 요한 23세, 베네딕토 13세였다. 세 교황은 서로 상대의 교황권을 인정하지 않았다. 최초의 대립 교황은 히폴리토였다. 대립 교황이 전부 몇 명이었는지는 확실하지 않다. 추산에 따르면 25명에서 40명 사이로 볼 수 있다. 마지막 대립 교황은 펠릭스 5세(1439~1449)였다.

비이탈리아인 교황: 요한 바오로 2세 이전에 비이탈리아인이었던 마지막 교황은 하드리아노 6세(1522~1523)이다. 동시에 그는 교황직에 있었던 최후의 독일인이었다.

즉위식을 마지막으로 거행한 교황은 바오로 6세(1963~1978)이다. 그의 후임인 요한 바오로 1세가(1978년 8월 26일에 선출됨) 즉위식의 전통을 폐지했다.

최후의 교황: 성 말라키의 예언에 따르면 마지막 교황은 '베드로 로마노', 즉 로마인 베드로라고 한다. 그의 재임 중에 로마는 파괴되고 무서운 심판자가 나타나 백성을 심판할 것이라고 했다.

✚ 성당의 방향

방향을 잡는다는 오리엔테이션이라는 말은 동쪽으로 향한다는 뜻이다. 모든 오래된 도시가 그렇듯이 뉘른베르크, 뮌헨, 빈, 피렌체, 파리 같은 유럽의 고도들의 특징은 동쪽으로 방향을 잡은 교회들이다. 초기 교회의 미사는 사제와 신자들이 서로 얼굴을 마주보며 진행하는 형태가 아니었다. 그들은 태양이 뜨는 동쪽을 나란히 바라보며 미사를 봉헌했다. 태양은 재림하실 주님의 상징이었다. 성당의 동쪽 방향은 꼭 지리적 좌표만이 아니라 특정일의 일출에 따라 정해지기도 했다. 이때의 기준은 해당 성당이 모시는 수호성인의 축일이었다. 빈의 슈테판 대성당의 경우는 건물이 착공된 1137년의 성 스테파노 축일에 태양이 뜨는 지점을 향해 종축이 맞춰져 있음이 밝혀졌다. 이 방향 덕분에 현재도 성 스테파노 축일이 되면 성당 내부 전체가 떠오르는 햇빛을 받아 환하게 빛난다.

✚ 세계에서 가장 엄격한 수도회

트라피스트회와 카르투지오회는 가톨릭 교회에서 가장 엄격한 수도회로 꼽힌다. 트라피스트회 수도자들은 지속적인 침묵 생활을 실천하고 육식을 금하며 날마다 꼬박 일곱 시간을 미사와 기도에 바친다. 나머지 시간은 공부와 수공 작업으로 채워진다. 카르투지오회 수도자들은 9월 14일부터 부활 대축일까지 이어지는 수도원 금식 기간 중에 매일 한 차례만 식사한다(일주일에 한 번은 물과 빵만 섭취한다). 이곳에서는 무려 여덟 시간을 기도와 영적 수련에 바치는데, 22시부터 새벽 2시까지도 기도 시간으로 되어 있다.

✚ 알파와 오메가

"알파와 오메가"라는 격언은 그리스어 알파벳의 첫 문자 알파(Λ)와 마지막 문자 오메가(Ω)에서 나온 말이다. 이 두 문자는 헬레니즘 시대부터 우주의 처음이자 마지막인 하느님의 동의어로 쓰였다. 요한 묵시록(1,8)에서 창조주는 자신을 알파와 오메가로 불렀다. "지금도 계시고 전에도 계셨으며 또 앞으로 오실 전능하신 주 하느님"이 자신을 일러 그렇게 불렀다. 그리스도교 신자들의 묘비에 적힌 알파와 오메가는 고인이 하느님 안에서 그분의 처음과 마지막 목표를 보았음을 뜻한다. 중세 이후 교회의 미술과 조각에서 알파와 오메가는 세상의 심판자의 후광을 장식하고 있다.

✚ 예수와 세계사

현대의 기년법은 예수의 탄생에 기원을 두고 있다. 뿐만이 아니다. 서구 문명의 핵심 인물도 예수다. 윤리와 예술과 학문, 정치와 경제, 결혼과 가족과 법 등이 그리스도교 사상의 영향 아래 발전해 왔다. 최근 미국 국회도서관은 그곳에 소장된 책 중에서 어떤 인물에 관한 단행본이 가장 많은지를 조사했다. 그 결과 예수가 1만 7,239종으로 1위를 차지했다.

1 "예수 그리스도는 2000년에 걸친 서구 문명에서 가장 핵심적인 인물이다." — 예일대 역사학자 야로슬라브 펠리칸
2 "그리스도는 현대말로 번역된 영원의 언어다." — 미국 민권운동가 마틴 루터 킹
3 "그가 역사에 끼친 영향력은 유례가 없이 크다." — 『뉴스위크』
4 "그가 태어나지 않았다면 세계는 멸망하고 사탄의 손에 들어갔을 것이다." — 가톨릭 신학자 겸 시인 오트프리트 폰 바이센부르크
5 "그리스도를 얻은 사람은 모든 것을 얻은 것이다." — 마르틴 루터
6 "예수 그리스도가 없다면 우리는 삶이 무엇이고 죽음이 무엇인지 모르며, 하느님이 누구이고 우리 자신이 누구인지도 모른다." — 프랑스의 철학자, 수학자, 물리학자 블레즈 파스칼
7 "알렉산더 대왕과 카이사르와 나는 무력으로 대제국을 건설했으나, 죽고 나면 우리에게 친구는 없다. 그리스도는 사랑의 토대 위에 그의 왕국을 세웠으니, 오늘날에도 수많은 사람들이 그를 위해 기꺼이 죽을 것이다." — 황제 나폴레옹 1세 보나파르트
8 "인간은 깨닫지 못하지만, 그리스도는 예외 없이 모든 사람과 어떤 식으로든 맺어져 있다." — 교황 요한 바오로 2세

수(數)의 성경적 의미

만물의 원형이자 '처음'인 수는 말로 표현하기 힘든 삶의 실존적인 관계들을 극명하게 보여준다. "수는 만물의 본질"이라고 피타고라스는 가르쳤다. 조화로운 우주의 법칙을 깨닫는 열쇠라는 뜻이다. 거룩한 수는 상징의 역할만 하지 않는다. 그것은 그 자체로 이성적이다. 우주와 소우주를 합리적으로 계산할 수 있는 일종의 신의 수학, 즉 우주의 로고스를 모사하기 때문이다. 직각삼각형의 세 변 위에 그려진 정사각형의 놀라운 법칙성을 말해주는 '피타고라스의 정리', 셀 수 있는 단위에 기반을 둔 우주 순환의 주기성이 그 대표적인 사례들이다. "수는 맹목적으로 세계 속에 던져지지 않았다. 수는 모든 것을 포함하는 균형잡힌 조화의 법칙에 따라 (…) 질서에 순응한다"고 작가 아르투르 쾨스틀러는 말한다. 중세의 대학자이며 수도원장이었던 독일의 라바누스 마우루스(776~869)는 이렇게 이야기했다. "성경은 수의 의미를 모르는 사람은 알 수 없는 많은 신비를 여러 다양한 수들 속에 암시해 놓았다." 성경이 관찰 가능한 수를 통해 하느님의 천지창조에 담긴 질서의 원리를 암시하면 우리는 여기에서 추리를 통해 목표와 기대되는 사건들을 추론하는 것이다. 중요한 수들을 살펴보자.

1 모든 셈의 시작이며 유일성의 수. 1은 하느님의 수이며, 나눌 수 없고, 만물이 생성되는 기수(基數)이다.

2 첫 번째 여성의 수(짝수)이자 곱셈과 등분의 기본 단위. 대립하는 것들이 하나로 통일되고 재생과 번식, 낮과 밤의 순환을 나타낸다.

빛과 어둠, 더위와 추위, 선과 악 같은 상반 개념을 표현하지만, 다른 한편으로는 남자와 여자처럼 단일성을 지향하는 두 개체, 즉 이원론의 상징이다. 2개의 증언판과 2가지 성경(구약과 신약)이 있고, 예수의 본성은 둘(신성과 인성)이며, 두 종류의 율법(하느님에 대한 사랑과 인간에 대한 사랑)이 있다.

3 더 높은 새로운 유일성의 수이며 자기 자신과 1로만 나누어진다. 모든 3은 완전하다. "모든 좋은 일은 3에 있다"고 민간 속담은 이야기한다. 피타고라스의 정리를 만족시키는 첫 번째 3개의 수는 $3^2+4^2=5^2$이다. 3은 시간의 수(과거, 현재, 미래)이고, 첫 번째 남성의 수(홀수)이며, 완결된 시스템(시작, 중간, 끝)의 상징이다. 하느님은 삼위일체(세 위격으로 존재하는 하느님)이고, 3명의 대천사(미카엘, 라파엘, 가브리엘)가 있으며, 동방 박사도 3명이었다. 예수는 3년간 공생애를 보냈고 3가지 직분(사제직, 왕직, 예언자직)을 가지고 있었으며, 십자가에서 3시간 동안 수난을 당했고, 무덤 속에 3일 동안 계셨다. 저승에는 천국과 지옥과 연옥 세 곳이 있고, 전례력의 3대 축일은 예수 성탄 대축일, 예수 부활 대축일, 성령 강림 대축일이다. 3개의 복음적 권고(청빈, 정결, 순명)가 있고, 3성사는 일생에 한 번만 받을 수 있다(세례, 견진, 성품). 삼종기도는 하루에 3번 드리며, 3번의 거룩하시도다와 3번의 축복이 있다.

4 세속의 수, 우주적 완전성의 수, 하늘과 땅의 동서남북 네 방향을 모두 관장하는 하느님의 지배의 수이다. 4원소, 4계절, 낙원의 4개의 강, 4기질, 인간의 4체액, 4대 예언자(이사야, 예레미야, 에제키엘, 다니엘), 4대 복음서 저자(마르코, 마태오, 루카, 요한), 4대 교부(아우구

스티노, 암브로시오, 예로니모, 그레고리오 대교황)가 있다. 십자가의 4가지, 가톨릭 교회의 4대 특징(하나이고 거룩하고 보편되며 사도로부터 전래함), 4가지 기본 덕목(사추덕), 하늘을 향해 호소하는 4대 죄악, 4개의 마지막 일들(죽음, 심판, 천국, 지옥)이 있다. 그리고 가장 중요한 것으로 하느님의 이름을 구성하는 4개 문자 JHWH가 있다.

5 모세 오경은 율법서인 토라를 말한다. 예수는 5개의 빵으로 군중들을 먹이고, 5군데 상처를 입었다. 우주적 상징인 5각의 별(그리스어 Pentagrammos는 5개의 선이라는 뜻)에는 각 선분과 변마다 황금비를 만드는 대응변이 존재한다. 민간 신앙에서 5각별은 악을 막는 마법의 표시였다(괴테의 『파우스트』에서 파우스트는 메피스토펠레스에게 "펜타그램이 너를 괴롭힌단 말이냐?"라고 묻는다). 5명의 어리석은 처녀와 5명의 슬기로운 처녀가 결혼식에 초대받았다(성애의 상징).

6 첫 번째 여성의 수와 첫 번째 남성의 수를 곱한 수. 6은 첫 번째 완전수이다. 자신을 제외한 약수의 합이 자기 자신과 같아지기 때문이다(1+2+3=6). 6은 정삼각형 2개가 서로 겹쳐진 다윗의 별 헥사그램('솔로몬의 인장')에도 상징적으로 표현되어 있다.

7 성경에 나오는 가장 중요한 수의 하나이며 거룩한 수 자체를 의미한다(이 책 91~94쪽 참조).

8 부활과 행복의 수. 8개의 광선을 내뿜는 별은 하느님의 인장을 상징한다. 산상 설교가 말하는 8가지 행복이 있고, 교회의 세례반, 탑, 평면도는 8각형이다. 8을 90도 기울인 ∞표는 수학에서 무한

대를 상징한다. 8은 천지창조의 여덟째 날, 새로운 시대의 시작으로서 그리스도의 부활을 의미한다.

9 천사들의 9품계가 있고, 중세의 세계관에서 생각한 9개의 천체가 있다. 9=3×3으로 완벽의 수이다. 제9시는 예수의 사망 시각이다.

10 완성과 완벽의 수(하느님의 십계명, 1+2+3+4=10, 1+0=10)이다. 하느님의 10가지 비밀스런 이름은 에이, 야, 엘, 엘로힘, 엘로이 기보르, 엘로아, 만군의 야훼, 만군의 엘로힘, 샤다이, 아도나이이다.

11 불완전과 죄악의 수. 10계명을 위반하는 수이다.

12 계시의 수. 3(삼위일체의 수)과 4(세속의 수)가 통합되고 서로 관통하는 수이다. 황도 12궁, 이스라엘의 12지파, 12사도, 새 예루살렘의 12성문, 신앙 고백의 12항목이 있다. 고대 그리스에서는 기원전 5세기부터 12명의 신이 한 가족을 이루었다.

13 이미 헤시오도스는 13일에 파종을 시작하지 말라고 농부들에게 경고했다. 고대 바빌로니아에서는 윤년에 든 윤달이 '불행을 몰고 오는 까마귀' 별자리에 있다고 생각했다.

14 7의 배수인 14는 선과 자비의 상징이다. 14인의 구난 성인이 있고, 다윗의 이름은 히브리어에서 숫자 14에 해당한다. 마태오 복음서에 나온 예수의 족보에는 아브라함부터 예수까지 3×14대가 있다 (3×14=메시아의 수).

26 야훼의 4자음문자(JHVH; 10, 5, 6, 5)를 합한 수.

28 완전수의 하나이다(28은 약수들의 합과 같다). 달의 순환과 여성의 주기를 나타낸다.

33 예수의 나이, 비잔틴 신비주의에서 말하는 '신비의 사다리'에 있는 계단 수도 33이다.

40 동양에서는 무한의 상징이다. 단련의 수이기도 하다. 대홍수 때에 40일 밤낮으로 비가 내렸고, 다윗과 솔로몬의 통치 기간이 40년이었으며, 이스라엘 사람들은 40년 동안 광야를 헤맸고, 모세는 40일을 시나이산에서 지내며 계명을 기다렸고, 예수는 광야에서 40일을 지냈다(재의 수요일부터 부활 대축일까지 주일을 뺀 기간도 40일이다).

50 고대 이스라엘에서 안식년 또는 희년(안식년이 일곱 번 지난 뒤의 이듬해)의 수이다. 희년이 되면 빚을 탕감하고 노예는 해방하고 저당 잡은 토지는 원래 소유주에게 되돌려주어야 한다. 그리스도교에서 성령 강림 대축일은 부활 대축일이 지나고 50일째 되는 날이다.

70 거룩한 수 7의 10배수. 70인역 성경(가장 오래된 그리스어역 성경), 예수의 제자의 수에도 70이 들어 있다.

1000 완전하고 모든 것을 포함하는 다양성, 무한성의 수.

✚ 악마의 계급

16세기에 예수회 회원이며 악마 연구가였던 페터 빈스펠트는 일곱 가지 대죄를 짓게 한다는 일곱 악마의 명단을 작성했다. 알폰소 데 스피나는 1480년경에 열 등급으로 이루어진 악마의 계급을 제시했는데 여기에는 '순수한'(성인들만 괴롭히는) 악마까지 포함되어 있었다. 반면에 구마사였던 세바스티안 미카엘리스는 마귀에 들린 수녀가 자신에게 천사의 품계에 대응하는 악마의 품계를 말해 주었다고 1612년에 지은 책에서 주장했다. 가톨릭 교회의 교리서에는 악마의 품계에 관한 내용이 없지만, 악마를 '천사'의 개념하에서 설명한다. 악마는 '원죄'를 짓고 자발적으로 악을 선택한 존재라는 것이다. 그래서 '타락한 천사'로서 악마가 있다고 설명한다. "육체가 없는 정신적인 존재, 성경에서 흔히 '천사'로 부르는 존재가 있다는 것은 신앙상의 진리이다." 악마의 첫째 계급은 다음과 같다.

유혹	악마	대항자
교만	베엘제불	성 프란치스코
신앙 모독	레비아탄	성 베드로
폭식, 정욕	아스모데우스	성 요한 세례자
신성 모독, 살인	발베리트	성 바르나바
나태, 허영	아스타로트	성 바르톨로메오
조바심	베리네	성 도미니코
음란	그레실	성 베르나르도
증오	소네일론	성 스테파노

✦ 천사의 품계

성경에 언급된 대천사 가브리엘, 미카엘, 라파엘 외에 제2경전에는 우리엘이라는 천사가 나온다. 세라핌(사랍)의 하나로 앞의 세 천사와 함께 늘 하느님을 보좌한다. 전승에 따르면 우리엘은 지옥의 주재자로서 인간이 행한 불의를 징벌한다. 대천사 외에도 각기 다양한 임무를 지닌 수많은 천사들이 있는데, 이들은 유다교의 전통을 통해 전해 내려왔다. 수도자 디오니시우스 아레오파지타는 천사들의 서열을 다음처럼 작성했다.

그리스어 / 라틴어 / 한국어	본질
1. Seraphim / Serafim / 치품천사(熾品天使)	우주적 사랑의 천사
2. Cherubim / Cherubim / 지품천사(智品天使)	조화의 천사, 4대 원소의 지배자
3. Thronoi / Troni / 좌품천사(座品天使)	의지의 천사
4. Kyriotetes / Dominationes / 주품천사(主品天使)	지성과 기쁨의 천사
5. Dynameis / Potestates / 능품천사(能品天使)	활동과 성장의 천사
6. Exousiai / Virtutes / 역품천사(力品天使)	외형과 예술의 천사
7. Archai / Principati / 권품천사(權品天使)	시간, 이성, 박자의 천사
8. Archangeloi / Archangeli / 대천사(大天使)	불과 온기의 천사
9. Angeloi / Angeli / 천사들	생명과 식물의 천사

일곱째 품계부터는 제3계급 또는 하위 계급에 속하는 천사들이다. 인간의 일은 아홉째 서열에 있는 일반 천사들이 담당한다.

천사 관련 발언들: 천사는 '불과 공기'라고 아미다의 성 에프림은 말했다. 나지안조의 성 그레고리오는 '불과 정신'이라고 했으며, 성 아우구스티노는 '빛과 에테르'라고 정의했다. 밀라노의 성 암브로시오는 "공기, 대지, 바다가 모두 천사들로 가득하다"고 말했다. 서구 신학의 대가이며 '천사 박사'라는 명예로운 칭호를 얻은 토마스 데 아퀴노는 육체의 세계가 정신세계에 의해 움직이고 이끌려가는 것을 깨달았다고 이야기했다. 교회학자 성 바실리오는 이렇게 천명했다. "그리스도교 신자라면 누구나 한 분의 천사가 수호자와 목자가 되어 그를 생명으로 인도하기 위해 도움을 준다."

시편 90장: "하느님이 당신 천사들에게 명령하시어 네 모든 길에서 너를 지키게 하시리라. 행여 네 발이 돌에 차일세라 그들이 손으로 너를 받쳐 주리라."

교리서: "천사는 그 모든 존재로 볼 때 하느님의 종이고 사자이다. (…) 순수한 정신적인 피조물로서 천사는 이성과 의지를 가지고 있다. 천사는 인격체이고 불멸의 존재이다. 그들은 눈에 보이는 그 어떤 피조물보다 완벽하다. 천사들의 빛나는 영광이 이것을 증명한다."

천사의 도시: 산타 모니카 마운틴과 산 가브리엘 마운틴 사이에 있는 대도시 로스앤젤레스.

✚ 노트르담의 악마상

교회 건물 외벽에서 흔히 볼 수 있는 악마의 끔찍한 얼굴은 무엇을 의미할까? 교회의 성스러움에 놀라 밖으로 튀어나와 지붕과 외벽 기둥에서 낙수구 신세가 된 악령을 나타낸다. 교회 내부의 기둥 받침대나 기둥머리에 조각된 악마는 그리스도에게 정복된 악의 상징으로서 다가올 불행을 막는 역할(파리 노트르담 대성당 첨탑에서 으르렁거리고 있는 괴물)을 한다.

✚ 성인의 최후

아우구스티노는 임종을 앞두고 속죄와 눈물 속에 끊임없이 기도를 드리기 위해 참회 시편을 방 벽에 붙여놓았다고 한다. 430년 8월 28일에 세상을 떠난 그는 그 열흘 전 분주한 세상의 소음과 사람들의 말소리가 그의 묵상을 방해하지 않도록 더 이상 방문객을 들이지 말라고 지시했다.

프란치스코는 죽기 직전 황홀한 기쁨으로 충만했다. 알몸으로 오두막 바닥에 누운 그는 수사들에게 예수의 마지막 말씀들을 읽고 죽음의 노래를 불러달라고 부탁했다. 왼손으로는 하느님의 봉인의 증거로 알베르나 산에서 입은 오른쪽 옆구리의 상처를 감싸 덮었다. "나는 내가 할 일을 다 마쳤습니다." '아시시의 회개자'로 자처한 그는 1226년 10월 3

일에 수사들과 작별했다. "여러분이 할 일은 그리스도께서 직접 가르쳐 주시기를 바랍니다."

시토회를 창립한 베르나르도는 꼬박 한 세기 동안 사람들에게 큰 영향을 주었다. 그는 말을 타고 제네바 호수를 돌면서도 깊은 묵상에 빠져 호수가 있었는지조차 알지 못했다고 한다. 1153년 8월 20일 그는 죽음을 맞기 위해 재를 뿌린 짚더미 위에 몸을 눕혔다. 시토회의 수도자들에게는 스스로의 판단보다는 다른 이의 판단을 믿고 따랐던 자신을 본받으라고 권했다.

도미니코는 1221년 8월 6일 동료 수사들의 임종 기도 속에 그의 영혼을 창조주께 되돌려 드렸다. 남아 있는 수사들에게는 자신이 "살아 있을 때보다 죽은 뒤에 더 도움을 줄 것"이라고 이야기했다. 그는 이런 말로 수도자들에게 정신적인 유산을 남겼다. "사랑의 마음을 가지십시오! 이성을 잃지 마십시오! 기꺼이 가난 속에서 사십시오!" 그 스스로 고백했듯이, "삶을 마감하는 그 순간까지 그를 티끌 하나 없이 깨끗하게 지켜준 것"은 자비였다. 그러면서 그는 한 가지 사실을 더 고백했다. "나도 나약함에서 벗어나지 못하여 늙은 여인보다는 젊은 여자들과 벗하기를 좋아했음을 고백합니다."

✚ 그리스도교 초기의 이단

이단이란 그리스도의 초기 증거자들과 복음서를 통해 전해진 원래의 신앙에서 벗어난 교리를 뜻한다. 그와 함께 어려운 문제들이 등장했다. 예를 들어 그리스도가 하느님인 동시에 인간일 수 있는가 하는 문제를 풀어야 했다. 사도 교회는 이 문제를 토론하고 올바른 해석을 내리기 위해 여러 차례 공의회를 열어 정통의 신앙 교리를 정의하고 이에 관한 합의를 도출했다. 가톨릭 교회가 공식으로 이단이라고 규정한 교리들의 명단은 다음과 같다.

이단	의미
그리스도 양자설 Adoptionism	그리스도는 세례를 받은 뒤 비로소 참된 하느님이 되었다.
아폴리나리우스주의 Apollinarism	그리스도는 참된 인간도 아니고 참된 하느님도 아니었다.
아리우스주의 Arianism	그리스도의 신성(神性)과 삼위일체를 부인했다.
가현설 Docetism	그리스도는 육체를 가지고 있지 않았다.
도나투스주의 Donatism	그리스도교 박해 때 신앙을 버린 신자들을 인정하지 않았다.
영지주의 Gnosticism	예수의 복음은 소수의 사람들만 가지고 있는 비밀의 지식이다.
얀센주의 Jansenism	예정설을 극단적으로 강조한다.
그리스도 단성설 Monophysitism	그리스도는 단일한 본성만을 가지고 있다.
네스토리우스주의 Nestorianism	그리스도 안에 신성과 인성이 함께 존재하나 두 본성은 본질적으로 결합되어 있는 것이 아니라 단순히 연결되어 있을 뿐이다.
성부 수난설 Patripassianism	하느님의 아들이 아니라 하느님 아버지 곧 성부가 십자가에서 수난을 당했다.

펠라지우스주의 Pelagianism	아담과 하와의 죄는 인간 본성에 파괴적인 영향을 주지 않았다.
그리스도 인성론 Psilanthropism	그리스도의 신성을 부인한다.

가장 완벽한 수 7

7은 가장 완벽하고 거룩한 수로 리듬과 충만과 완성을 상징한다. 7은 1처럼 하느님의 영역에 속하면서 완벽한 피조물들을 포괄하는 수이다. 대우주에서는 천지창조를 상징하고(창세기의 일곱 날), 소우주에서는 잘 짜인 생활의 리듬(일곱째 날을 정점으로 하는 일주일)을 상징하며, 7성사에서는 삶 전체의 성화를 뜻한다. 7은 언제나 무한한 수량을 의미하고 하느님이 의도하신 총체인 영원을 뜻한다. 7은 결국 하느님이 인간에게 행하신 일들을 표현하는 수이다. 특히 일곱 순서로 진행되는 사건들은 창조의 과정과 피조물에 없어서는 안 될 절차를 의미한다. 이 절차를 지키는 사람은 우주의 조화 속에 머물지만 그것을 방해하는 사람은 불균형과 재난을 만든다.

바빌로니아 천문학은 이미 7의 법칙성을 깨달았고(7일이 네 번 반복되면서 달의 모습이 바뀌는 것), 이는 신전 건축에서 일곱 계단과 일곱 개의 문을 통해 표현되었다. 고대 중국에서 7은 여자의 나이가 보여주는 질서를 표현했다. 7년이 두 번 지나면 '음의 길'(초경)이 시작되고, 7년이 일곱 번 흐르면 그 길은 멈춘다(갱년기). 7일이 일곱 번 반복되는 날은 고인 숭배에서도 중요한 역할을 했다. 고인이 죽은 뒤 일곱째 날마다 제사를(49일째까지) 지내야 했다.

유다인들에게 7로 이루어진 수는 가지가 일곱 개 달린 촛대(메노라)에서 표현되었다. 7년이 일곱 번 흐르고 49년째 되는 해가 지나면 이른 바 희년이 시작되어(신명 15,12) 빚을 탕감하고 새 출발을 해야 한다. 축제도 7일 동안 계속되었고(탈출 12,15; 레위 23,6; 레위 23,33), 단식 기간도 7일이었으며(1사무 31,13), 고인 추모 기간도 7일이었다(현재도 유다교에서는 추모 기간을 '쉬바'(Schiwa-Sitzen)라고 하는데 "7일 동안 앉아 있는다"라는 뜻이다). 모세는 일곱째 아달 월에 태어났고 일곱째 아달 월에 죽은 것으로 되어 있다.

7은 성경에서 200군데 이상 등장한다. 어느 주기에 7이 포함되어 있으면 그 주기는 완성된 것이다. 그 하나의 사례가 요셉의 이야기에 나오는 7년의 풍년과 7년의 흉년이다. 야곱은 두 번이나 7년 동안 라반의 집에서 일을 하고 라반의 딸들을 얻었다. 일곱 번의 복수와 일곱 번의 용서가 있고 일곱 번의 정결 예식이 있다. 구약 성경의 유명한 장면에서는 7명의 사제가 각자 숫양의 뿔을 하나씩 들고 7일 동안 예리코 성읍을 돌았다. 이렛날에는 "성읍을 일곱 번 돌았고" 결국 예리코는 성문을 열고 말았다.

묵시록에서 숫자 7은 완벽성이라는 시각에서 놀라운 역할을 한다. 일곱 교회(전체 그리스도교 신자들), 일곱 나팔(하느님의 완벽한 심판), 일곱 분노의 대접(분노의 완성)이다. 그 밖에 일곱 횃불과 일곱 영이 있고, 뿔이 일곱이고 눈이 일곱인 양, 마지막으로 '일곱 번 봉인된 두루마리'가 등장한다.

| 성경의 수 7 |

천지창조의 일곱 날

일곱째 날 = 안식일

지혜의 일곱 기둥

일곱 번의 하느님 찬양

노아의 방주에 들어간 일곱 쌍의 정결한 짐승

홍수가 시작될 때까지의 일곱 날

아라랏 산에 도착한 일곱째 달

7년의 풍년과 7년의 흉년

7일간의 무교절

일곱 가지가 달린 촛대

묵시록의 일곱 교회

두루마리의 일곱 봉인

일곱 뿔과 일곱 눈이 달린 양

일곱 나팔을 든 일곱 천사

일곱 마귀가 들린 마리아 막달레나

일곱 가지 청원이 담긴 주님의 기도

일곱 가지 행복

일곱 가지 천국의 비유

그리스도가 일곱 번 하신 말씀 "나다."

십자가의 예수의 일곱 말씀

| 교회의 수 7 |

성모님께서 겪으신 일곱 가지 고통과 일곱 가지 즐거움

일곱 가지 성사

사도들이 뽑은 일곱 명의 봉사자

일곱 가지 덕목(세 가지 향주덕과 사추덕)

일곱 가지 대죄

성령의 일곱 은혜

일곱 가지 물질적인 자선 행위

일곱 가지 영적인 자선 행위

| 세속의 수 7 |

7행성

연금술의 7금속

무지개의 7색

인간 수명의 7단계

7학예

일곱째 하늘

일곱 난쟁이

일곱 산

한 걸음에 7마일을 가는 장화

세계 7대 불가사의

성경의 장과 절

그리스어로 쓰인 성경 원본의 필사본에는 장 사이에 중간 제목이나 문장부호가 없었다. 당시의 표기 방식에서는 각 낱말들도 띄어쓰기를 하지 않았다. 라틴어로 쓰인 첫 성경 판본은 383년에 성 예로니모가 교황 다마소의 명에 따라 베들레헴에서 번역하기 시작한 이른바 '불가타' 성경이다. 1551년에 인쇄업자 로베르투스 슈테파누스는 성경 말씀을 절로 구분하는 착상을 하게 되었다. 장 구분을 도입한 사람은 1200년경에 캔터베리 대주교였던 스티븐 랭톤이다.

성경의 책들

	구약 성경	신약 성경	합계
책의 수	46	27	73
장 수	1,068	260	1,328
절 수	27,617	7,931	35,548

구약 성경: 창세기, 탈출기, 레위기, 민수기, 신명기, 여호수아기, 판관기, 룻기, 사무엘기 상권, 사무엘기 하권, 열왕기 상권, 열왕기 하권, 역대기 상권, 역대기 하권, 에즈라기, 느헤미야기, 토빗기, 유딧기, 에스테르기, 마카베오기 상권, 마카베오기 하권, 욥기, 시편, 잠언, 코헬렛, 아가, 지혜서, 집회서, 이사야서, 예레미야서, 애가, 바룩서, 에제키엘서, 다니엘서, 호세아서, 요엘서, 아모스서, 오바드야서, 요나서, 미카서, 나훔서, 하바쿡서, 스바니야서, 하까이서, 즈카르야서, 말라키서

신약 성경: 마태오 복음서, 마르코 복음서, 루카 복음서, 요한 복음서, 사도행전, 로마 신자들에게 보낸 서간, 코린토 신자들에게 보낸 첫째 서간, 코린토 신자들에게 보낸 둘째 서간, 갈라티아 신자들에게 보낸 서간, 에페소 신자들에게 보낸 서간, 필리피 신자들에게 보낸 서간, 콜로새 신자들에게 보낸 서간, 테살로니카 신자들에게 보낸 첫째 서간,

테살로니카 신자들에게 보낸 둘째 서간, 티모테오에게 보낸 첫째 서간, 티모테오에게 보낸 둘째 서간, 티토에게 보낸 서간, 필레몬에게 보낸 서간, 히브리인들에게 보낸 서간, 야고보 서간, 베드로의 첫째 서간, 베드로의 둘째 서간, 요한의 첫째 서간, 요한의 둘째 서간, 요한의 셋째 서간, 유다 서간, 요한 묵시록

✚ 성경 속의 사라진 책들

성경에 언급되어 있으나 성경에 포함되지 않은 책들이 있다.

책 이름	언급된 성경 구절
주님의 전쟁기	민수기 21,14
야사르의 책	여호수아기 10,13
솔로몬의 실록	열왕기 상권 11,41
이스라엘 임금들의 실록	열왕기 상권 14,19
유다 임금들의 실록	열왕기 상권 14,29
이스라엘 임금들의 실록	역대기 상권 9,1
사무엘 선견자의 기록	역대기 상권 29,29
나탄 예언자의 기록	역대기 상권 29,29
가드 환시가의 기록	역대기 상권 29,29
실로 사람 아히야의 예언서	역대기 하권 9,29
이또 환시가의 환시록	역대기 하권 9,29
스마야 예언자와 이또 환시가의 기록	역대기 하권 12,15

이또 예언자의 주석서	역대기 하권 13,22
유다와 이스라엘 임금들의 실록	역대기 하권 16,11
하나니의 아들 예후의 기록	역대기 하권 20,34
임금들의 실록 주석서	역대기 하권 24,27
이스라엘과 유다 임금들의 실록	역대기 하권 27,7
환시가들의 기록	역대기 하권 33,19
요하난 때까지의 일지	느헤미야기 12,23

✛ 성경 번역

성경은 세계에서 가장 많은 언어로 번역된 책이다.

신약 성경	1,115개 언어
성경의 각권	862개 언어
성경 전체	426개 언어
신약, 구약, 성경의 각권	2,403개 언어
매년 새로운 언어로 번역되는 신약 성경	약 40개 언어
매년 새로운 언어로 번역되는 성경 전체	약 4개 언어
아프리카 대륙의 번역	683개 언어
아시아	593개 언어
오스트레일리아, 뉴질랜드, 오세아니아	420개 언어
라틴아메리카와 카리브해 지역	417개 언어
유럽	211개 언어

세계 전체	약 6,500개 언어
아프리카에서 나온 최근 번역	굴만세마 어
오세아니아에서 나온 최근 번역	체케 홀로 어

✚ UN의 공식 기도문

유엔은 국제연맹을 계승하는 다국적·다종교 후속 기구로 1945년에 창설되었다. 유엔의 임무는 세계 평화 유지와 국제 협력 증진이다. 본부는 뉴욕에 있고 유럽 사무소는 제네바에 있다.

> 주님,
> 크나큰 우주에서
> 이 지구는 작은 별에 지나지 않습니다.
> 그 피조물들이 전쟁으로 괴로움 당하지 않고
> 굶주림과 두려움에 고통 받지 않고
> 인종과 피부색과 이념에 따라
> 의미 없는 분열로 갈라지지 않는
> 지구를 만드는 것이
> 우리의 사명입니다.
> 지금 이 일을 시작할 수 있는
> 용기와 통찰을 주시어
> 우리의 아이들이 자손 대대로
> 인간이라는 이름을 자랑스럽게 지니게 하소서.

✚ 생활 기도문

"기도는 인간의 영이 행할 수 있는 최고의 실천이다. 그러나 기도는 인간의 실천 행위로 끝나지 않는다. 인간의 영이 하느님께 올라가고 하느님의 자비가 인간에게 내려오는 야곱의 사다리이다." ─ 에디트 슈타인

| 아침기도 |

하느님, 지난밤에 저를 지켜주시니
당신을 찬양하고 찬미하며
제게 베푸신 모든 일에 감사드립니다.
사랑하는 아버지,
오늘도 죄악과 죽음과 모든 고통에서
저를 지켜주시고
저의 생각과 말과 행위를 축복해 주소서!

| 노동기도(일을 시작하며) |

하느님 아버지,
저희의 기도와 일에 당신의 은총으로
먼저 오시어
저희가 시작하는 일이 당신 곁에서 시작되고
당신을 통해 완성되도록 동행해 주소서.
우리 주 그리스도를 통하여 비나이다.
아멘.

| **여행기도(길을 떠나기 전에)** |

전능하시고 자비로우신 주님
저희를 평화의 길로 인도하소서.
주님의 천사가 저희 가는 길에 동행하여
저희가 무사히 평화와 기쁨 속에
돌아오게 하소서.

| **옛 사람들의 여행기도** |

주님, 당신은 만물이십니다.
제가 바라보는 별이시고
제가 서 있는 바위이시고
제가 의지하는 안내자이시며
제가 손에 쥔 지팡이이십니다.
제가 먹는 빵이시며
제가 쉬는 샘이시며
제가 도달할 목표이십니다.
주님, 당신은 만물이십니다.

| **식사기도** |

주 예수님, 저희에게 오시어
내려주신 양식에 축복하소서.

하느님, 저희는 당신께 모든 것을 받았나이다.
내려주신 양식에 감사하나이다.
저희를 사랑하시어 저희를 먹여주시니

내려주신 양식에 강복하소서.
아멘.

주님, 모든 이의 눈이 당신을 기다리나이다.
제때에 양식을 내려주시는 주님,
당신 손을 펴시어 살아 있는 모든 이에게
축복으로 채워주소서.

주님, 은혜로이 내려주신 이 양식과
저희에게 강복하소서.
우리 주 그리스도를 통하여 비나이다.
아멘.

| 저녁기도 |

주님, 저희 곁에 머물러 주소서.
낮이 저물고 저녁이 되었나이다.
저희와 당신의 교회에 머물러 주소서.
하루의 저녁과 인생의 저녁과 세상의 저녁 때에 저희에게 머물러 주소서.
당신의 자비와 사랑으로, 당신의 말씀과 성사로, 당신의 위안과 축복으로 머물러 주소서. 시련과 불안의 밤이 찾아올 때, 의혹과 유혹의 밤이 찾아올 때, 쓰라린 죽음의 밤이 찾아올 때 저희에게 머물러 주소서.
저희와 당신을 믿는 모든 이들에게 영원히 머물러 주소서. 아멘

— 사회사업 양성소 노이엔데텔자우의 창립자 빌헬름 뢰에(+1872)

피곤한 몸으로 안식을 찾으며 두 눈을 감나이다.
아버지, 당신의 눈을 제 침상에 내려주소서!
오늘 불의를 저질렀다면
눈감아 주소서!
당신의 자비와 예수님의 피가
모든 상처를 회복시키나이다.
— 루이제 헨젤(1798~1876)

| 아베 마리아(Ave Maria) |

Ave Maria
gratia plena,
Dominus tecum,
benedicta tu in mulieribus,
et benedictus fructus ventris tui,
Jesus.
Sancta Maria, Mater Dei,
ora pro nobis peccatoribus,
nunc et in hora mortis nostrae.
Amen.

은총이 가득하신 마리아님 기뻐하소서.
주님께서 함께 계시니, 여인 중에 복되시며, 태중의 아들 예수님 또한 복되시나이다.
천주의 성모 마리아님, 이제와 저희 죽을 때에 저희 죄인을 위하여 빌어주소서. 아멘.

| 마음이 약해질 때 드리는 기도 |

주 예수 그리스도여,
당신께서는 저희가 얼마나 나약한지 아시나이다.
저희가 얼마나 어둠을 이겨내지 못하는지
저희가 얼마나 불안하게 저희 자신에게 의지하는지
알고 계시나이다.
저희를 자유롭게 하소서! 두려움의 문턱을 건너가게 하시고
저희가 할 수 없는 일은 마르지 않는 당신의 풍요로운 마음에서부터 내려주소서!

— 요제프 라칭거

✚ 날씨에 관한 기도문

로마 가톨릭 교회의 공식 축복 기도문에 따르면 다음과 같다.

☼ **가뭄에 드리는 기도**: 저희는 하느님 안에서 살아 움직이고 있습니다. 하느님은 저희의 어려움을 아십니다. 이 나라가 기다리는 비를 내려 주소서. 저희의 생명을 이어갈 매일의 양식을 주시어 저희가 더욱 큰 믿음으로 하늘의 양식을 바라게 하소서. 우리 주 그리스도를 통하여 비나이다. 아멘.

☀ **장마에 드리는 기도**: 전능하신 하느님, 저희에게 필요한 것은 모두 당신에게서 나옵니다. 저희에게 좋은 날씨를 내려 주시어 땅에서 열매

가 맺고 저희가 하느님의 이름을 찬미하게 하소서. 우리 주 그리스도를 통하여 비나이다. 아멘.

✎ **악천후에 드리는 기도:** 우리 주 하느님, 이 땅의 모든 힘은 당신의 권능 안에 있습니다. 저희를 위협하는 폭풍우를 멈추시고 저희를 두렵게 만드는 자연의 힘을 잠재워 주시어 저희가 하느님의 권능과 선함을 찬미하게 하소서. 우리 주 그리스도를 통하여 비나이다. 아멘.

✚ 아멘

전례문에서 아멘보다 더 자주 사용되는 낱말은 없다. "'아멘'이라고 말하는 사람은 서명을 하는 것"이라고 성 아우구스티노(354~430)는 선언했다. 아멘은 "네, 그렇습니다", "네, 믿습니다"라고 개인적으로 도장을 찍는 일이다. 밀라노의 암브로시오 주교(339~397)는 말했다. "당신이 아멘이라고 말하는 것은 '그것은 참입니다'라고 말하는 것이다." 히브리 말 Aman에서 나온 '아멘'은 '믿는다'는 의미이다. 유다교에서 다양하게 사용된 이 낱말을 예수는 특별한 표현을 강조하고 싶을 때 사용했다. 마태오 복음서 하나만 보아도 아멘은 30군데 등장한다. 예수는 당신이 주는 메시지의 중요성과 진실을 말하고 싶을 때 아멘을 두 번 사용했다. "아멘. 아멘. 내가 너희에게 이르노니…" 이 성스러운 말이 육체와 영혼에 어떤 울림을 만들어내는지는 가스펠 송에서 특히 두드러진다. 아멘이라는 말은 이슬람 신자들도 받아들였다. 이로써 이 낱말은 유다교 신자, 그리스도교 신자, 이슬람교 신자들의 예배와 기도에서 보편적으로 쓰이고 있다.

율법 중의 율법

율법 중의 율법은 예수가 설파한 사랑의 두 계명이다. 그것은 하느님의 모든 계명과 명령을 요약한 말이다. "네 마음을 다하고 네 목숨을 다하고 네 정신을 다하여 주 너의 하느님을 사랑해야 한다." 이것이 '가장 크고 첫째가는 계명'이다. 곧이어 하느님의 역설적인 말씀이 하나 더 등장한다. "둘째도 이와 같다"고 하며, 그것은 "네 이웃을 너 자신처럼 사랑해야 한다. 온 율법과 예언서의 정신이 이 두 계명에 달려 있다"고 했다. 예수가 최후 심판의 잣대로 삼으며 강조한 구절("너희가 내 형제들인 이 가장 작은 이들 가운데 한 사람에게 해준 것이 바로 나에게 해준 것이다")로 인하여 어쩌면 단순한 계명에서 가장 힘들고 엄격한 율법이 탄생했는지도 모른다.

토라

유다인들의 율법서 토라(모세오경)는 총 613개의 계명으로 구성되어 있다. 이 수에는 상징적인 의미가 있다.

+ 365개의 계명 = 1년 365일 하루마다 하나의 계명이 해당한다.

+ 248개의 금제 = (뼈를 포함한) 신체 각 부분에 하나의 금제가 해당한다.

= 613개의 계명 = 인간은 온몸으로 날마다 하느님의 계명을 지켜야 한다.

✚ 노아의 방주

길이	300암마*	승선 인원	8명
너비	50암마	비가 내린 날	40일
높이	30암마	물이 불어난 날	150일
자재	전나무	비둘기를 내보낸 횟수	7회
창문	1개	노아의 수명	950세
갑판	3개		

* 1암마 = 팔꿈치에서 손끝까지의 길이. 약 45cm.

✚ 성경의 도량형

무게 단위

달란트(60므나)	34kg
므나(50세켈)	0.6kg
세켈(베카)	11.5g
핌(2/3세켈)	7.6g

부피 단위

코르(호메르)(10에파)	220l
레텍(5에파)	110l
에파(10호메르)	22l
스아(1/3에파)	7.3l

베카(20게라)	5.5g	고메르	2.2ℓ
게라	0.6g	캅(1/18에파)	1.5ℓ

액체 단위

밧(1에파)	22ℓ
힌(1/6밧)	4ℓ
록(1/72밧)	0.3ℓ

길이 단위

암마(규빗)	0.5m
뼘	23cm
손바닥 너비	8cm

✚ 유다인과 예수

이스라엘 사람들의 대다수가 예수를 메시아로 인정하지 않았다는 판단은 신빙성이 없다. 그리스도가 수난을 당할 무렵에는 새 종교의 추종자 수가 수천 명으로 늘어났다. 그리스도의 부활과 성령 강림이 지난 뒤에는 다시 수천 명의 사람들이 사도들을 중심으로 모였다. 유다인들은 기원전 수백 년 전부터 여기저기 흩어져 살았으며, 예수가 살던 시절에 그들 대다수는 팔레스타인 땅에 살지 않았다. 그리스도교는 그 가르침이 닿는 곳마다 극소수의 예외를 제외하면, 유다인 이주자들의 열렬한 호응을 받았다.

그리스도교에는 "여드레 만에 할례를 받고 이스라엘 민족으로 벤야민 지파 출신이고 히브리 사람에게서 태어난 히브리 사람"(필리 3,5)인 바오로라는 가장 적극적인 선교사가 있었고, 베드로라는 최초의 교황이 있었다. 로마 교회의 토대를 만든 사람들도 폼페이우스에 의해 노예로 로마에 끌려왔다가 훗날에 해방된 수천 명의 유다인들이다. 250년경에 그리스도교 저술가로 활약한 오리게네스는 당시 그리스도교를 믿는 유다인의 수가 15만 명을 넘은 것으로 추산했다. 로마의 유다인 공동체의 수석 랍비였다가 1945년에 가톨릭으로 개종한 이탈로 촐리는 이렇게 말한다. "구약 성경 전체는 하느님이 인간에게 암호로 적어 보낸 전보와 같다. 그것을 읽고 싶지만 '열쇠'가 어디에 있는지 알지 못하는 사람은 이해하기 힘들다. 그 '열쇠'는 바로 예수이다. 구약의 모든 책을 관통하는 메시아 사상의 핵심이 그분의 빛 속에서 비로소 의미를 얻는다."

✚ 전례 장소와 기물

제대: 모든 교회에서 전례의 중심이 되는 곳이다. 그리스도교는 유다교 제대 대신에 그리스도가 초대하는 성찬을 위해 탁자를 설치했다. 과거에 제대는 천국의 풍요로움을 지상으로 가져오기 위해 화려한 모습으로 장식되었다. 제2차 바티칸 공의회부터 사제가 신자들에게 등을 보이고 서는 옛 제대가 아니라 신자와 마주보는 새 제대에서 전례를 거행함으로써 미사는 전혀 다른 모습을 띠게 되었다.

독서대(Ambo; 그리스어 Anabeino: '올라가다'): 제단에 있는 독서대는 미사 전반부인 말씀 전례에서 하느님의 말씀을 봉독할 때 이용된다.

사도 촛대: 교회 벽에 12개의 십자가와 함께 붙어 있는 촛대. 교회의 토대가 된 열두 사도를 상징한다.

앱시스(Apsis): 성가대석이라고도 한다. 바실리카에서 반원형으로 우묵하게 들어간 벽으로 이곳에 제대가 놓여 있다. 사제들을 위한 공간이다.

세례당(그리스어 Baptisterion: '세례반'): 세례반이 있는 교회의 부속 성당.
고해소: 용서와 화해의 고해성사를 위한 성당의 별도 공간.
갤러리(독일어 Empore): 오르간이나 성가대를 위해 높이 올려 지은 공간. 좌석을 배치하여 측면 갤러리로 만들기도 한다.
비문(그리스어 Epitaphion: '묘비명'): 교회 벽에 죽은 이들을 위해 붙인 비석
영원의 빛(성체등): 감실 옆에 있는 붉은 등. 하느님의 지속적인 현존을 나타내는 표시이다.
세례반(라틴어 Fons: '샘'): 세례당에서 사용하며, 대개 돌로 만들어졌다.
강론대(독일어 Kanzel): 사제가 강론하는 곳. 기둥 위나 측벽 위쪽에 설치되었다. 강론대 위에는 닫집을 설치하여 사제의 목소리가 잘 퍼져나가도록 했다.
지하 경당(독일어 Krypta; 그리스어 Kryptein: '숨어 있다', '묻혀 있다'): 성가대석 아래 지하에 있는 성소. 원래는 묘지나 유물 보관소로 쓰였다.
오르간(그리스어 Organon: '도구'): 교회음악의 주요 악기.
피에타: '고통의 어머니' 성모 마리아를 표현한 그림이나 조각. 성모 마리아가 십자가에서 내려진 죽은 아들 예수를 품에 안고 있는 모습이다.
사제석(라틴어 Presbyterium): 사제들을 위한 자리.
살바토르 문디(라틴어 Salvator Mundi: '세상의 구원자'): 중세 후기에 그리스도를 표현하던 양식. 예수를 세상의 지배자로 묘사했다. 오른손은 축복하는 자세로 들고 있고, 왼손에는 지배권의 표시로 십자가가 달린 지구가 놓여 있다.
제의실(독일어 Sakristei; 라틴어 Sacer: '거룩하다'): 제구와 제의를 보관하고 사제와 복사가 제의를 갈아입는 방.
세션(독일어 Session): 제단에서 사제와 복사들이 앉는 좌석.
감실(라틴어 Tabernaculum: '장막', '초막'): 성체를 모셔두는 거룩한 장소.

원래는 이스라엘인들이 약속의 땅으로 들어가기 전 유랑생활을 할 때 장막에 모시고 가지고 다니던 계약 궤에서 유래했다. 과거에 감실은 천국의 문으로 화려하게 장식되어 주 제단에 모셔져 있었고 이런 주 제단은 하느님의 현존을 나타내는 장소였다. 현재는 단순히 벽에 고정된 형태로 만든다.

성수반: 성당 정문 입구에 성수를 담아 놓아둔 그릇. 하느님의 집인 교회의 문턱을 넘어서는 것은 지상의 다른 장소로 들어감을 말한다. 성당에 들어갈 때 성수를 찍어 성호를 긋는 동작은 기도와 참회, 미사와 찬양과 하느님의 위로가 있는 정신의 영역으로 몸을 담그는 행위를 상징한다.

부속 제대

역사가 오래된 성당에는 제대가 많다. 수도원에서 시작된 라틴식 전통 때문이다. 정교회나 개혁 교회에는 제대가 하나뿐이다. 성당에 제대가 여러 개 설치된 것은 우선 성체성사를 거행하는 사제의 직분을 나타내기 위함이었다. 또 다른 배경으로는 수도 사제의 수가 많았기 때문이고, 죽은 이를 위해 드리는 위령미사가 인기 있었기 때문이다. 미사를 많이 드릴수록 '은총의 열매'를 더 많이 받는다고 생각했던 것이다. 그래서 바이에른의 막시밀리안 공(+1651)은 자신이 죽으면 미사를 3만 번 드리라고 명령했다. 뮌헨 성당에는 16개의 부속 제대가 있다.

주교의 복장

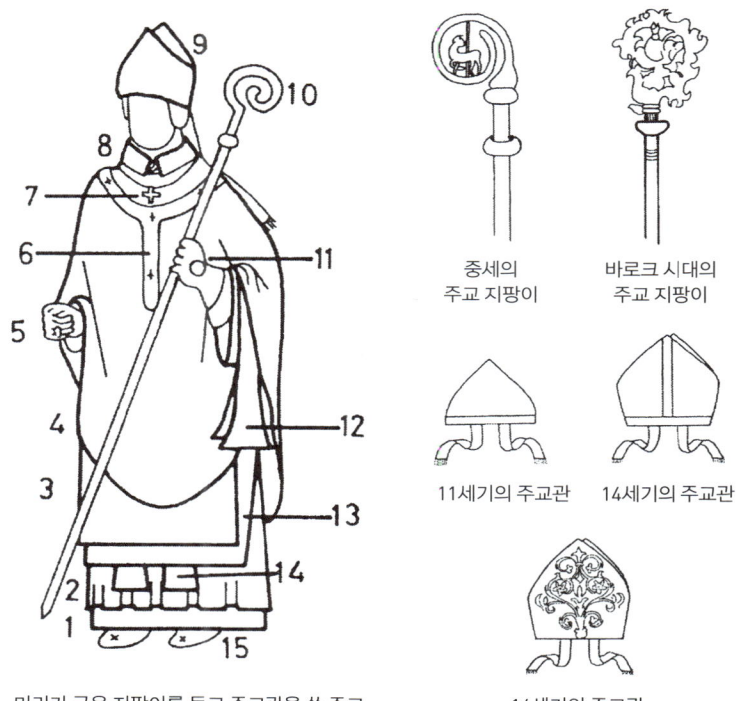

머리가 굽은 지팡이를 들고 주교관을 쓴 주교

중세의 주교 지팡이

바로크 시대의 주교 지팡이

11세기의 주교관

14세기의 주교관

16세기의 주교관

| 주교 복장 |

1. 수단(Soutane): '탈라르'라고도 하며 성직자의 평상복이다.

2. 장백의(Alba): 어깨에서 발등까지 내려오는 흰색 옷.

3. 달마티카(Dalmatica): T자형 부제복.

4. 제의(Casula): 사제가 미사, 성사 집행, 행렬, 강복 등 모든 예식을 거행할 때 장백의 위에 입는 예복이며 소매 부분이 없는 반수원형(半袖圓形)이다.

5. 주교 반지.

6. 팔리움(Pallium): 미사 때 교황과 대주교가 제의 위에 걸치는 Y자형 어깨걸이로 양털로 만들어졌다.

7. 가슴에 거는 십자가.

8. 개두포(Amictus): 아마포로 된 직사각형의 흰 천으로 사제가 미사 때 입는 제의 중에서 가장 먼저 착용한다. 어깨에 걸쳐 두르며 양쪽에 긴 끈이 달려 있다.

9. 주교관(Mitra).

10. 주교 지팡이.

11. 주교 장갑.

12. 수대(手帶).

13. 투니첼라(Tunicella): 과거에 차부제가 입던 겉옷.

14. 영대(Stola): 사제가 성무 집행의 표시로 목에 걸쳐 무릎까지 늘어지게 매는 좁고 긴 띠.

15. 사제 신발.

주교와 수도원장을 상징하는 전형적인 모자인 주교관은 교황이 쓰는 공 모양의 모자인 프리지움(Phrygium)에서 발전했다.

✚
사제의 검은 제복

성직자의 검은 옷은 과거 수도자들의 검은 수도복에서 유래했다. 어깨부터 발꿈치까지 온몸을 감싸는 신부들의 수단은 로마인들의 투니카나 그리스인들의 키톤처럼 매우 오래된 의복 형태의 하나이다. 길이가 바닥까지 내려오면서 전신을 덮는 이 옷은 신체에 위엄과 안정감을 부여한다. 반면에 바지는 추운 지방에서 말을 타는 사람들이 입었고, 그리스인들이 '야만인'이라고 부르던 민족이 다리에 착용하는 의상이었다. 검정색은 최고의 위엄과 엄숙을 드러내는 색으로, 고대 후기의 방직 기술에서는 값비싼 조개에서 나오는 액체로 여러 차례 염색을 해야 얻을 수 있었다. 오늘날 성직자들은 검은 제복을 착용하여 특별한 위엄과 격식을 두드러지게 나타낸다. 독일의 개신교 교직자들은 공식적인 접견 때 로만 칼라가 달린 검은 색 프록코트를 입는다.

✚ 사제의 각모

사제의 각모(비레타)는 사제가 전례를 거행할 때 머리에 쓰는 모자로 로마 가톨릭 사제를 나타내는 가장 두드러진 표시였다. 이는 돈 카밀로와 더불어 진정한 존경의 대상이었지만 제2차 바티칸 공의회 이후로 유행에서 밀려났다. 과거에 사제가 미사 입장과 퇴장 시에 각모를 착용했는데, 오늘날에는 주로 장례 미사 때만 쓴다. 남유럽 국가의 신부들은

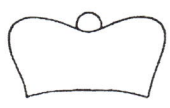

14세기 사제의 각모

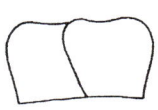

16세기 사제의 각모

3~4개의 아치형 돌기가 솟은 납작한 사각형의 각모를 즐겨 사용한다. 다만 한국에서는 거의 착용하지 않는다.

✚ 수도회 약자

ADJC	Arme Dienstmägde Jesu Christi(예수 그리스도의 가난한 종 수녀회)
CJ	Congregatio Jesu, Englische Fräulein(예수 수도회, 영국 수녀회)
CM	Congregatio Missionis, Vincentians, Lazarists(전교회, 빈첸시오회, 라자로회)
CMM	Congregatio Missionariorum de Mariannhill(마리안힐 선교회)
CP	Congregatio Passionis Iesu Christi, Passionists(예수 고난회)
CSJ	Congregatio Sancti Jesephi(성 요셉 수녀회)
CSR	Congregatio Sororum a Sancto Redemptore, Erlöser-schwestern(성 구세주 수녀회)
CSsR	Congregatio Sanctissimi Redemptoris, Redemptorists (구속주회, 레뎀토리스트회)
FCR	Filiae Sanctae Crucis(성 십자가의 딸 수녀회)
FMS	Institutum Fratrum Maristarum a Scholis, Maristen-brüder(마리스타 교육수사회, 마리아의 작은 형제회)
FSP	Filiae Sanctae Pauli, Paulus-Schwestern(바오로 딸 수녀회)
MC	Missionarinnen Christi(그리스도 선교 수녀회)

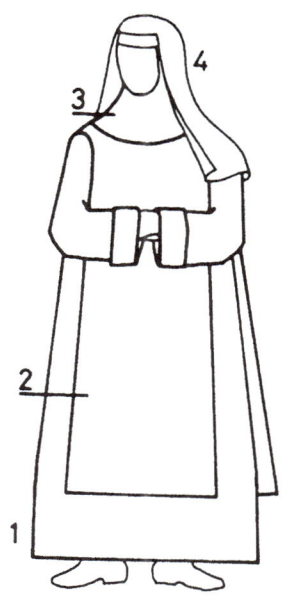
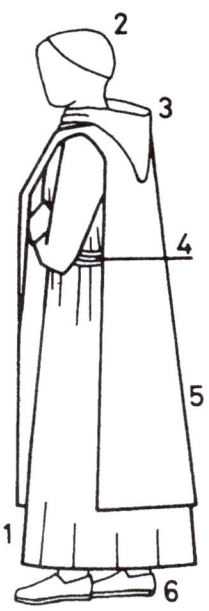

수도복(수녀)
1. 수도복
2. 스카풀라레
3. 베일
4. 두건

수도복(수사)
1. 수도복
2. 필레올루스(납작 모자)
3. 두건
4. 허리띠
5. 스카풀라레
6. 샌들

MMS	Medical Mission Sisters(의료 선교 수녀회)
OCarm	Ordo Fratrum Beatae Mariae Virginis de Monte Carmelo(가르멜회)
OCart	Ordo Cartusiensis(카르투지오회)
OCD	Ordo Fratrum Discalceatorum Beatae Mariae Virginis de Monte Carmelo(맨발의 가르멜회)

OCist	Ordo Cisterciensis, Zisterzienser, Cistercians(시토회)
OFM	Ordo Fratrum Minorum, Franciscan Order(작은 형제회, 프란치스코회)
OFMCap	Ordo Fratrum Minorum Cappucinorum(카푸친 작은 형제회)
OMI	Congregatio Missionariorum Oblatorum B.M.V.(원죄 없으신 마리아 봉헌 선교 수도회)
OPraem	Candidi et Canonici Ordo Praemonstratensis(프레몽트레회)
OSA	Ordo Sancti Augustini, Augustinians(아우구스티노회)
OSB	Ordo Sancti Benedicti, Benedictine Order(베네딕토회)
OSC	Ordo Sanctae Clarae(클라라 관상 수녀회)
OSF	Ordo Sancti Francisci(프란치스코 수녀회)
OSFS	Institutum Oblatorum S. Francisci Salesii(살레시오 봉헌 수도회)
OSM	Ordo Servorum Mariae(마리아의 종 수녀회)
OSPPE	Ordo Sancti Pauli Primi Eremitae(첫 은수자 성 바오로 수도회)
OSsR	Ordo Sanctissimi Redemptoris(구속주회 수녀회)
OSU	Ordo Sanctae Ursulae(우르술라 수녀회)
OT	Ordo Fratrum Domus Hospitalis Sanctae Mariae Teutonicorum in Jerusalem, Deutscher Orden, Deutscher Orden(독일 기사단)
RSCJ	Religiosa Satissimi Cordis Jesu(예수 성심 수녀회)
SCI	Congregatio Sacerdotum a Sacro Corde Iesu, Herz-Jesu-Priester(예수 성심 성직 수도회)
SDB	Societas S. Francisci Salesii(살레시오회)
SDS	Societas Divini Salvatoris(구세주회)

SJ	Societas Iesu, Jesuit(예수회)	
SM	Societas Mariae(마리아회)	
SND	Sisters of Notre Dame(노트르담 수녀회)	
SSSF	School Sisters of St. Francis(프란치스코 교육 수녀회)	
SVD	Societas Verbi Domini(말씀의 선교 수도회)	
WV	Missionarii Africae, Weiße Väter, Peres Blancs(아프리카 선교 사회, 백의의 사제회)	

✢
수도회의 수도복 규정

수도회	수도복	대표 인물 (*이탤릭체는 수도회의 창립자를 가리킴)
아우구스티노 참사회	목에 매는 길고 가느다란 띠(Sarozium)와 두건이 달린 검정 수도복	*성 아우구스티노*
아우구스티노 은수자회	뾰족한 두건이 달린 검정 수도복, 가죽 허리띠, 둥글도 넓은 망토	빌라노바의 성 토마스, 카시아의 성녀 리타, 톨렌티노의 성 니콜라오
베네딕토회	검정 수도복, 스카풀라레(수도복 위로 양 어깨에 걸쳐 입는 사각형의 긴 겉옷), 천으로 만든 허리띠	*누르시아의 성 베네딕토*, 그레고리오 대교황, 성 보니파치오
도미니코회	흰색 수도복, 스카풀라레, 두건, 검정 망토	*성 도미니코*, 성 대(大) 알베르토, 토마스 데 아퀴노, 시에나의 성녀 카타리나, 리마의 성녀 로사, 하인리히 조이제, 순교자 베드로
프란치스코회	두건이 달린 암갈색 수도복, 묵주가 달린 흰색 허리띠	*아시시의 성 프란치스코*, 파도바의 성 안토니오, 보나벤투라, 시에나의 서 베르나르디노, 카페스트라노의 성 요한

수도회	수도복	대표 인물 (*이탤릭체는 수도회의 창립자를 가리킴)
예수회	교구 사제들과 똑같이 검정 수도복을 입는다.	*로욜라의 성 이냐시오*, 성 프란치스코 하비에르, 베드로 카니시오, 알로이시오 곤자가, 베드로 콜라베르
카말돌리회	흰색 수도복, 스카풀라레	*성 로무알도*
카푸친회	프란치스코회의 분파로서 수도복은 동일하지만 색깔이 조금 밝다.	브린디시의 성 라우렌시오, 칸탈리체의 성 펠릭스
가르멜회	갈색 수도복, 스카풀라레와 두건, 검정색 가죽 허리띠, 축일에는 흰색 망토와 흰색 두건을 착용	창립자가 없는 유일한 수도회이다. 성 시몬 스톡, 아빌라의 성녀 데레사, 십자가의 성 요한
카르투지오회	흰색 수도복, 스카풀라레 두건, 흰색 가죽 허리띠	*쾰른의 성 브루노*
프레몽트레회	흰색 수도복, 스카풀라레, 허리띠	*크산텐의 성 노브레브토*, 헤르만 요셉

✚
수도자는 어떻게 되는가

수도원에서 일종의 탐색 기간인 '청원기'가 지나면 청원자는 수련기를 시작한다. 수련자가 수도원장에 의해 받아들여지는 과정은 다음과 같은 예식으로 진행된다. "사랑하는 형제님, 모든 수사(또는 형제) 앞에서 당신에게 묻습니다. 당신은 우리 수도 공동체에서 하느님을 찾는 수도 생활에 부름받았는지 시험받을 준비가 되었습니까? (…) 나는 이제 당신을 수련자로 우리 공동체에 받아들입니다. (…) 우리도 당신이 공동체 생활에 적합한 사람인지 시험하겠습니다. (…) 당신에게 우리 수도회의 수도복을 드립니다. 그리스도가 지셨던 짐을 지는 법을 배우고, 사도 바오로가 '하느님의 모습에 따라 창조된 새 인간을 입으십시오'라고 한 권고를 기억하십시오."

종신서원 예식에서 수도원장은 이렇게 말한다. "이제부터 당신은 날마다 우리와 함께 세상의 구원을 위하여 하느님을 찬송해야 할 임무를 받았습니다. 당신은 입으로 노래하는 것을 마음속에서 믿어야 하고, 마음속에서 믿는 것을 삶에서 이루어야 합니다."

✢ 천사에 관하여

성경의 시각에서 보면 인간은 서열이 낮은 정신적 존재에 불과하다. 아직 물질적인 조건에 매여 있기 때문이다. 서열이 높은 정신적 존재는 창조된 순수한 영혼들, 즉 천사들이다. 천사와 인간은 두 개의 서로 다른 우주에 사는 것이 아니라 정신과 물질, 즉 '하늘과 땅'을 포함하는 하나의 우주에서 함께 살고 있다. 그리스도께서는 당신이 직접 여러 차례에 걸쳐 천사에 대해 말씀하셨다. "사람들이 죽은 이들 가운데에서 다시 살아날 때에는 장가드는 일도 시집가는 일도 없이 하늘에 있는 천사들과 같아진다."(마르 12,25)

성모 마리아에게 "두려워하지 마라"며 예수의 탄생을 예고한 이는 주님의 천사였고, 하느님의 강생이라는 세계적 사건을 들에 있는 목자들에게 가장 먼저 알린 이도 천사였다. 매혹적인 천사들의 무리가 다가오고 '하늘의 군대'가 나타나 소식을 전했다. "지극히 높은 곳에서는 하느님께 영광, 땅에서는 그분 마음에 드는 사람들에게 평화." 천사들은 세계 역사의 고비마다 동행하며 결정적인 영향을 주었다. 그들은 예언자의 꿈에 나타나 임무를 전달했고, 이스라엘의 시조 야곱과 모세와 나자렛의 요셉에게 나타나 길을 제시했으며, 베드로를 감옥에서 해방시켰다. 또 로마 황제 콘스탄티누스에게 밤중에 나타나 십자가 표지를 보여 주며 그가 승리를 거두고 그리스도교가 세계의 종교가 될 것임을 예고했다.

천사는 사자(使者)를 뜻하는 '안겔로스'(Angelos)라는 말에서 나왔다. 교회의 가르침에 따르면 천사는 이성과 의지를 지닌 순수 정신적 피조물이다. 천사는 인격적인 불멸의 존재로서 하느님의 옥좌 옆에서 활동한다. 천사는 소식과 임무를 전하고, 심판받은 자에게 벌을 집행하며, 선택된 자를 보호하기 위해 파견된다. 성경에는 그들 중 대천사 세 명의 이름만 거명되어 있다.

대천사	이름의 뜻	하는 일
미카엘	하느님과 같은 자는 누구인가	악과 싸우는 전사
가브리엘	하느님이 강하게 만드셨다	새 소식의 전달자
라파엘	하느님이 낫게 하셨다	순례자들의 수호천사

| 천사들의 사명 |

1. 천사는 하느님을 찬미한다.
2. 천사는 징벌을 내린다. 하느님의 심판을 집행하는 권력이다.
3. 천사는 하느님의 관찰자이다.
4. 천사는 하느님이 결정하신 일을 알린다.
5. 천사는 곤경과 위험에 빠진 이를 도와주고 동행한다.
6. 천사는 악의 힘과 맞서 싸운다.

요한 23세의 편지

교황 요한 23세는 1948년 10월 3일 여동생 안젤라에게 보내는 편지에서 이렇게 적었다. "네 수호천사와 친해지고 네가 알고 사랑하는 사람들의 모든 수호천사들과도 친해지거라. 이 천상의 파수꾼들, 신비로운 사명의 증거자들을 우리 곁에서 느낄 수 있다는 것이 얼마나 큰 위안인지 모른다. 나는 날마다 '주님의 천사'에게 최소한 다섯 번씩 기도하고 마음속으로 그 천사와 이야기를 자주 나눈다. 귀빈을 방문하여 상의할 일이 있을 때는 그분에게 자신의 수호천사와 하나가 되겠다는 약속을 받아내어 수호천사가 그에게 좋은 영향을 줄 수 있게 하고 있다." 교황은 천사를 만났을 때의 일을 이렇게 전해준다. "교황에 선출되고 난 뒤 나는 통 잠을 이룰 수 없었다. 한번은 깜박 선잠이 들었는데 그때 내게 꿈속에서 천사가 나타나 말했다. '조반니, 너무 잘난 척하지 마시게.' 그때부터 나는 마음 편히 잠을 잘 수 있었다."

가톨릭 공의회

장소	연도	주요 의제
1. 니체아 I	325	아이우스주의 단죄
2. 콘스탄티노플 I	381	니체아 콘스탄티노플 신경 체택: 성령의 신성함 옹호
3. 에페소	431	네스토리우스주의 단죄
4. 칼체돈	451	그리스도 단성설 부정
5. 콘스탄티노플 II	553	네스토리우스파의 '3장서' 단죄
6. 콘스탄티노플 III	680~681	그리스도 단의설(monotheletism) 배격
7. 니체아 II	787	성상 금지령 폐기
8. 콘스탄티노플 IV	869~870	포티우스 주교가 야기한 동서 교회 분열 종식
9. 라테란 I	1123	성직서임권 논쟁 종결
10. 라테란 II	1139	대립교황 아나클레토 2세로 인한 교회 분열
11. 라테란 III	1179	교황 선거 절차 확정, 개혁에 관한 교령 발표
12. 라테란 IV	1215	교회 개혁, 십자군 원정 알비파, 발드파 처벌
13. 리옹 I	1245	신성로마제국 황제 프리드리히 2세 파문
14. 리옹 II	1274	십자군 원정, 동방 교회와 통합, 교황 선거법 개정
15. 비엔	1311~1312	성전 기사 수도회 폐쇄
16. 콘스탄츠	1414~1418	동서 교회 대분열 종식, 얀 후스 단죄, 교회 개혁
17. 바젤-페라라-피렌체	1431~1445	교회 개혁, 그리스 정교회·아르메니아 교회·야곱파오 통합
18. 라테란 V	1512~1517	교회 개혁
19. 트렌토	1545~1563	프로테스탄트에 맞선 가톨릭 신앙
20. 바티칸 I	1869~1870	교황의 수위권과 무류성 확립
21. 바티칸 II	1962~1965	가톨릭 교회와 교회 사명의 자기 표현

회칙

회칙(Encyclica)은 교황이 신앙 문제나 사회 및 평화 정책과 관련하여 발표하는 교서이다. 18세기에 도입되었고 대부분 라틴어로 작성되며 첫 문장의 첫 마디를 따서 제목을 정한다. 그중 유명한 것으로는 교황 비오 11세가 나치에게 고통받는 독일 교회를 돕기 위해 독일어로 작성 발표한 『애타는 마음으로』(Mit brennender Sorge)가 있다. 『하느님은 사랑이십니다』(Deus caritas est)는 현 교황 베네딕토 16세의 첫 회칙이다.

로마의 교회들

로마에 교회가 몇 개 있는지는 성령께서도 모르신다는 말이 있을 정도다. 최근 나온 교회 명단을 보면 이름의 첫 글자가 알파벳 'A'로 시작하는 교회만 해도 40여 개에 달한다. 모든 교회를 빠짐없이 집대성한 아르멜리니의 책은 로마에 있는 1,000개의 교회를 수록해 놓았다. 걸어서 하루 안에 돌아볼 수 있는 일곱 군데의 순례자 교회를 방문하는 것은 오래전부터 로마 순례객들의 필수 일정이었다. 이 전통은 16세기에 성 필립보 네리가 부활시켰다. 세계 각국의 주교들은 5년에 한 번씩 사도좌 정기 방문에 참석해야 한다. 성 베드로의 묘 외에 2006년에는 성 바오로 대성당에 있는 바오로의 무덤까지 발굴되었다.

| **4대 바실리카** |

🏛 성 베드로 대성당 🏛 성 바오로 대성당
🏛 라테라노 대성당 🏛 성모 대성당(산타 마리아 마조레)

| **7대 순례자 교회** |

위의 4대 바실리카와 함께 다음의 3개 교회가 포함된다.

🏛 성 세바스티아노 지하 묘지

(산 세바스티아노 알레 카타콤베: 성 세바스티아노의 무덤 위에 있다.)

🏛 성 라우렌시오 성당

(산 로렌조 푸오리 레 무라: 성 라우렌시오의 무덤이 있다.)

🏛 예루살렘의 성 십자가 성당

(산타 크로체 인 제루살렘메: 그리스도 십자가 유물이 있다.)

콜로세움에서 멀지 않은 곳에 있는 산 피에트로 인 빈콜리 성당에는 미켈란젤로가 조각한 모세상이 있다. 모세의 머리에 뿔이 난 모습인데, 이는 히브리어 성경을 오역한 데서 비롯되었다. 제대 아래에는 베드로가 묶여 있었다고 하는 쇠사슬(Vincoli)이 있다.

✝
마르틴 루터의 10월 31일

전승에 따르면 1517년 마르틴 루터가 95개조 논제를 비텐베르크 시의 슐로스 교회 문에 붙인 날은 모든 성인 대축일 전날인 10월 31일이었다. 따라서 이날이 종교개혁의 시발점으로 여겨지고 있다. 작센 선제후

게오르크 2세는 1667년에 이날을 기념일로 지정했다. 그 전까지는 서로 다른 세 날짜에 종교개혁의 시작일을 기념했다.

- 마르틴 루터의 생일 11월 10일
- 마르틴 루터의 사망일 2월 18일
- 황제에게 아우크스부르크 신앙고백서(Confessio Augustana)를 제출한 6월 25일

이렇게 날짜가 다른 것은 논제문을 붙인 일이 없었을 것이라는 꽤 신빙성 있는 이유 때문이다. 그것을 본 목격자도 없었고 루터 자신도 교회의 문에 붙였다고 주장한 적이 없다. 유일한 증거는 루터의 조교 아그리콜라가 라틴어로 손수 작성한 보고서였지만, 이것도 오랜 기간 동안 오역되어 잘못 이해되어 왔다. 전세계에 이런 극적인 시나리오가 나오게 된 것은 아우구스티노회 수사 신부였던 루터가 사망한 직후 종교개혁가인 필립 멜란히톤이 루터의 저술 제2권에 이렇게 적었기 때문이다. "루터는 올바른 신앙에 대한 불타는 열정으로 대사(大赦)에 대한 논박문을 발표했다. (…) 그는 이 논박문을 1517년 모든 성인 대축일 하루 전에 비텐베르크 성 근처에 있는 교회에 공개적으로 갖다 붙였다." 실제로 루터는 자신의 논박문을 직접 손으로 작성하여 그가 비판한 대사 업무를 담당하던 마인츠 대주교에게 정중한 설명문과 함께 보냈다. 또 하나의 논박문은 그를 감독하던 브란덴부르크 주교에게 전해졌다. 1518년 1월이 되면서 루터의 친구들이 이 논박문을 인쇄하여 유포시켰다.

노트르담의 가시관

파리 센강의 시테섬에 세워진 노트르담 대성당은 관광객들이 가장 많이 찾는 파리의 명소이다. 1792년 프랑스 혁명 코뮌 위원들은 노트르담 대성당을 폐쇄하라고 명령했다. 철거 계획이 이미 세워진 상태였다. 1793년부터는 미사 대신에 '이성의 제전'이 거행되었다. 혁명 위원들이 노린 것은 단 하나, 예수 그리스도의 가시관이었다. 프랑스 국왕 루이 9세(성왕 루이)는 1239년 콘스탄티노플에 있던 이 유물을 13만 5천 루블이라는 거액을 지불하고 황제 발드윈 2세로부터 사들였다. 그는 노트르담 성당에서 멀지 않은 곳에 2층짜리 왕궁 성당인 생트 샤펠을 지어 가시관을 보관하게 했다. 이 성당은 고딕 양식으로 지은 가장 아름다운 건축물의 하나이다. 내부에서 규모가 가장 큰 벽이 귀중한 스테인드글라스로 장식되어 있어서 천장이 높이 솟은 실내 공간에 성스러운 느낌을 주는 빛이 넘쳐흐른다. 녹색의 가시관은 현재 노트르담 성당에 안치

되어 있고, 예루살렘 성묘 기사단이 이 그리스도 수난 유물을 지키는 임무를 맡고 있다. 예수 성심을 공경하는 매월 첫째 금요일마다 장엄한 예식이 거행된다.

샤르트르 성당의 미로

미로의 상징은 태곳적부터 인류의 문화적 기억 속에 각인되어 있다. 그

러면서도 미로라는 말의 뜻이나 기원에 대해서는 확실한 근거가 없다. 크레타 섬에 있었다고 하는 신화 속의 그 유명한 미로도 현재 남아 있지 않다. 전승에 따르면 미노스 왕은 수소와 인간의 모습을 한 미노타우로스로부터 인간을 보호하기 위해  자신의 궁에 미로를 만들고 그곳에 괴물을 가두었다. 누구든 그곳에 들어간 뒤에는 살아남지 못했지만, 테세우스만은 그 유명한 아리아드네의 실타래를 쥐고 있던 덕분에 미노타우로스를 죽이고 출구를 찾아 나올 수 있었다. 미로는 교회에도 있다. 그 유명한 예가 샤르트르 성당이다. 수도원 뜰에 있는 이 미로는 목책과 잘 손질된 잔디와 돌로 만들어졌다. 그리스도교 문화에서 미로는 삶을 의미하는 상징으로 굳어졌다. 인간은 늘 그 중심을 향해 가까이 가다가도 다시 중심에서 멀어진다. 미노타우루스의 미로와 달리 그리스도교의 미로는 출구 없는 미궁이 아니다. 언제나 입구와 출구가 있고 중심을 이루는 그리스도가 있다.

소피아 대성당

소피아 대성당은 과거에 콘스탄티노플 또는 비잔티움으로 불렸던 이스탄불에 있는 교회이다. 이것은 한때 세계 최대 교회였다가 나중에는 모스크가 되었고 지금은 박물관으로 쓰이고 있다. 기원후 6세기에 건축된 이 성당은 비잔틴 제국을 대표하는 교회이자 정교회의 종교적 중심이었다. 비잔틴 제국의 황제들은 이곳에서 대관식을 거행했다. 소피아 대성당은 고대 후기의 마지막 중요 건축물인 동시에 돔(반원형 지붕)을 전형적인 특징으로 갖는 비잔틴 건축물 중 가장 먼저 세워진 교회이다. 소피아 대성당(고대 그리스어로 '거룩한 지혜'를 뜻하고 터키어로는 '아야 소피아'[Aya Sofya]라고 함)은 1453년 5월에 터키군에 정복되었다. 정복되던 날 9세기를 이어온 정교회 전례는 막을 내리고 처음으로 무에친(이슬람교에서 기도 시간을 알리는 사람)의 외침이 울려 퍼졌다. 그리스 전승에 의하면 터키군이 진입할 때 미사를 거행하고 있던 사제가 모든 전례 기물들을 가지고 벽으로 사라졌다고 한다. 소피아 대성당이 다시 그리스도교 교회가 되면 그 벽에서 다시 사제가 나타나 미사 성제를 마칠 것이라는 이야기가 전해지고 있다.

✟
코파카바나의 예수상

세계 최대의 예수상은 로마도 예루살렘도 아닌 코파카바나에 있다. 리우데자네이루의 코르코바도 언덕 꼭대기에 서 있는 크리스토 레덴토르(구세주 그리스도)상은 두 팔을 활짝 벌려 온 세상을 감싸 안을 듯한 자세다. 1931년 브라질과 리우데자네이루 시의 의뢰로 탄생한 이 예수상은 콘크리트에 동석을 입힌 조각상으로 높이가 38m(양팔을 벌린 거리는 28m), 무게는 1,145ton이다. 제작자는 프랑스 조각가 폴 란도프스키와 브라질의 엔지니어 에이토르 코스타이다. 이 상은 재정적인 문제 때문에 몇 년을 미루다가 건립되었다. 이 구세주 그리스도가 개종시킨 최초의 사람은 술에 취한 아일랜드 선원이었다. 1931년 10월 12일 그가 비틀거리며 배에서 내리자 리우의 밤하늘에 두 팔을 벌린 예수 그리스도가 환한 빛을 받으며 나타났다. 선원은 다시는 술을 마시지 않겠다고 경건하게 맹세했다. 당국에서 이날 밤 처음으로 예수상에 불을 밝힌 것이다.

✛ 복음의 진수

4세기의 사제이며 저술가였던 요한 카시아노는 사막의 은수자들이 단 하나의 잠언 구절에서 복음 전체를 찾아냈다고 이야기한다. 그들은 이 잠언 구절을 끊임없이 반복하여 외우면서 그대로 실천하려고 했다. 때문에 1,500년 전부터 베네딕토회를 비롯한 여러 수도회의 수도자들은 매일 매시간 성무일도를 바칠 때마다 똑같은 구절로 시작한다.

> 하느님, 저를 구하소서.
> 주님, 어서 오사 저를 도우소서.

✛ 하느님의 존재 증명 1

종교학 교수인 테오도르 다이멜 박사는 1904년에 『교양인을 위한 그리스도교 입문서』를 펴냈다. '인간의 지성으로 본 그리스도교의 진리'라는 멋진 부제가 붙은 책이다. 헤르더 출판사에서 2판으로 출간한 증보판에는 네 종류의 하느님의 존재 증명이 기술되어 있다. "인간의 논리적, 철학적인 사고는 이 세계가 우연히 생기지도 않았고 영원하지도 않다는 사실로부터 이 세계의 창조자, 즉 하느님이 계시다는 결론을 내릴 수 있다(우주론적 하느님의 존재 증명). 이 논리적 추론은, 세계가 보여주는 질서와 합목적성과 조화로부터 이 세계를 만든 총명한 인격적인 궁극의 원인, 즉 하느님의 존재를 도출하는(자연결정론적인 하느님의 존재 증명) 자연철학을 통해 설득력을 얻는다. 뿐만 아니라 심리학은 사고의 법칙이나 도덕률처럼 인간 영혼에 내재한 제거할 수 없는 법칙들, 다시 말해 제 스스로 만들어지지도 않고 습득하지도 않은 법칙들이 있음을 알아내었다. 이 법칙들의 존재는 정신적인 창조자이며 초인적인 입법자, 즉 하느님이 계시다는 것을 알려준다(도덕적인 하느님의 존재 증명). 나아가 이런 증거들은 어느 민족, 어느 시대든지 하느님에 대한 믿음이 존재했음을 보여주는 역사를 통해서도(역사적인 하느님의 존재 증명) 확인된다."

✚ 유럽연합의 깃발

푸른 바탕에 12개의 노란색 별이 그려진 유럽연합기는 당초 유럽평의회(Council of Europe)의 깃발이었으나 1986년부터 유럽연합의 기로도 쓰이고 있다. 이 기를 쓸 것을 제안한 사람은 폴 레비이다. 유다인 혈통의 벨기에 사람인 레비는 전쟁 중에 자신이 나치 치하에서 살아남으면 가톨릭 신자가 되겠다고 서약했다고 한다. 레비는 1949년에 유럽평의회 문화부서 담당자가 되었다. 1955년 평의회에서 어떤 기를 쓸 것인지 논의가 대두했을 때 레비는 별이 박힌 관을 쓴 성모상 옆을 지나갔다.

요한 묵시록(12,1)에서 모티브를 따온 성모상이었다. 레비는 자신의 제안이 거부되리라고 예상하고 12개의 별이 완벽을 뜻하는 정교 분리의 상징이라고 설명했다. 그런데 깃발 채택에 결정적인 인물이었던 유럽 평의회 사무총장과 홍보부 담당자 그리고 깃발 채택 담당관 세 사람이 우연히 가톨릭 신자였다. 그들은 12개의 보석 장식이 그려진 기를 채택하여 유럽을 성모 마리아의 보호 아래 두기로 암묵적으로 결정했다. 이 모티브를 받아들이기로 결정한 날은 원죄 없이 잉태되신 복되신 동정 마리아 대축일인 12월 8일이었다.

✚ 하느님의 존재 증명 2

"이 위대하고 불가사의한 우주와 의식을 가진 존재인 우리가 단순한 우연으로 태어났다고는 상상하기 힘들다는 것, 이것이 하느님의 존재를 받아들이게 만드는 중요한 증거라고 생각한다." ─ **찰스 다윈**

✚ 거룩한 명화

화가	주제	탄생 연도 / 소장처
파블로 피카소	십자가형	1927/28년, 파리
알브레히트 뒤러	기도하는 손	1508년, 빈
알브레히트 뒤러	네 명의 사도	1526년, 뮌헨

라파엘로	시스티나의 성모	1512/13년, 드레스덴
티치아노	그리스도의 머리	피렌체
티치아노	성모 승천	1516~18년, 베네치아
미켈란젤로	시스티나 성당 천장화	1508~12년, 로마
필리포 리피 수도자	성모자	1465년, 피렌체
레오나르도 다 빈치	최후의 만찬	1495~97년, 밀라노
엘 그레코	삼위일체	1577년, 마드리드
반 고흐	오베르 교회	1890년, 파리
렘브란트	엠마오의 저녁식사	1628년경, 파리
그뤼네발트	이젠하임 제단화	1512~15년, 콜마
윌리엄 터너	그림자와 어둠	1843년, 런던
산드로 보티첼리	마니피캇의 성모	1480~90년, 피렌체
에밀 놀데	성령 강림	1909년, 베를린
홀바인 2세	인류의 타락	1517년, 바젤
살바도르 달리	승천하시는 그리스도	1951년
알브레히트 알트도르퍼	목욕하는 수산나	1526년, 뮌헨
지오토 디 본도네	요아킴의 꿈	1303~05년, 오르세
마르크 샤갈	천사의 타락	1923~47년, 바젤
피테르 브뢰헬	바벨탑	1560년경, 로테르담
얀 반 에이크	겐트 제단화	1432년, 겐트
피에로 델라 프란체스카	그리스도의 부활	1400년경, 산세폴크로
히에로니무스 보쉬	성 안토니오의 유혹	1500년경

✚ 하느님의 존재 증명 3

뉴턴: "이런 (세계의) 체계와 거기에 담긴 모든 움직임을 만들어내기 위해서는 (…) 맹목적이고 우연한 원인이 아니라 역학과 기하학에 통달한 하나의 궁극적인 원인이 존재해야 한다."

✚ 십자가 아래의 해골

오래된 그림이나 종교적인 부조들은 왜 그리스도의 십자가 발치에 흔히 해골을 보여주고 있을까? 이른바 '아담의 책'에 나온 전승이 그 근거이다. 노아의 아들 셈과 셈의 손자 멜키세덱은 노아의 명령을 받고 천사의 인도에 따라 아담의 유해를 그가 묻혀 있던 굴에서 꺼내어 새로운 장소로 이장한다. 이장지는 네 끝이 서로 이어지는 '땅의 중심지'였다. "그곳에서 구원이 이루어질 것이다." 그들이 골고타에 이르자 땅이 네 부분으로 갈라지면서 십자가 모양으로 열렸다. 셈과 멜키세덱은 그 속에 아담의 유해를 묻었다. "땅이 사방에서 움직이면서 우리의 조상 아담의 시체를 에워싼 뒤 땅의 바깥에 있던 문이 닫혔다. 이곳은 '해골터'라고 불렸다. 그곳에 모든 인간의 머리가 묻혔기 때문이다."

✚ 마르틴 루터의 논제

1517년 10월 31일 마르틴 루터는 자신을 감독하던 대주교에게 대사권(大赦權) 남용을 비난하는 편지를 보냈다. 편지에는 이 문제에 대한 논의의 기초가 되는 95개 항목의 논제를 덧붙였다. 그 논제는 이렇게 시작된다.

1. 진리를 사랑하고 밝히려는 열망에 따라 비텐베르크에서는 인문학과 성스러운 신학의 스승이자 비텐베르크 대학의 정교수인 존경하는 마르틴 루터 신부를 의장으로 하여 다음의 문제를 논의하여야 할 것이다. 여기에 참석하지 못하거나 직접 대화할 수 없는 사람들은 문서로 논의에 응할 것을 요청한다. 우리 주 예수 그리스도의 이름으로, 아멘.
2. 우리의 주님이며 스승이신 예수 그리스도께서 "회개하라"고 말씀하셨을 때 그것은 신자들의 모든 삶이 회개가 되어야 한다는 뜻이었다.
3. 이 말씀은 성사로서의 회개, 즉 사제의 직권으로 수행하는 고해성사와 속죄의 뜻으로 이해해서는 안 된다.
4. 이 말씀은 내면의 회개만을 뜻하지 않는다. 내면의 회개가 외적으로도 금욕을 위한 여러 속죄를 하게 하지 않으면 그 회개는 참된 회개가 아니다.
5. 따라서 자신을 향한 증오—이것이 진정한 마음의 회개의 대상이다—가 계속되는 한 하느님의 징벌도 하늘나라에 들어갈 때까지 계속될 것이다.
6. 교황은 자신의 직권이나 교회법에 따라 부과하는 징벌 외에 어떠한 징벌도 내릴 수 없고 그럴 의사를 가져서도 안 된다.

7 교황은 하느님이 사하셨다고 선언하거나 인정하는 것 외에는 다른 형식으로 죄를 사할 수 없다. 물론 교황은 자신에게 주어진 사건에서 죄를 사할 수는 있지만, 그의 면죄가 무시당할 경우 원래의 죄는 그대로 남는다.

8 하느님은 죄지은 자가 모든 일에서 하느님의 대리인인 사제에게 겸손하게 복종하지 않으면 결코 그의 죄를 사하지 않으신다.

요한 바오로 2세와 숫자 13

요한 바오로 2세의 선종일이 성모 축일의 한 날과 겹쳤다고 해서 놀란 사람은 없을 것이다. 요한 바오로 2세는 성모님을 사랑하는 교황이었기 때문이다. "온전히 당신의 것입니다"(Totus tuus)가 그의 사목 표어였다. 요한 바오로 2세의 선종일인 2005년 4월 2일은 성모 성심 속죄 토요일이었다. 이날의 기원은 천주의 모친 마리아가 파티마에 발현한 사건으로 거슬러 올라간다. 이때부터 13은 성모님의 수가 되었다. 1917년 5월 13일은 성모 마리아가 파티마에 처음으로 발현한 날이다. 1981년 5월 13일에는 로마의 성 베드로 광장에서 교황 저격 사건이 일어났다. 교황의 선종 시각에는 그가 우리 시대에 하느님의 자비를 새롭게 알리려고 제정한 자비 주일을 맞아 저녁 미사가 거행되고 있었다. 교황은 2005년 4월 2일 21시 37분에 선종했다. 선종 연월일과 선종 시각의 자릿수를 합하면 각각 13이 된다. 13과 13을 합하면 요한

바오로 2세의 교황직 재위 기간인 26이 나온다. 교황은 85세를 일기로 세상을 떠났다. 이 숫자의 합계에도 13이 숨어 있다.

일주일이 7일이 된 이유

수도자들이 바치는 성무일도로 인해 유럽에서는 새로운 시간 개념이 만들어졌다. 성 베네딕토는 성무일도의 일곱 시간을 정할 때 숫자 7을 성경에서 취했다. 성무일도는 곧 사제들에게 확산되었고, 나중에는 평신도들도 성무일도를 바치도록 요구되었다. 세계에서 가장 오래된 시계가 프랑스 보베의 생 피에르 성당에 걸려 있는 것도 우연은 아니다.

창세기의 내용에 따라 일주일을 7일로 나눈 것은 천지창조의 근간이 되는 내적인 질서와 일정한 리듬에 부합한다. 일주일의 리듬을 바꾸려는 시도는 모두 실패했다. 프랑스 혁명 당시 자코뱅 당은 일주일을 10일 단위로 만들어 국민을 그리스도교로부터 멀어지게 하려고 했다. 러시아 공산당도 일주일을 5일로 만들어 경제 생산성을 높이고자 했지만, 동물들이 먼저 아프기 시작했고 나중에는 사람들까지 병이 났다. 독일 기본법에 일요일은 "노동의 휴식과 영혼 승화의 날"로 규정되어 있다. 바이에른에서 가장 오래된 8세기의 법령집에는 이렇게 적혀 있다. "자유인이 주일에 노역을 하고 황소에 수레를 매어 끌고 나가면 그 벌로 그의 오른쪽 황소를 빼앗아야 한다." 이런 경고에도 불구하고 일요일의 노동을 중지하지 않으면 "그는 성스러운 날에 자유로워지고 싶어 하지 않으므로 자유를 잃고 농노가 되어야 한다"라고 했다.

죽음의 기술

그리스도교 신앙에는 죽음에 대한 금기가 없다. 인간 존재는 현실을 넘어 영원한 삶에서 비로소 본연의 의미를 얻는다. "육신의 부활을 믿으며 영원한 삶을 믿나이다"라고 사도신경은 말한다. 중세에 인기 많았던 '죽음의 책'들은 죽음을 준비하는 종교적 의식을 기술한 책이다. 일반적으로 통용된 죽음의 기술(Ars Moriendi)은 경건하게 무장하고 저승에 가기 위해 꼭 필요하다고 생각된 예식과 관례들, 즉 병자성사를 받고 죄를 용서받는 일들이었다. 죽음은 근원으로 돌아가는 논리적인 귀환이라고 토마스 데 아퀴노는 말했다. "우주가 최후의 완성을 이루려면 그 피조물이 근원으로 돌아가야 하기" 때문이다.

카르투지오회에서는 수도자가 죽으면 수도복을 판자에 못질하여 고정시키고 그 위에 시신을 눕힌 다음 머리에 두건을 덮어 씌워 관에 넣지 않고 매장했다. 시토회 수사들은 상당히 방대한 장례 의식을 발전시켰다. "수사가 병이 들어 죽음이 임박하면 모든 동료 수사들이 형제애의 정신으로 모여 그를 위해 위령 기도를 드린다. (…) 하느님이 고통을 주시는 것은 우리를 구원하기 위해서만이 아니다. 고통은 잔인한 것이 아니라 가르침이고 도전이다. (…) 종이 울리면 모든 수사들이 병자가 누워 있는 방으로 가서 소리 내어 사도신경을 암송한다. (…) 수도원장

은 병상에서 기도할 수사와 병자에게 위로의 말을 들려줄 신부를 정한다." 영혼이 불멸한다는 것은 수도원 규정에 나와 있다. "수도원장은 시신이 홀로 남겨지지 않도록 해야 하고 시신 옆에서 항상 촛불이 타오르도록 준비해야 한다." 수사들은 죽은 이의 두 발을 동쪽으로 향하게 하고 시신을 매장했다(사제의 경우는 서쪽을 향해 놓았다). 추모 기간은 30일이었다. 세상을 떠나 비게 된 수도원 식당의 고인의 좌석에는 십자고상을 세웠고 점심과 저녁 식사도 함께 차렸다.

✚
사랑의 노래

When I find myself in times of trouble
내가 어려움에 처하면
Mother Mary comes to me
성모 마리아께서 내게 오시어
Speaking words of wisdom : Let it be!
지혜의 말씀을 들려주시네. 그냥 그대로 두어라.
— 비틀스

가수	제목
비틀스 The Beatles	All You Need is Love
비틀스 The Beatles	Lady Madonna
휘트니 휴스턴 Whitney Houston	Jesus Loves Me
호세 펠리치아노 Jose Feliciano	Feliz Navidad

에드윈 호킨스 싱어스 Edwin Hawkin Singers	Oh Happy day
조지 해리슨 George Harrison	My sweet Lord
피터 폴 앤 메리 Peter, Paul and Mary	We Wish You A Merry Christmas
조니 캐시 Jonny Cash	It was Jesus
조니 캐시 Jonny Cash	God will
프린스 Prince	God
펫샵보이즈 Pet Shop Boys	God willing
켈리 패밀리 Kelly Family	Oh God
바브라 스트라이샌드 Barbra Streisand	One God
밴 모리슨 Van Morrison	God Shines His Light
아이크 & 티나 터너 Ike & Tina Turner	Jesus
마크 노플러 Mark Knopfler	Hey Jesus
바클리 제임스 하비스트 Barclay James Harvest	Sweet Jesus
엘비스 프레슬리 Elvis Presley	He Touched
레드 제플린 Led Zeppelin	Stairway to Heaven
밥 딜런 Bob Dylan	Knockin'on heaven's door
레너드 코헨 Leonard Cohen	Hallelujah
빌리 조엘 Billy Joel	Travellin' Prayer
핫 초콜릿 Hot Chocolate	A Child's Prayer
에릭 클랩턴 Eric Clapton	Sinners Prayer
산타나 Santana	Love
위시본 애쉬 Wishbone Ash	Faith, Hope and Love
라이오넬 리치 Lionel Richie	Love, Oh Love

✚ 전례에 관한 소사전

아가페(그리스어 Agape : '사랑') : 초기 그리스도교 신자들이 형제애의 정신으로 나눈 사랑의 식사.

하느님의 어린양(라틴어 Agnus dei) : 영성체를 하기 전 빵을 나눌 때 세 번 반복하여 읊는 기도 "하느님의 어린양, 세상의 죄를 없애시는 주님…."(요한 1,29에 나오는 성 요한 세례자의 말)

탄원의 날 : 유럽에서 주님 승천 대축일 전 3일 동안 특별히 직업과 건강과 평화를 위해 하느님께 축복을 청하는 날.

참회(라틴어 Confiteor : '고백합니다') : 미사를 시작할 때 고백기도를 바치면서 죄를 고백하고 뉘우친다.

영광송(Doxology ; 그리스어 Doxologia : '찬양') : 각종 기도 끝에 하느님께 바치는 찬미. 신자들은 "아멘"으로 찬미를 강조한다.

성찬 전례(Eucharist ; 그리스어 Eucharistia : '감사') : 그리스도의 마지막 만찬과 죽음과 부활을 기억하며 거행하는 미사의 핵심 부분이다. 영성체를 지칭하는 말로도 쓰인다.

성령 청원 기도(Epiclecis) : 감사기도에서 성령을 부르는 기도. "성령의 힘으로 이 예물을 거룩하게 하시어…."

독서와 복음 : 미사의 말씀 전례 중 구약과 신약의 말씀을 봉독한다.

영원의 기도(성체 조배) : 특별한 형태의 성체 공경. 성체 현시대에 모셔진 성체 앞에서 기도드리고 공경한다. 교구에서는 일 년 내내 날마다 일정한 수도회나 본당에서 기도를 드린다.

부활 찬송(라틴어 Exultet : '환호하라') : 주님 부활 대축일 전날 부활 성야 미사를 시작할 때 부활초를 들고 부르는 노래("용약하라, 하늘나라 천사들

무리").

예물 준비: 미사에서 보편 지향 기도 후에 이어지는 전례 행위. 복사들이 빵과 포도주를 제대로 운반한다.

대영광송(Gloria): 주일마다(대림시기와 사순시기의 주일은 제외) 미사 때 천사들이 예수님의 탄생을 알린 것을 기억하며 바치는 찬미가. "하늘 높은 데서는 하느님께 영광…."(Gloria in excelsis Deo.)

알렐루야(히브리어 Halleluja: '야훼를 찬양하라'): 미사 때 복음 봉독에 앞서 부르는 환호송. 사순시기에는 부르지 않는다.

주님의 축일: 전례력에서 지키는 모든 그리스도 축일. 주님 탄생 예고 대축일, 성체와 성혈 대축일, 예수 성심 대축일, 주님 봉헌 축일, 주님 변모 축일.

주일: 일요일.

예수 성심 대축일: 성령 강림 대축일 후 세 번째 금요일에 지내는 대축일. 그리스도의 구원의 수난과 사랑과 자비를 특별히 기억하는 날이다.

예수 성심 금요일: 매월 첫째 금요일. 미사와 기도를 드리면서 예수님의 성심과 예수님의 영원한 자비를 기억한다.

대축일: 가톨릭 교회의 전례력에서 지키는 큰 축일들. 그리스도 대축일, 성모 마리아 대축일, 성인들의 대축일이 있다.

감사기도: 성찬 전례를 위해 드리는 찬양과 감사의 장엄 기도. 시작할 때는 감사송을, 끝낼 때는 마침 영광송("그리스도를 통하여, 그리스도와 함께, 그리스도 안에서…")을 부르고 신자들은 "아멘"으로 응답한다.

강론(Homily; 그리스어 Homilein: '친밀히 전하다'): 독서와 복음에서 봉독한 성경 말씀을 해석한다.

호산나(아람어 Hosanna: '구원하소서'): 구약 성경에 나오는 기도와 환호의 외침. 성찬 전례에서는 '거룩하시도다'를 노래할 때 나온다("높은 데서 호산나…").

입당송(라틴어 Introitus : '입장') : 미사 시작을 알리는 노래.

카논 : 미사에서 바뀌지 않는 동일한 부분을 일컫는 말. 성찬 전례의 감사기도('거룩하시도다'에서 '주님의 기도'까지)를 말한다.

성주간(고고독일어의 Kara : '근심 걱정') : 주님 부활 대축일 전의 한 주간(성지주일부터 성 토요일까지)를 말한다.

헌금(라틴어 Collegere : '모으다') : 교회 사업을 후원하기 위해 미사 때 바치는 봉헌금.

끝기도, 종과경(Completorium) : 교회의 성무일도에서 밤에 바치는 기도.

성변화(라틴어 Consecratio : '축성, 축복') : 성찬 전례에서 성찬 제정과 축성문을 기념하고 감사기도를 드릴 때 빵과 포도주가 그리스도의 살과 피로 변하는 것. 실체변화(Transsubstantiation)라고도 한다.

공동 집전(Concelebration) : 여러 명의 사제가 함께 성찬 전례를 거행하는 행위.

자비송(그리스어 Kyrie eleison; Kyros는 '주님', elein은 '자비를 베풀다') : 자비를 청하는 신자들의 기도문("주님, 자비를 베푸소서").

주님(그리스어 Kyrios) : 구약 성서에서 하느님을 부르는 호칭. 또는 부활하여 하느님께 올라간 그리스도를 부르는 호칭.

호칭기도(Litany; 그리스어 Litai : '청하다, 기도하다') : 예수 그리스도, 성모 마리아, 성인 등의 호칭을 부르며 드리는 탄원 기도.

전례(그리스어 Leiton ergon : '신자들에 대한 봉사') : 가톨릭 교회의 핵심 기능인 미사의 형식과 내용.

미사(라틴어 Missio : '보냄') : 라틴어 마침 예식의 문구 "ite, missa est"(미사가 끝났으니 가십시오)에서 유래하여 미사 자체를 가리키는 말이 되었다. 미사는 크게 시작 예식, 말씀 전례, 성찬 전례, 파견으로 구성된다.

자정 미사(Mette): 자정에 드리는 미사.

성유 축성 미사(Missa Chrismatis): 성 목요일에 드리는 미사로 이때 교회의 전례에 사용하는 성유를 축성한다.

주교 집전 미사(라틴어 Pontifex: '교량 건축자'): 주교가 집전하는 미사 성제.

감사송(Praefatio): 감사기도를 시작할 때 드리는 찬양 기도.

새 사제의 첫 미사(독일어 Primiz; 라틴어 Primus: '첫 번째'): 사제품을 받은 신부가 처음 집전하는 미사. 대개 사제의 출신 성당에서 드린다.

시편(그리스어 Psalmos: '현악 반주 노래'): 구약 성경 중 하나로 총 150장의 노래와 시가 있다.

레퀴엠(Requiem; 라틴어 Requies: '안식'): 죽은 이를 위한 미사. '영원한 안식을 주소서'(Requiem aeternam)로 시작한다.

예절(라틴어 Ritus: '거룩한 관례'): 전례의 과정과 전례에 사용되는 경문, 몸짓, 행위를 일컫는다.

로라테(Rorate): 천주의 모친 마리아께 봉헌하는 미사. "Rorate, caeli, desuper et nubes pluant iustum"(하늘이여 이슬비처럼 의인을 내려다오)로 시작되는 입당송에 따라 붙여진 이름이다. 대개 촛불만 켜고 드린다. 대림시기 평일부터 12월 16일까지 드릴 수 있다.

묵주기도: 예수님의 일생을 단계별로 묵상하며 드리는 중세에 시작된 기도. 10월은 묵주기도 성월이다.

성사(라틴어 Sacramentum은 '맹세'이지만, '비밀', '신비'를 뜻하는 그리스어 mysterion의 번역어로 쓰였다): 눈에 보이지 않는 하느님의 은총을 눈으로 볼 수 있도록 그리스도가 제정한 외적인 표징. 신자들은 성사를 통해 인간에 대한 하느님의 은총을 체험한다.

준성사: 그리스도가 아니라 교회가 제정한 성사와 비슷한 축복의 행위. 물, 초, 건물의 축성이 준성사이다.

거룩하시도다(라틴어 Sanctus : '거룩하다') : 미사에서 감사기도의 도입부 ("거룩하시도다, 거룩하시도다, 거룩하시도다, 온누리의 주 하느님…"). 묵시록 4장 8절에서 하느님의 어좌 앞에 선 천사들이 부르는 찬미에 따른 것이다.

축복(라틴어 Signum : '표지') : 축복(성호 긋기, 안수)은 인간과 사물에 하느님의 자비를 불러 내린다. 평신도도 축복을 할 수 있다.

본기도(Oration; 라틴어 Orare : '기도하다') : 미사에서 자비송과 대영광송에 이어지는 기도. 사제는 "기도합시다"(Oremus)라는 말로 본기도를 시작한다.

테 데움(Te Deum) : "하느님, 당신을 찬미하나이다"(Te Deum, laudamus)로 시작하는 찬양과 감사의 노래.

실체변화(Transsubstantiation) : 성찬 전례에서 빵과 포도주가 그리스도의 살과 피로 변하는 것을 일컫는 말.

성3일(Tridium paschale) : 성 목요일 저녁(주님의 만찬 미사)부터 성 토요일 저녁까지의 3일.

저녁 기도(Vesper) : 교회의 성무일도에서 저녁에 드리는 기도.

전야 미사(Vigil) : 대축일을 맞아 전날 밤에 드리는 미사(예 : 부활 전야 미사).

봉헌(고고독일어 Wih : '거룩하다') : 사람이나 물건을 하느님께 바치고 특별한 사명과 권한을 부여하는 행위.

향 : 분향은 하느님께 드리는 기도를 상징하며 장엄한 경배를 강조한다. 미사에서는 입당, 복음 봉독, 예물 봉헌 시 제대에 분향한다.

집전 사제(라틴어 Celebrare : '거행하다') : 미사 성제를 집전하는 주교나 신부.

포도주에 넣는 물

물은 두 가지 의미를 지녔다. 물은 근원의 상징으로서 생기를 주고 열매를 맺게 하지만, 한편으로는 타락과 멸망을 상징하기도 한다. 미사의 성찬 전례 때 사제는 포도주에 물을 몇 방울 섞는다. 이는 예수의 인격 속에 있는 두 본성(신성과 인성)의 결합을 암시한다고 할 수 있다.

전례복 색상의 의미

12세기부터 사제의 제의, 영대, 복사의 제복, 제대포, 독서대포에 색깔을 넣기 시작했다. 제2차 바티칸 공의회 이후에는 백색, 홍색, 자색, 녹색, 흑색을 사용하고 있다.

백색: 맑음과 빛의 색이며 모든 광선을 반사하는 까닭에 단일성을 의미한다. 교황이 백색 제복을 입는 것도 하늘에 계신 하느님의 단일성과 지상의 교회의 단일성을 나타내기 때문이다. 사제들은 성탄절과 부활절 같은 대축일, 주님 공현 대축일과 성체 성혈 대축일 같은 주님의 축일, 천사 축일과 성모 축일, 성인들의 축일에 백색 제의를 입는다.

홍색: 불과 성령과 피의 상징이지만 무엇보다 사랑을 뜻하는 색이다. 주님 수난 성지 주일, 성금요일, 성령 강림 대축일, 견진성사 때에 홍색 제의를 입는다. 순교자의 축일에는 희생과 순교를 상징하는 색으로 홍색 제의를 입는다.

자색: 고난받는 성자의 색이며 순교자들의 색도 상징한다. 회심과 참

회, 이행과 변화를 뜻하는 자색 제의는 주님 부활 대축일 전의 속죄 기간인 사순시기와 성탄절 전의 대림시기에 입지만, 위령의 날에 많이 입는다. 전례 개혁 이후에는 흑색 대신에 입을 수 있다.

녹색: 평안, 생물의 성장, 희망을 나타내며 새로운 생명과 새로운 깨달음을 의미한다. 녹색은 전례의 '일상적인 색'이므로 연중시기의 모든 주일과 평일에 녹색 제의를 입는다.

흑색: 고난과 고통, 죽음과 슬픔을 상징하지만 예식의 색이기도 하다. 장례식이나 장례 미사 때 자색 대신 입을 수 있다.

✞ 예수회 신부의 위트

어느 날 예수회의 한 신부가 잔뜩 흥분하여 총장을 찾아왔다. 그리스도의 진짜 무덤을 발견했다고 그는 숨이 턱에 차서 보고했다. 지금까지 예수살렘의 가짜 무덤을 숭배한 사실을 대수롭지 않게 생각하던 총장은 '그거 잘됐군' 하고 생각했다. "그런데 말입니다." 신부가 더듬거리며 말했다. "무덤에 시신이 있었어요." 그러자 총장이 대답했다. "그렇다면 예수님은 진짜로 살아 계셨던 거군요."

✞ 신앙 명언록

시몬느 베유: 현재에 머물기 위해서는 영원을 탐구해야 한다.

그레이엄 그린: 인간은 별난 존재이다. 하느님의 힘보다 별의 힘을 더 쉽게 믿는 사람들이 많다.

아시시의 성 프란치스코: 필요한 일부터 먼저 하고 가능한 일은 나중에 하라. 그러면 불가능한 일도 갑자기 해낼 수 있다.

폴 클로델: 신앙은 이 세상에 의미만이 아니라 기쁨까지 가져다주었다.

토머스 모어: 세상을 떠날 때 자신이 그리스도교 신자임을 후회한 사람은 아직 없다.

빅토르 위고: 기도하지 않는 이들을 위해 기도하는 사람도 있어야 한다.

손턴 와일더: 삶을 살아가려면 삶을 사랑해야 한다. 그리고 삶을 사랑하려면 삶을 살아가야 한다.

요제프 피퍼: 인간은 가끔 "네가 있어서 좋다"는 말을 듣고 위안받는 존재이다.

단테 알리기에리: 낙원에서 우리에게 남겨진 세 가지가 있다. 밤하늘의 별, 한낮의 꽃들 그리고 아이들의 눈이다.

요한 바오로 2세: 나는 사람을 만나면 그를 위해 기도부터 한다. 그러면 그 사람과의 대화가 항상 쉬워진다.

카를 바르트: 손을 모아 기도하는 것은 세계의 무질서에 대한 저항의 시작이다.

빈첸시오 드 폴: 우리는 최소한 하느님께 자비를 달라고 청할 때 썼던 시간만큼을 그분의 자비에 감사하는 데 바쳐야 한다.

그레고리오 대교황: 성경은 어린 양도 마실 만큼 얕고 코끼리도 목욕할 만큼 깊은 시냇물이다.

토머스 머튼: 인간들이 서로 화목하게 지내지 못하는 것은 나 스스로 화목하지 않기 때문이다. 나 스스로 화목하지 않은 것은 하느님과 화목하지 않기 때문이다.

샤를 드 푸코: 인간은 자기 자신만 찾기 시작하는 순간에 사랑을 잃어버린다.

장 폴 사르트르: 하느님이 존재하지 않는다면 더 이상 인간으로부터 벗어날 방법은 없다.

카를 라너: 세상을 떠난 이들은 과거의 사람이 아니라 앞서 간 사람들이다.

마르틴 루터: 밤에 잠자리에 들 때에는 성경 구절을 함께 가져가라. 그것을 마음속에서 곰곰 생각하고 동물처럼 되새김질하며 편안히 잠들어라.

에디트 슈타인: 하느님이 인간에게 무언가를 요구하실 때는 반드시 그것을 감당할 힘도 함께 주신다.

로욜라의 성 이냐시오: 다른 이를 개선하려고 하는 사람은 자기 자신부터 시작해야 시간을 낭비하지 않는다.

마더 데레사: 고요의 열매는 기도이다. 기도의 열매는 신앙이다. 신앙의 열매는 사랑이다. 사랑의 열매는 봉사이다.

요한 23세: 인간은 무릎을 꿇을 때 가장 커진다.

실야 발터: 주님, 주님이 오실 때에 누군가는 집에 있어야 합니다. 누군가는 밤낮으로 주님을 바라보아야 합니다.

요한 크리소스토모: 누가 너를 모욕했다면 십자 성호를 긋고 십자가에서 일어난 일을 생각하라. 그러면 마음이 평안해질 것이다.

빈첸시오 팔로티: 시간은 값지고 짧고 되돌릴 수 없다. 인생을 새롭고 더 훌륭하게 시작하려면 죽은 자 가운데서 살아난 사람처럼 시간을 사용하라.

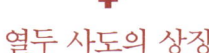

열두 사도의 상징

사도	상징	축일
안드레아	X형 십자가	11월 30일
바르톨로메오	칼 또는 벗겨진 살갗	8월 24일
대야고보	순례자의 모자와 조개	7월 25일
소야고보	곤봉	5월 3일
요한	뱀이 몸을 뒤틀며 나오는 술잔	12월 27일
유다 타대오	곤봉과 책	10월 28일
마태오	책 또는 검	9월 21일
베드로	열쇠	6월 29일
필립보	십자가가 달린 장대	5월 3일
시몬	톱	10월 28일
토마스	창과 각도기	7월 3일
마티아	손도끼 또는 검	2월 24일

배신자 유다 이스카리옷이 제외되면서 사도 열두 명의 수를 채우기 위해 마티아가 추첨을 통해 '추후 지명'되었다. 초기 그리스도교의 주요 저술들을 지은 바오로는 열두 사도에 속하지 않지만 그의 전도 활동으로 인해 '이방인들의 사도'로 불리며, 베드로와 함께 '사도들의 지도자'로 불린다.

✚ 사물의 상징적 의미

사물	상징
경작하지 않은 밭	새로운 창조, 성모 마리아
자수정	3색(자색, 청색, 보라색)이 삼위일체
닻	그리스도 안에서 얻는 확실한 평화
천개(天蓋, Baldachin)	예수의 탄생 예고와 어린 시절
벌집	성모의 상징("모든 달콤한 것(예수)은 그분으로부터 왔다")
빵	생명의 양식, 성체, 그리스도
분수	성스러운 세례와 그리스도 안에서 거듭남
다리	이승에서 천국으로 건너감
책	그리스도만이 열 수 있는 묵시록의 책
다이아몬드	불행을 막는 그리스도
향로가 있는 삼각 탁자	삼위일체에 대한 신앙
달걀	부활(병아리가 껍질을 깨고 나옴)
열린 창문	기도를 통한 하느님과의 소통
공작 깃이 달린 새	커룹(케루빔)의 날개
울타리 쳐진 정원	낙원
유리 그릇	원죄 없는 잉태
잠긴 벨트	강인함의 상징
열린 벨트	나약함의 상징
옷의 매듭	불행을 막아줌
원, 원반	완성된 것
항아리	낙원의 강: 피손, 기혼, 티그리스, 유프라테스

사다리	야곱의 꿈에 나타난 천국으로 오르는 사다리, 영원
외투	보호, 보호의 망토이신 성모
말려 있는 양피지 두루마리	성령의 은혜와 말씀
샘	영원한 생명(성령의 일곱 은혜를 나타내는 일곱 광선)
반지	영원과 최후의 심판
파도 위의 배	방주에서 예견한 예수의 교회
밧줄	악마의 상징물
커튼	예수의 수난과 승리(또는 바람에 실려 오는 성령)
길	주님께로 가는 순례
구름	주 하느님이 말씀하시다

✚

식물의 상징적 의미

알로에(용설란: 고대의 약용 식물)	동정 마리아
사과	원죄
나무	생명, 하느님의 말씀
엉겅퀴	고통
가시	죄악과 구원
담쟁이덩굴	불멸, 사랑과 충성
떡갈나무	불멸
무화과나무	증식, 자비와 성공
석류 열매	유다교에서 하느님의 말씀, 율법
백합	순결, 흠없는 잉태

월계수	불멸
데이지('진주'로 번역됨)	눈물, 핏방울
야자나무	승리, 평화, 순결
장미(꽃의 여왕)	하느님의 어머니
붓꽃, 아이리스('무지개'를 뜻함)	하느님이 인간과 맺은 계약
포도나무 잎	생명
포도나무	이스라엘 민족, 이사이의 족보, 그리스도의 상징
삼나무	겸손, 성스러움, 불멸, 영원한 구원

✚ 그리스도교 이모티콘

교황	+-☺
산타클로스	*<☺
천사	0☺

✚ 성인들의 상징

성인의 상징과 상징물에 관해서는 공식적인 규정이 없다. 성화나 성상에 표현된 성인의 상징은 그리스도교 신자들의 신앙심에서 발전해온 것들이다. 몇 가지를 추려보면 다음과 같다.

| 일반 상징 |

순교자 ··· 종려나무
교황 ··· 삼층관(티아라)
주교 ··· 주교 제의, 주교 지팡이
황제와 제왕 ··· 왕관, 왕홀
수도자 ··· 수도복

| 성인의 상징 |

맨발 ··· 성 안드레아
수염 ··· 성 토마스
잎사귀 하의(下衣) ··· 성 오누프리오
피묻은 장갑 ··· 쾰른의 성녀 이름가르트
참회하는 여인 ··· 성녀 마리아 막달레나
참회복을 입고 기도하는 여인 ··· 로마의 성녀 파비올라
가시관 ··· 성왕 루이 9세
흑인 기사 ··· 성 마우리시오
은수자의 복장 ·························· 성 예로니모
천사 ································· 성 마태오
털가죽 옷 ·························· 성 요한 세례자
양치기 ································· 성 웬델린
날개 달린 사람 ··············· 쿠페르티노의 성 요셉
긴 머리 ·························· 로마의 성녀 아녜스
벗겨진 살가죽 ······················ 성 바르톨로메오
머리 위로 타오르는 불꽃 ··· 킬데어의 성녀 브리지다
머리글자 IHS ··· 로욜라의 성 이냐시오

153

사냥꾼	멜크의 성 군터
목과 발에 사슬을 감은 사람	타베니시의 성 테오도로
곤봉을 든 사람	성 유다 타대오, 열혈당원 시몬
왕	성 발타사르
지팡이를 든 사람	테베의 성 바오로
양가죽을 든 사람	발롬브로사의 성녀 후밀리타
망토	로마의 성녀 에우제니아, 투르의 성 마르티노
망토로 만든 배	페냐포르트의 성 라이문도
가면을 쓴 사람	로마의 성 제네시오
흑인	성 그레고리오 마우로
알몸으로 기둥에 묶인 사람	성 카시아노
수녀	헬프타의 성녀 제르트루다, 슐레지엔의 성녀 헤드비히
말을 탄 주교	아우크스부르크의 성 울다리코
문지기	파르츠함의 성 콘라도
순례자	성 갈로, 성 프란치스코 하비에르, 성 대(大)야고보
지팡이를 든 거인	성 크리스토포로
기사	성 크리산토, 성 대(大)야고보
로마 기병	투르의 성 마르티노
양치는 여인	아라스의 성녀 사투르니나
맨발로 신을 신은 사람	슐레지엔의 성녀 헤드비히
공중 부양	쿠페르티노의 성 요셉
계단 밑에 앉은 걸인	에데사의 성 알렉시오
목에 천을 두른 사람	보헤미아의 성녀 루드밀라
알몸에 긴 수염이 달린 사람	성 오누프리오
미망인의 베일	성녀 모니카

사도 교부

사도 교부란 교회에 중요한 저술을 남긴 1~2세기의 그리스도교 저술가를 말한다. 이들은 실제로 사도들과 개인적인 접촉이 있었거나 최소한 그들에게서 직접 영향을 받았다고 생각되는 인물들이다.

1. 로마의 성 클레멘스
2. 이른바 『클레멘스의 둘째 편지』를 쓴 무명 저자
3. 안티오키아의 성 이냐시오
4. 스미르나의 성 폴리카르포
5. 히에라폴리스의 성 파피아스
6. 성 콰드라토
7. 『디다케』를 쓴 무명 저자
8. 『바르나바 편지』를 쓴 무명 저자
9. 『헤르마스의 목자』를 쓴 무명 저자
10. 『디오그네투스에게 보내는 편지』를 쓴 무명 저자
11. 리옹의 성 이레네오

그 밖에 초대 교회에서 활동한 기타 저술가로는 순교자 성 유스티노, 성 테르툴리아노, 알렉산드리아의 클레멘스, 오리게네스, 성 치프리아노가 있다.

예수의 일생

카르투지오 수도회의 루돌프 작센(1300~1378)이 작성한 것이다.

1 대천사 가브리엘이 예수의 탄생을 예고하다.
2 성 요한 세례자가 태어나다.
3 예수가 탄생하다.
4 아기 예수가 할례를 받다.
5 아기 예수가 동방 박사 세 사람에게 모습을 보이다.
6 아기 예수가 성전에서 봉헌되다.
7 아기 예수가 이집트로 피신하고 헤로데 왕의 아기 학살이 시작되다.
8 아기 예수가 이집트에서 돌아오다.
9 소년 예수가 성전에 머물다.
10 예수가 12세부터 30세까지 드러나지 않게 지내다.
11 세례를 받다.
12 금식하고 유혹을 받다.
13 요한이 증거하고, 예수가 제자들을 부르다.

14 물을 포도주로 바꾸다.
15 성전에서 물건 파는 이들을 쫓아내다.
16 사람들을 가르치다(산상 설교).
17 바람과 물결을 꾸짖다.
18 사도들을 파견하다.
19 박해를 당해도 인내하여라.
20 마리아 막달레나의 고백.
21 오천 명을 먹이다.

22 물 위를 걷다.
23 영광스러운 모습으로 변모하다.
24 라자로를 다시 살리다.
25 어떤 여자가 예수의 머리에 향유를 붓다.
26 어린 암나귀를 타고 예루살렘에 입성해 환영을 받다.
27 제자들의 발을 씻어주다.
28 배신을 예고하다.
29 성체성사를 제정하다.
30 수난당하다.
31 마리아 막달레나가 다른 이들과 함께 예수의 무덤을 보러 가다.
32 마리아 막달레나에게 나타나다.
33 베드로와 아리마태아 출신의 요셉과 소야고보에게 나타나다.
34 길에서 두 제자에게 나타나다.
35 토마스를 제외한 사도들에게 나타나다.
36 집에 숨어 있던 제자들에게 나타나다.
37 티베리아스 호숫가에서 일곱 제자에게 나타나다.
38 갈릴래아에서 열한 명의 제자에게 나타나다.
39 우리 주 예수 그리스도께서 승천하다.

삼위일체

삼위일체는 예수가 성부와 성령과 예수 자신에 대해 한 말에서 나왔다. 학자들은 여러 세대를 거치면서 이 말의 의미를 해석하느라 골치를 썩였다. 아일랜드의 성 파트리치오는 삼위일체를 클로버(갈래는 셋이지만 하나의 잎)에 비유했다. 삼위일체를 의미하는 세잎 클로버는 아일랜드 공화국의 국가적 상징이다. 삼위일체는 수수께끼가 아니라 신비라는 점을 깨달은 것이다.

✚ 동시이처존재

동시이처존재(同時二處存在)란 한 사람이 같은 시각에 각기 다른 두 장소에 나타날 때 쓰는 말이다. 동시이처존재는 성인들에게서 흔히 볼 수 있고 일부 성인의 경우는 자주 확인되기도 했다. 동시이처존재로 유명한 사람으로는 누르시아의 베네딕토와 살레시오 수도회를 창립한 돈 보스코(1815~1888)가 있다. 돈 보스코의 주변에서 이와 비슷한 기적이 자주 발생한 까닭에 교황 비오 11세는 돈 보스코에게는 초자연적인 일이 자연이 되고 비범한 일들이 범상한 일이 되었다는 말까지 했다. 50여 년간 몸에 오상을 지니고 산 피에트렐치나의 성 비오(1887~1968) 신부도 비슷한 경우이다. 한번은 비아레지오에 사는 어느 이탈리아 사람이 중병에 걸렸다. 그의 아내는 최후의 방책으로 비오 신부에 관한 책을 남편 손에 쥐어주고 그의 도움을 청하라고 말했다. 대체로 종교적인 것에는 혐오감을 보이고 특히 사제들을 무척 싫어했던 병자는 1951년 3월 17일에 책을 옆으로 밀어놓으며, 그 신부가 그렇게 많은 기적을 일으켰다면 자신도 도와주었으면 좋겠다고 지나가는 투로 말했다. 그 순간 그는 문이 열리면서 두건을 쓴 카푸친회 수도자가 방에 들어오는 것을 보았다. 그는 그 수도자가 자신에게 다가오더니 이제 아무 일도 없을 것이니 자리에서 일어나라고 했다고 훗날에 말했다. 사건을 조사한 결과, 비오 신부는 그 시간에 분명히 이탈리아 남부 산 조반니 로톤도에 있는 자신의 수도원에 머물고 있었다.

깨달음

그리스도교의 신비주의에서는 영혼이 이미 현세에서 특정한 체험을 통해 하느님의 현존과 본질을 파악할 수 있다고 주장한다. 교황 베네딕토 16세는 그리스도교 신앙을 '깨달음의 길'이라고 표현했다. 수도자들의 아버지 성 카시아노는 신비주의 체험의 단계에 대해 이렇게 말한다. "정신은 눈 깜짝할 사이에 지극히 숭고한 현상을 표현하지만, 다시 평소의 활동 상태로 돌아오면 그 현상을 말로 표현하기 힘들다." 클레르보의 성 베르나르도는 신비주의의 핵심을 이렇게 선언했다. "나는 체험하기 위해 믿는다." 그의 목표는 신적인 현상을 어떤 흥미로운 가르침으로만 받아들이지 않고 실질적인 체험으로도 맛보는 것이었다. 물론 그는 "이 체험을 받아들인 사람만이 그 본질을 설명할 수 있다"고 믿었다. 그럼에도 많은 성인들은 하느님께 헌신할 때 경험한 이 경이로운 느낌을 무언가 완벽하게 해방되고 빛이 충만한 느낌으로 묘사했고, 기쁨을 더 많이 얻고 불안을 덜 느끼기 위해 잠시 열어놓을 수 있는 '하늘을 향해 난 창문'으로 묘사했다.

| 로욜라의 성 이냐시오 |

스페인 출신의 성 이냐시오는 자신이 글자 그대로 찬란한 빛에 감싸이

는 눈물의 은총과 계시를 받았다고 말했다. "기도 중에 눈물이 넘쳐흐르면서 눈이 아파왔다"고 그는 일기에 적었다. 이냐시오는 삶에서 얻은 깨달음을 3인칭 화법으로 묘사한다. "그는 정신의 눈이 열리기 시작했다. 어떤 얼굴을 보았다는 뜻이 아니라, 영적인 삶에 관한 의문은 물론이고 믿음과 학문에 관계된 수많은 의문을 깨닫고 이해했다는 의미에서 그러했다." 그 깨달음의 순간은 세계의 수많은 학자들이 가르쳐 준 것보다 더 많은 것을 그에게 안겨 주었다고 한다.

아빌라의 성녀 데레사

17개 수녀원과 15개 수도원을 창립한 데레사는 강렬하고 굳은 믿음으로 인간의 무의식 속에서 잠자고 있는 영성을 깨어나게 한 인물이었다고 전해진다. 그로 인해 그녀는 무아경에서 몸이 뜨고 얼굴이 빛을 발하는 환시의 황홀경을 체험했다. 데레사 본인 말에 의하면, 한번은 그런 환시 중에 천사가 나타나 금빛 찬란한 화살로 그녀의 심장을 꿰뚫었다고 한다. 데레사가 알바에 창립한 수도원 성당을 찾는 방문객들은 지금도 그곳에 안치된 부패하지 않은 성녀의 심장에서 상처의 흔적을 확인할 수 있다.

빙엔의 성녀 힐데가르데

"내가 본 빛은 공간에 묶여 있지 않았다. 그 빛은 해를 품은 구름 빛보다 더 밝았다." 그 빛을 볼 때마다 "나의 모든 슬픔과 불안이 사라졌다."

누르시아의 성 베네딕토

베네딕토는 망가진 것을 온전히 되살리고 비어 있는 것을 채우는 능력을 가진 사람이었다. 그는 하느님의 전사다운 불굴의 언어로 자신이 죽는 순간까지 예언한 것으로 전해진다. 어느 날 밤 베네딕토는 창가로 다가갔다. 마음 깊은 곳에서는 하느님을 향한 간절한 소망이 피어났다. 그때 갑자기 찌를 듯한 빛이 어둠을 갈랐다. 한낮의 강렬한 햇빛보다 더 찬란한 빛이 밤을 휘황하게 만들었다. 베네딕토는 아브라함과 모세 외에는 어떤 인간에게도 허락되지 않은, 하느님을 만나는 신비로운 체험을 한 것이라고 토마스 데 아퀴노는 이 사건을 해석했다. 천사의 통찰과 비슷한 이 영혼의 열린 상태에서 하느님의 빛이 베네딕토의 축복받은 지성 안으로 들어와 그를 영원한 진리의 모상으로 만들었다고 그는 말했다. "위대한 수도자들은 자신의 에고를 맴돌지 않는다. 그들은 묵상하는 가운데 영원한 진리에 이르려고 노력한다. 베네딕토에게는 세상의 사물이 점점 작게 보였다. 흔히 하는 말로 그는 피조물 안에서 하느님을 본 것이 아니라, 오히려 하느님 안에서 피조물을 보았다." 몬테 카시노의 수도자 베네딕토에게 "온 세계는 단 한 번의 햇빛 속에서 하나로 통일되었다"고 그레고리오 교황은 말했다.

예수의 사전

고단함: 고생하며 무거운 짐을 진 너희는 모두 나에게 오거라. 내가 너희에게 안식을 주겠다. — **마태 11,28**

양식: 사람은 빵만으로 살지 않는다. — **루카 4,4**

자극: 일어나라, 그리고 두려워하지 마라. — **마태 17,7**

황색 신문: 주검이 있는 곳에 독수리들이 모여든다. — **마태 24,28; 루카 17,37**

저승에서의 결혼: 사람들이 죽은 이들 가운데에서 다시 살아날 때에는, 장가드는 일도 시집가는 일도 없이 하늘에 있는 천사들과 같아진다. ─ 마르 12,25; 마태 22,30

안과 밖

안: 누구든지 첫째가 되려면, 모든 이의 꼴찌가 되고 모든 이의 종이 되어야 한다. ─ 마르 9,35

밖: 악한 생각들, 불륜, 도둑질, 살인, 간음, 탐욕, 악의, 사기, 방탕, 시기, 중상, 교만, 어리석음. ─ 마르 7,21-23

교회 임원: 아, 믿음이 없고 비뚤어진 세대야! 내가 언제까지 너희와 함께 있어야 하느냐? ─ 마태 17,17; 마르 9,19

정치가: 눈먼 인도자들아! 너희는 작은 벌레들은 걸러내면서 낙타는 그냥 삼키는 자들이다. ─ 마태 23,24

언론인: 그들을 내버려 두어라. 그들은 눈먼 이들의 눈먼 인도자다. 눈먼 이가 눈먼 이를 인도하면 둘 다 구덩이에 빠질 것이다. ─ 마태 15,14; 루카 6,39

포스트모던: 너희는 하느님의 계명을 버리고 사람의 전통을 지키는 것이다. ─ 마르 7,8 이하

올바른 행동: 거룩한 것을 개들에게 주지 말고, 너희의 진주를 돼지들 앞에 던지지 마라. ─ 마태 7,6

시험의 방법: 너희는 그들이 맺은 열매를 보고 그들을 알아볼 수 있다. ─ 마태 7,16-20

주류: 저 백성이 마음은 무디고 귀로는 제대로 듣지 못하며 눈은 감았기 때문이다. 이는 그들이 눈으로 보고 귀로 듣고 마음으로 깨닫고서는 돌아와 내가 그들을 고쳐 주는 일이 없게 하려는 것이다. ─ 마태 13,15; 마르 4,12

기도: 너희가 기도하며 청하는 것이 무엇이든 그것을 이미 받은 줄로 믿어라. 그러면 너희에게 그대로 이루어질 것이다. ─ 마르 11,24 이하

자선: 너희는 가진 것을 팔아 자선을 베풀어라. 너희 자신을 위하여 해지지 않는 돈주머니와 축나지 않는 보물을 하늘에 마련하여라. ─ 루카 12,33

거짓과 모반: 숨겨진 것도 드러나기 마련이고 감추어진 것도 드러나게 되어 있다. ─ 마르 4,22; 루카 8,17

위선자: 너는 어찌하여 형제의 눈 속에 있는 티는 보면서, 네 눈 속에 있는 들보는 깨닫지 못하느냐? ─ 마태 7,3 이하

선한 목표: 앓는 이들을 고쳐주고 죽은 이들을 일으켜 주어라. 나병 환자들을 깨끗하게 해 주고 마귀를 쫓아내어라. ─ 마태 10,8

삶의 의미: 이것이 나의 계명이다. 내가 너희를 사랑한 것처럼 너희도 서로 사랑하여라. ─ 요한 15,12

세상의 종말: 사람의 아들이 아버지의 영광에 싸여 천사들과 함께 올 터인데, 그때에 각자에게 그 행실대로 갚을 것이다. ─ 마태 16,24-28; 마르 8,38; 루카 9,26

예언: 사람의 아들이 올 때에 이 세상에서 믿음을 찾아볼 수 있겠느냐? ─ 루카 18,8

라칭거 추기경이 들려주는 우화

중세에 교황청을 여행한 뒤 가톨릭 신자가 된 어느 유다인의 이야기를 아는 독자가 아마 있을지도 모르겠다. 그 유다인이 고향에 돌아왔을 때 교황청 사정에 밝은 어느 사람이 그에게 물었다.

"자네는 그곳에서 무슨 일들이 벌어지는지 아는가?"

유다인이 대답했다. "알다마다. 그 추악한 일들을 내가 모조리 보고 왔네."

"그런데도 가톨릭 신자가 되었단 말인가? 어리석기 짝이 없군!"

이 말을 들은 유다인이 대답했다. "바로 그 때문에 나는 가톨릭 신자가 된 걸세. 그런 일에도 불구하고 교회가 존속한다면 정말 누군가는 그 교회를 막아야 하지 않겠나."

또 다른 이야기에 따르면 나폴레옹이 가톨릭 교회를 없애버리겠다는 말을 하자 어느 추기경이 이렇게 대답했다고 한다. "그건 우리도 해내지 못했습니다."

— 대담집 『지상의 소금』에서

악마의 사전

| 신앙 |

"비교할 대상도 없고 증거도 없으며 아무것도 모르는 사람이 전하는 것을 참이라고 생각하는 행위." — **앰브로즈 비어스**

| 신 |

"지배하기 위하여 그 자신이 존재할 필요가 없는 유일한 존재."
— 샤를 보들레르
"자비로운 마음으로 자기 주머니에서 세금을 지불하는 세리."
— 지기스문트 폰 라데키
"신이 인간을 만든 것이 아니라 인간이 신을 만들었다."
— 루트비히 포이어바흐

| 종교 |

"저승의 불길을 면하기 위해 이승에서 드는 보험."— 로베르트 렘프케
"가난한 자가 부자를 죽이지 않게 막아주는 것."— 나폴레옹 1세
"어두운 방에서 있지도 않은 검은 고양이를 찾다가 갑자기 누군가가 '내가 잡았다'고 외치는 것."— 만프레트 롬멜
"대부분의 사람들에게 종교는 다른 이도 믿는다고 생각하여 자신도 믿어버리는 것이다."— 얄마르 쇠더버그

교회학자

성인이 교회학자(Doctor Ecclesiae)로 선포되려면 네 가지 조건을 충족시켜야 한다. 독실한 신앙, 거룩한 삶, 뛰어난 신학적 업적, 그리고 교회의 명시적인 인정이다. 교회학자들의 저술은 특히 신학 논쟁에서 큰 비중을 차지한다. 일반적으로 성인이 교회학자로 선언된다는 것은 신앙이 그의 교훈적인 기록물을 통해서만 전해지지 않고 해당 성인을 통해서

도 전달됨을 의미한다. 유명한 교회학자로는 교부 성 아우구스티노 외에 성 토마스 데 아퀴노가 있다. 최근에 교회학자로 선포된 세 인물은 모두 여성이다. 시에나의 성녀 가타리나와 아빌라의 성녀 데레사에 이어 가르멜회 소속인 리지외의 성녀 데레사(1873~1897)가 교회학자로 선포되면서 전체 교회학자의 수는 33명이 되었다. 이제 네 번째 여성이 교회학자 대기자 명단에 올라 있다. 독일 주교회의는 로마 교황청에 빙엔의 성녀 힐데가르데를 교회학자로 추천했다.

✚
종교에 관한 학문

성서학 Bibliology	하느님의 말씀에 관한 학문(2티모 3,16)
신학 Theology	하느님에 관한 학문(신명 4,6; 에페 4,6)
그리스도론 Christology	하느님의 아들 그리스도에 관한 학문(요한 1,1-2,14)
성령론 Pneumatology	성령에 관한 학문(요한 16,7-11)
천사론 Angelology	천사에 관한 학문(2베드 2,4)
죄론 Hamartiology	죄악에 관한 학문(로마 5,12)
구원론 Soteriology	구원에 관한 학문(요한 3,16)
교회론 Ecclesiology	교회에 관한 학문(에페 4,11-16)
종말론 Eschatology	종말에 관한 학문(1테살 4,13-18)

추기경은 어떻게 되는가

"훌륭한 주교를 임명하려면 천사의 신중함이 필요합니다. 추기경을 뽑기 위해서는 하느님 아버지의 지혜가 필요합니다." 교황 비오 2세(1458~1464)가 한 말이다. 추기경은 교황에 의해 '만들어진다.' 이는 추기경 임명이 가톨릭 교회 수장의 독자적인 행위이며, 그의 자유 의지와 결정에 따라 이루어짐을 뜻한다. 평신도 출신의 마지막 추기경은 19세기에 임명되었다.

자격	제한 없음. 사제와 평신도 둘 다 될 수 있다.
총 추기경 수	120명(이보다 많을 수 있다).
조건	남성으로 세례와 견진성사를 받아야 한다.
존칭	예하(His Eminence).
서약문	피를 흘릴 때까지(Usque ad effusionem sanguinis).
추기경 예복	진홍색 수단.
봉급	교황청 추기경의 경우 약 2,500유로.
최고위직 추기경	추기경 단장.
서열	추기경 주교, 추기경 사제, 추기경 부제.
선거권	80세까지 교황 선거권을 갖는다.

추기경의 드레스코드

추기경은 특별 행사 때에는 진홍색(과거에는 자색) 수단에 어깨 망토(모체타)를 걸치고 진홍색 각모(비레타)를 착용한다. 각모는 특별 예식 때 교황이 수여한다. 또 칭굴룸이라고 하는 허리띠와 필레올루스라고 부르는 납작 모자도 착용한다. 진홍색은 언제라도 신앙을 위해 순교할 마음의 자세가 되어 있다는 뜻이다. 전례를 거행하지 않을 때는 적색 가장자리 장식과 적색 단추가 달린 검정색 수단을 입는다. 양쪽으로 15개의 적색 술이 늘어진 커다란 추기경 모자는 과거에 일상적으로 착용했지만 지금은 문장(紋章)에만 남아 있다.

단추 구멍 열병

질병을 일컫는 말이 아니다. 단추 구멍 열병(熱病)이란 가톨릭 성직자가 높은 직위에 오르면서 제복의 검은색 단추가 자색 단추로 바뀔 때 당사자의 흥분 상태를 우스개로 표현하는 말이다. 예컨대 일반 사제일 때는 검정색 수단을 입지만, 몬시뇰이나 주교 또는 주교좌 성당 참사회원이 되면 자색 단추와 단추 구멍이 달린 검정색 수단을 입는다.

교회학자 명단

01 성 대 알베르토(Albertus Magnus)
02 성 알폰소 마리아 데 리구오리(Alfonso Maria di Liguori)
03 밀라노의 성 암브로시오(Ambrosius)
04 캔터베리의 성 안셀모(Anselm Canterbury)
05 파도바의 성 안토니오(Antonius Patavinus)
06 성 아타나시오(Athanasius the Great)
07 히포의 성 아우구스티노(Augustinus)
08 카이사리아의 성 바실리오(Basilius)
09 존엄한 이 성 베다(Beda Venerabilis)
10 클레르보의 성 베르나르도(Bernardus)
11 알렉산드리아의 성 치릴로(Cyrillus)
12 예루살렘의 성 치릴로(Cyrillus)
13 시리아 사람 성 에프렘(Ephraem)
14 성 프란치스코 드 살(Franciscus de Sales)
15 성 대 그레고리오 1세(Gregorius I)
16 나지안조의 성 그레고리오(Gregorius)
17 성 예로니모(Hieronymus)
18 푸아티에의 성 힐라리오(Hilarius)
19 세비야의 성 이시도로(Isidor)
20 성 요한 보나벤투라(Bonaventura)
21 성 요한 크리소스토모(Chrysostomos)
22 십자가의 성 요한(Joannes a Cruce)

23 다마스쿠스의 성 요한(Joannes)
24 시에나의 성녀 가타리나(Catharina Benincasa)
25 브린디시의 성 라우렌시오(Laurentius)
26 성 대 레오(Leo the Great)
27 성 베드로 카니시오(Petrus Canisius)
28 성 베드로 크리솔로고(Petrus Chrysologus)
29 성 베드로 다미아노(Petrus Damianus)
30 성 로베르토 벨라르미노(Robertus Bellarmino)
31 아빌라의 성녀 데레사(Teresia)
32 리지외의 성녀 데레사(Teresia)
33 성 토마스 데 아퀴노(Thomas Aquinas)

✛
위대한 여성들

교회의 역사를 장식한 수많은 여성들이 있다. 그들은 아빌라의 성녀 데레사처럼 수도원을 개혁했고, 시에나의 성녀 가타리나처럼 교황의 조언자 역할을 했으며, 에디트 슈타인처럼 위대한 신비주의 서적을 저술했고 유럽의 수호성인이 되었다.

마리아 크레셴시아 회스(1682~1744): 프란치스코 수녀회의 수녀원장을 지낸 마리아는 특히 수난당하는 성체 공경을 실천한 성녀이다.(축일 4월 5일)

스웨덴의 비르지타(1303~1373): 1349년에 로마로 가서 교황들이 아비

농에서 귀환할 수 있도록 노력했다. 1999년부터 유럽의 수호성인으로 선포되었다.(축일 7월 23일)

마그데부르크의 메히트힐트(1208/10~1282/94) : 도미니코회의 수녀로 독일 최초의 신비주의 서적을 저술했다.(축일 8월 15일)

제노바의 가타리나(1447~1510) : 그녀의 영성 체험을 기술한 책들이 유명서가 되었다. 페스트가 창궐할 때 병자들을 돌보았다.(축일 9월 15일)

마리아 파우스티나 코발스카(1905~1938) : 바르샤바의 수녀였다. 중요한 그리스도 환시를 체험했는데, 이를 바탕으로 자비 주일(부활 제2주일)이 도입되었다.(축일 10월 5일)

마르가리타 마리아 알라코크(1647~1690) : 살레시오회의 수녀로 영적 환시를 통해 예수 성심 축일의 제정을 가져왔다.(축일 10월 16일)

헬프타의 제르트루다(1256~1302) : 시토회 수녀이며 은총 가득한 신비가였다. 이 때문에 '위대한 제르트루다'로도 불린다.(축일 11월 16일)

튀링엔의 엘리사벳(1207~1231) : 헝가리의 왕녀이며 튀링엔의 백작부인이었다. 남편이 죽은 뒤 프란치스코회에 들어가 곤궁한 사람들을 위해 일했다.(축일 11월 19일)

요안나 프란치스카 드 샹탈(1572~1641) : 살레시오회의 수녀로 1610년에 성모 방문 수녀회를 설립했다.(축일 12월 12일)

에디트 슈타인(1891~1942) : 유다인 철학자였던 에디트 슈타인은 가톨릭으로 개종했지만 유다 민족에 대한 끈은 놓지 않았다. 집단 수용소에서 살해되었다.(축일 8월 9일)

✚ 빛의 날

초기 그리스도교 운동에서는 유다인들이 주축이 되어 제한적이나마 구약 성경의 전통에 따라 유다교의 안식일을 지켰다. 그러다가 곧 이방인 그리스도교 신자들 사이에서 한 주의 마지막 날인 안식일이 아니라―그리스도에 의해 세상이 새로 창조됨을 상징하는 뜻에서(1코린 16,2; 사도 20,7)―한 주의 첫 날에 예배를 드리는 풍습이 시작되었다. '일요일' 이라는 말은 천지창조의 첫 날에 이루어진 빛의 창조와 '정의의 태양' 이신 그리스도의 부활을 상기시킨다. 요한 복음서의 머리글에는 '그리스도이신 말씀'에 대해 이렇게 적혀 있다. "그분 안에 생명이 있었으니 그 생명은 사람들의 빛이었다."

✚ 예루살렘 증후군

예루살렘 증후군이란 말을 처음 사용한 사람은 1980년대 초반 이 질병을 진단한 이스라엘 의사 야일 바 엘이다. 정신질환의 일종인 이 병은 특히 '성지' 예루살렘 방문객이나 주민들에게 나타난다. 성경 속의 유명 인물인 모세, 다윗 왕, 예수, 요한 세례자 또는 마리아 막달레나와 자신을 동일시하는 망상으로 나타난다. 대체로 남자들은 성경 속의 남자와, 여자들은 성경 속의 여자와 동일시하고, 유다인들은 구약 속의 인물과, 그리스도교 신자들은 신약 속의 인물과 동일시하는데, 개신교 신자들이 가톨릭 신자보다 이 증후군에 더 시달린다. 지금까지 야일 바엘은 400명 이상의 환자들을 치료했다. 그는 이 증후군이 위험하지도 않고 지속적이지도 않다고 확신했다.

✚ 전례 용구의 의미

제대포: 흰색 아마포로 만든 제대 덮개. 주로 천에 수를 놓아 사용한다.
종: 미사 중에 복사들이 성변화, 대영광송 또는 성체 강복 때 울리는 종.
성수채(Aspergillum; 라틴어 Asperges me: '나에게 물을 뿌려 주십시오'): (신자들에 대한 축복의 표시로) 성수를 뿌릴 때 쓰는 기구.
축복 예식서(Benediktionale; 라틴어 Benedicere: '축복하다'): 전례에서 쓰이는 축복 기도문을 모아놓은 책.
쿠스토디아(Custodia): 임시로 성체를 보관하는 용기.
교구 지침서(Directorium): 각 전례일에 드리는 전통 미사 규정과 각종 정보를 수록한 일종의 지침서. 제의실에 비치하며 매년 새로 개정되어 나온다. 성무일도, 성인의 축일, 해당일에 사망한 교구의 성직자 명단이 수록되어 있다.
성유: 성사 행위인 서품식이나 도유식에서 사용하는 올리브기름. 때로 방향제(발삼)를 넣기도 한다. (그리스도는 '기름부음받은 이'라는 뜻이다.) 성유의 종류로는 성세 성유(세례식에서 세례자에게 발라준다), 병자의 성유(병자성사 때 발라준다), 크리스마 성유(세례, 견진성사, 사제 및 주교 서품, 제대와 교회 축성 때 사용)가 있다. 성유는 성 목요일에 드리는 성유 축성 미사(Missa Chrismatis)에서 주교가 축성한다.
성체(라틴어 Hostia: '제물'): 성찬례에서 사용하는 납작하게 구운 작은 밀

떡. 밀떡은 성찬 전례 때 사제의 축성 행위를 통해서 비로소 성체가 된다. 하느님은 변화된 그리스도의 몸을 통해 당신을 드러내시고 신자들로 하여금 당신의 현존을 영하게 하신다("받아 먹어라. 이는 내 몸이다" 마태 26,26). 성체는 사제가 영하는 큰 성체(대개 그리스도의 상징인 'IHS'가 새겨져 있음)와 신자들이 영하는 작은 성체로 구분한다. 성체 현시대에 모시는 것은 큰 성체이다.

어깨보(Humerale) : 사제가 축성된 성체를 들고 다닐 때 성체나 성합을 직접 만지지 않기 위해 어깨에서부터 손 밑까지 걸치는 보.

단식포 : 과거 사순시기에 제대를 가렸던 휘장. 그리스도 수난의 장면들을 그려서 장식하기도 했다.

주수병, 접시, 수건 : 주수병에는 예물로 바칠 물과 포도주가 담겨 있다. 가능한 한 예수 시대와 동일하게 미사를 거행하기 위해 그때처럼 포도주에 물을 섞어 봉헌한다. 물은 사제가 성체와 성혈을 축성하기 전에 손을 씻기 위해, 접시는 물을 받기 위해 준비한다. 수건은 손을 닦는 데 쓴다.

성작 : 포도주를 담는 잔, 중간 마디가 있는 대, 받침으로 이루어진다. 잔의 안쪽은 금으로 도금한다. 성작은 최후의 만찬 때 사용한 포도주잔을 상징하며 주교가 축성한다. 포도주를 담는 사제의 성작 외에 성체를 담는 성합이 있다.

성작 수건(Kelchtuch) : 성찬례 후 사제가 성작과 성반과 손과 입을 닦는 데 쓰는 아마포 수건. Purificatorium(라틴어 Purificatio : '정화')이라고도 한다.

초와 촛대 : 그리스도교에서 예수를 상징한다. "나는 세상의 빛이다." 2개의 초와 촛대는 구약과 신약 성경을 상징하고, 3개의 초는 삼위일체를, 4개의 초는 4명의 복음사가를, 5개의 초는 예수의 오상을 뜻한다.

성체포(Corporale; 라틴어 Corpus: '몸', '신체'): 여러 겹으로 접은 흰색의 아마포 수건. 제대에 놓인 성작과 성체를 담은 성반 밑에 깔아둔다. 성작이 주수상 위에 있을 때는 성체포로 덮어둔다.

주수상(Credence): 미사에 필요한 기물들(성작, 주수병, 수건 접시, 기도문)을 올려놓는 탁자. 흰색 아마포로 씌워 제대 옆에 놓는다.

미사 전례 성서(Lectionary): 미사에서 읽을 성경 본문을 발췌하여 모아 놓은 책. 입장할 때 경건한 자세로 들고 나와 독서대 위에 놓는다.

루눌라(라틴어 Lunula: '작은 달'): 축성된 큰 성체를 성체 현시대에 넣고 고정시키는 초승달 모양의 걸쇠.

미사 경본(라틴어 Missale): 미사에서 사제가 소리 내어 읽거나 소리 죽여 외우는 경문과 성가 등을 수록한 책.

성체 현시대(Monstrance; 라틴어 Monstrare: '보여주다'): 그리스도의 몸(큰 성체)을 보여주기 위해 만든 화려한 장식의 대. 성체 행렬이나 성체강복 때에 사용한다.

성광(Ostensorium; 라틴어 Ostendere: '보여주다'): 성체 현시대의 다른 이름.

제례용 의복과 장비(Parament): 미사에서 사용하는 천으로 만든 장비 일체(제의, 성작 수건, 제대포 등)를 말한다.

성반(Patena): 성체를 담는 접시. 성작 위에 놓는다. 성체를 입에 영해줄 때 바닥에 떨어뜨리지 않도록 턱 아래에 받친다.

복음서 발췌집(Perikopenbuch): 미사에서 전례력의 시기와 순서에 맞춰 성경을 봉독하기 위해 4복음서의 본문을 발췌 수록한 책.

성체갑(Pyxis): 병자성사 때 쓰기 위해 성체를 담아 두는 작은 갑. 귀금속으로 만든다.

예식서(Rituale; 라틴어 Ritus: '성스러운 예식'): 사제가 각종 성사를 거행할 때 필요한 경문과 규정, 성체 행렬과 강복 시에 읽을 기도문을 모아 수록한 책. 주교를 위한 지침서는 주교 예식서라고 한다.

사제석(Sedilia) : 사제와 복사들이 앉는 제단 위의 좌석.

성무일도서 : 사제들이 날마다 의무적으로 바치는 기도문을 모아 놓은 책. Brevier라고도 하는데, '짧다'는 뜻의 라틴어 brevis에서 나온 말이다.

향복사(Thuriferar; 라틴어 Thuribulum : '향로', Ferre : '운반하다') : 미사, 성체 거동, 장례식에서 향로와 향합을 드는 전례 봉사자. 사제에게 분향하는 것은 그 사제가 그리스도의 대리자로 기능함을 상징한다. 신자들에 대한 분향은 세례 받은 신자들이 사제직을 맡는 하느님의 백성이 되어 그리스도의 희생에 동참하는 권한을 가짐을 말한다.

성합(Ciborium) : 성찬 전례에서 사용하고 남은 성체를 넣는 그릇. 덮개로 덮어 감실에 모셔둔다.

성합보(Velum) : 성합을 감실에 모셔둘 때는 십자가 모양의 손잡이가 달린 뚜껑을 덮어 두는데, 이것을 다시 흰색 비단으로 만든 성합보로 감싼다.

✚ 예수의 발자국

19세기의 프랑스 저술가 에르네스트 르낭은 신약 성경의 내용을 역사적, 비판적으로 파헤쳐 큰 파문을 일으켰다. 그의 저서 『예수의 생애』는 의심하는 사람들의 필독서가 되었다. 르낭은 예수의 기적과 사명만 문제 삼는 데 그치지 않고 성경에 제시된 여러 고장도 존재하지 않았다고 주장했다. 특히 예수는 바람과 함께 사라졌다고 했다. "이렇게 근본부터 황폐한 땅에서 과연 인류가 그의 발자국에 입맞춤하고 싶었던 곳을 명확하게 확인할 수 있을지 의문이 든다"고 그는 말했다. 즉 예수의 자취를 찾을 수 없다는 것이다. 그러나 역사적, 고고학적으로 예수의 발자국은 이미 발견되고 있다. 카파르나움이나 벳사이다처럼 흙속에 파묻혔던 고장만 발굴된 것이 아니다. 1968년에는 5세기부터 사도들에게 봉헌된 교회와 고고학자들이 베드로의 집이라고 확인한 집터까지 카파르나움(복음서에 따르면 시몬 베드로의 집이 있고 갈릴래아에서 예수의 전교 중심지였던 곳)에서 발견되었다. 건물의 벽은 프레스코화와 그리스어, 시리아어, 아람어, 라틴어로 적힌 명문(銘文)들로 덮여 있다. 명문에 베드로의 전구를 간청하는 기도가 있는 것으로 보아 이 집이 1세기부터 성소로 변했음을 알 수 있다. 뿐만 아니라 이 집터는 기원후 100년 이전에 이미 예수에 대한 경배가 강하게 확산되었고 그의 제자들도 성스러운 중개자로 간청의 대상이 될 만큼 일찌감치 그들의 '시성'이 진행되었음을 보여주는 증거라고 할 수 있다.

✚ 하느님과 고전문학

괴테: "사람들은 이해하기 힘들고 상상할 수 없는 최고의 존재는 자기들보다 나을 것이 없다고 생각하면서 하느님을 폄훼한다."— 에커만, 『괴테와의 대화』

실러: "우리는 최고의 존재가 가진 지혜와 그분의 선함과 정의에 대해서는 알지만 그분의 전능에 대해서는 알지 못한다. 그분의 전능함을 표

현하기 위해 우리는 세 가지 연속 개념을 하나씩 상상한다. 무(無), 그분의 의지 그리고 여기에서 생겨난 피조물이다. 땅은 아직 꼴을 갖추지 못했고 어두웠다. 하느님께서 말씀하시기를 '빛이 생겨라' 하시자 빛이 생겼다. 그분의 전능함이 어떻게 작용하는지 실제로 알 수 있다면 우리도 그분처럼 창조주일 것이다."―『철학 소고』

칸트: "하느님은 완전하시다. 실재하는 것이든 실재 가능한 것이든 간에 존재하는 것은 모두 그분을 통해 생겨났다. 인간의 언어를 빌려 우리는 무한자인 그분으로 하여금 이렇게 말씀하시게 한다. '나는 영원이다. 나로 말미암지 않고 존재하는 것은 나 이외에는 없다.' 세상에서 가장 숭고한 이 생각을 우리는 지독히 무시하거나 대부분 다루지 않았다."―『신의 존재에 관한 증명』

루소: "하느님이 존재한다는 것, 그것도 그분 자신을 통해 존재한다는 것을 나는 확신하며, 내 존재가 그분의 존재에 종속되어 있다는 것도 확신한다. 나는 하느님의 피조물을 볼 때마다 그분을 깨닫고, 내 안에서 그분을 느끼며, 나의 주변에서 그분을 바라본다. 그러나 하느님의 내면의 본질을 알려고 하면, 그분이 어디에 계시고 그분이 어떤 분이시며 그분의 본질은 어떤 것인지 알려고 하면, 하느님은 내게서 멀어지신다. 나의 불완전함을 절절히 통감하는 나는 결코 하느님의 본성에 대해 다시는 알려고 하지 않을 것이다. 그러한 연구는 불손하다."―『에밀』

단테: "자신의 이성으로 하느님의 영원한 길을, 세 위격 안에 있는 하나의 본질을 이해하려고 하는 자는 어리석다."―『연옥』

악마의 발자국

'검은 발자국'이라고도 불리는 악마의 발자국은 뮌헨의 프라우엔 성당 입구 홀 바닥에 있는 발자국이다. 사람 발자국 모양의 뒤꿈치에 편자가 붙은 모습을 하고 있다. 전설에 따르면, 성당이 완공되고 아직 축성되지 않았을 때 악마가 성당 정문을 통해 몰래 들어왔다. 성당 건축물을 호기심 있게 관찰하던 그는 큰소리로 웃기 시작했다. 성당을 지으면서 사람들이 창문 내는 것을 잊었다고 생각한 것이다. 실제로 그 발자국이 찍힌 자리에 서면 건축상의 기술 때문에 창문이 하나도 보이지 않는다. 기쁨에 겨워 의기양양해진 악마는 발로 바닥을 구르면서 포석에 발자국을 남겼다. 그러나 문쪽으로 다가간 그는 자신의 생각이 틀렸고 속은 것을 알았다. 화가 치민 악마는 거센 바람으로 둔갑하여 성당 건물을 무너뜨리려고 했다. 오늘날에도 그의 동료 악마들은 성당 주변에서 '바람을 일으키며' 소란을 피운다고 한다.

옥타비우스

그리스도교 초창기에 신자들은 많은 편견과 오해와 중상에 시달렸다. 기원후 200년경에 라틴어 저술가이며 그리스도교 호교론자인 미누키우스 펠릭스의 『옥타비우스』라는 대화록을 보면, 그의 논쟁 상대인 카에킬리우스는 이런 말을 했다. "그곳에 모여드는 사람은 최하층 천민 출신의 무식자들, 쉽게 영향받는 여자의 본성 때문에 매사에 속기 잘하는 여자들이다. 야비한 모반의 패거리를 만들어 밤중에 모이고 금식이나 인간의 품격에 맞지 않는 음식으로 축제를 벌이면서 숭배 의식이 아니라 범죄를 위해 친교를 맺는다. 사람의 이목을 꺼리는 그 수상쩍은 무리는 공공장소에서는 침묵하고 구석에 들어가면 시끄럽게 말이 많아진다. 신전을 무덤이라도 되는 듯이 경멸하고 신상 앞에서 침을 뱉으며 성스러운 제물을 비웃는다. 참으로 이해 못할 어리석음이고 파렴치한 불손이다! (…) 그들은 닥치는 대로 일종의 쾌락 의식을 거행한다. 그러면서 서로 형제자매라고 부르고 있으니, 그들이 항상 저지르는 부도덕은 이 성스러운 낱말로 인해 그야말로 근친상간이 되고 만다. 허황되고 알맹이 없는 그들의 미신은 이런 식으로 범죄까지 떠벌이고 있다."

✚ 역사가 타키투스

네로 황제는 자신이 로마에 불을 질렀다는 의심을 받자 그리스도교 신자들을 죄인으로 몰아 처벌했다고 로마의 역사가 타키투스(55~117)는 그의 『연대기』에서 보고한다. "그리하여 네로는 (…) 죄를 다른 사람들에게 씌우고 (…) 항간에서 '그리스도인들'이라고 부르는 이들에게 극형을 내렸다. 이 이름은 티베리우스 치하에서 폰시우스 필라투스(본시오 빌라도) 총독에 의해 처형된 그리스도에게서 나왔다. 잠시 억압당했던 이 위험한 미신이 다시 새롭게 번지고 있다. 그 발원지인 유다 지방은 물론이고, 세계의 온갖 추악하고 섬뜩한 일들이 몰려들어 유행하는 로마에서까지 퍼져가고 있다. 그리스도교 신자들이라고 고백한 사람들이 체포되었다. (…) 그들은 방화죄와 더불어 인류를 증오한 죄로 심판을 받았다. 사람들은 사형 판결을 받은 이들에게 다시 모욕을 가했다. 짐승 가죽을 씌워 개들이 물어뜯게 하거나 화형에 처하기 위해 십자가에 못 박고 날이 저문 뒤 불에 태워 밤을 밝히는 횃불로 삼았다."

황금서

브르타뉴의 변호사 집안 후손인 몽포르의 성 루도비코 마리아 그리뇽 (1673~1716)은 병자 구호를 위해 세워진 지혜의 딸 수녀회의 창립자 중 한 사람이다. 교황의 '사도 선교사'로 활약한 그는 이민족을 대상으로 200여 차례에 걸쳐 설교를 하며 유명해졌지만, 그보다는 이른바 '황금서'라는 이름으로 유럽 전역에서 큰 주목을 받은『복되신 동정 마리아에 대한 참된 신심』이란 책으로 더 유명하다. 이 책은 그가 죽은 지 100년이 훨씬 지난 뒤 거의 우연한 기회에 발견되었다.

그리뇽 신부는 1947년 7월 20일에 교황 비오 12세에 의해 시성되었다. 레겐스부르크 주교를 지낸 루돌프 그라버는 한 책의 서문에서 이렇게 말한다. "그리뇽은 사제이며 예언자였고 사도였으며 개혁가였다. (…) 성 요한이 파트모스 섬에서 마지막 때의 환시를 보았듯이 그리뇽도 마지막 날의 사건들을 보았을 것이다." 그리뇽은『황금서』에서 마지막 때에 성모님께서 하실 역할을 적은 예언에서 성모 마리아의 왕국이 건설될 것임을 확언했다. 원문에서 발췌한 내용은 다음과 같다.

1 "그리스도 왕국은 마리아를 통해 올 것이다. 하느님은 당신의 손으로 만드신 걸작인 마리아를 마지막 때에 나타내실 것이다. 그 이유는

이렇다.

2 성모 마리아는 정의의 태양인 예수 그리스도에 앞서 나타나 태양을 계시하는 아침놀이다. 따라서 예수 그리스도를 더 잘 알기 위하여 우리는 성모에게 시선을 돌려야 한다.
3 성모 마리아는 예수 그리스도가 처음으로 우리에게 오셨을 때 길이 되어 주셨으므로 예수께서 두 번째로 오실 때에도 길이 되실 것이나, 그 방법은 다를 것이다.
4 성모 마리아는 우리가 예수 그리스도께로 가서 그분을 온전히 발견할 수 있는 확실하고 흠 없는 곧은길이다. 따라서 위대한 거룩함에 부름 받은 영혼들은 성모를 통해 그리스도를 발견해야 한다.
5 마지막 때에 성모 마리아는 과거 어느 때보다도 당신의 자비와 권력과 은총을 통해 드러나실 것이다. 성모 마리아는 당신의 자비로써 불쌍한 죄인과 길 잃은 자들을 집으로 데리고 와 받아주실 것이다."

✚
로마 순교록

예수 성탄 대축일 전일의 새벽 미사에서는 『로마 순교록』(Martyrologium Romanum)*에 수록되어 있는 오래되고 귀중한 글이 봉독된다. 가톨릭 교회에서는 개정판(테오도르 마스 에베르트 편집, 아이히슈테트 판)으로 나와 있는 일종의 세계 연대기를 매년 12월 24일에 낭독한다.

| 한처음에 하느님이 세상을 창조하셨다. |

"해와 땅이 생긴 지 수십억 년이 흘렀고, 땅에 생명이 움트고 사람이 살

기 시작한 지 수백만 년이 지났으며, 부족과 민족과 문화가 만들어진 지 수천 년, 아브라함이 태어난 지 2015년, 모세가 이집트에서 이스라엘 백성을 데리고 나온 지 1510년이 지났고, 다윗이 왕으로 기름부음을 받은 지 1032년, 다니엘이 예언한 지 65주간(455년)이 흘렀으며, 올림피아제가 149번 열리고, 로마가 건국된 지 752년, 옥타비아누스 아우구스투스가 통치한 지 42년이 되고, 온 세계에 평화가 가득했던 이때에 영원하신 아버지의 아드님이신 영원하신 주 예수 그리스도께서 당신의 구원의 탄생을 통해 세계를 깨끗하게 하려고 오셨다. 그분은 성령으로 잉태되시고 아홉 달 후에 유다 땅 베들레헴에서 동정녀 마리아에게서 태어나셨다. 우리는 우리 가난한 육신 안에 계신 우리 주 예수 그리스도의 탄생을 축하합니다."

* 『로마 순교록』은 이름이 알려진 6,650명 이상의 복자와 성인들의 생애 및 그들에 관한 전례 내용을 844쪽에 걸쳐 기술한 책이다. 이름을 확인하기 어렵고 정확한 수도 알기 어렵지만 그리스도교 박해 때 죽음을 당한 7,400명의 순교자들에 관해서도 기록되어 있다.

✚ 신앙이란 무엇인가

"신앙은 전례를 결정하고, 전례는 세계관을 결정하며, 세계관은 문화를 탄생시킨다." ─ 러시아의 종교철학자 파벨 알렉산드로비치 플로렌스키

"신앙은 문화의 정신적인 핵심이다." ─ 정교회 신학자 세르게이 니콜라예비치 불가코프

신앙(Kult)은 숭배, 보호, 책임을 뜻하는 라틴어 cultus에서 나왔고, cultus는 다시 colere라는 동사에서 유래했다. colere는 "경작하다, 가공하다, 살다, 자리 잡다, 염려하다, 장식하다. 보호하다, 보존하다, 드높이다, 존경하다, 경배하다. 거룩하게 여기다, 찬양하다"라는 뜻을 가지고 있다.

다른 분류에 의하면 Kult는 한 종교의 모든 전례 행위를 일컫는 상위 개념으로 쓰인다. 요제프 라칭거 추기경이 내린 정의에 따르면, Kult는 넓고 깊은 참된 의미에서 볼 때 "전례 행위를 넘어 인간의 전체 삶의 질서를 포함한다." 가톨릭 교회에서는 전례와 성사에 관한 규정과 촉진 업무를 담당하는 '경신성사성'(Congregatio de Cultu Divino et Disciplina Sacramentorum)을 두고 있다. 가톨릭 교리서에는 교회의 기도와 봉헌에 대해 다음처럼 적혀 있다. "기도와 봉헌은 그리스도가 당신의 교회 안에서, 당신의 교회를 통해 바치는 전례이다."

세계 종교의 신자 증가율

무신론은 전세계적으로 힘을 잃고 있다. 무신론자 증가율은 현재 세계 인구(65억 명) 증가율인 1.2%에 미치지 못하며, 대부분의 다른 종교 신자 증가율에도 못 미치고 있다. 기독교민주연합/기독교사회연합(CDU/CSU)의 개신교 분과에서 작성한 통계에 의하면 다음과 같다(2006년 현재).

인구 증가율을 밑도는 종교	신자 수	증가율
비종교인	7억 7,250만 명	0.2%
무신론	1억 5,160만 명	0.5%
불교	3억 8,200만 명	0.9%
유다교	1,540만 명	0.9%
인구 증가율을 웃도는 종교		
그리스도교	22억 명	1.3%
힌두교	8억 7,760만 명	1.4%
시크교	2,570만 명	1.5%
이슬람교	13억 명	1.9%

그리스도교 신자는 세계 인구의 3분의 1이다. 2025년이 되면 그 수는 26억 명에 달하여 최소한 세계 인구의 33.4%를 차지할 것으로 보인다. 이슬람교 신자들은 더 빠른 속도로 늘어나 약 3%의 증가율로 세계 인구의 22.8%(18억 명)가 될 것이다. 대륙별로 보면 여전히 유럽에 가장 많은 그리스도교 신자들(5억 3,700만 명)이 살고 있다.

✚ 이슬람 사원

독일에서 이슬람 사원의 수는 증가하는 반면 교회 수는 감소하고 있다. 2006년에 건립되었거나 건립 예정에 있는 이슬람 사원은 기존의 사원 수와 똑같은 128개이다. 독일 주교회의는 2015년까지 (낙관적으로 보더라도) 700여 개의 가톨릭 성당이 폐쇄될 것으로 추산했다. 2008년이 되면 에센 교구 한 곳에서만 100여 곳의 성당이 문을 닫을 것으로 보인다. 폐쇄에 직면한 개신교 교회 수에 대해서는 정확한 자료가 없다. 현재 독일에는 약 330만 명의 이슬람교 신자와 5,400만 명의 그리스도교 신자가 있다.

비고전적인(기도와 모임 공간으로 이용되는) 이슬람 사원 ·········· 2,660개
고전적인(미나레트와 둥근 지붕이 있는) 이슬람 사원 ············ 143개
가톨릭 성당 ·· 2만 4,500개
개신교 교회 ·························· 2만 1,000개(1994년 자료, 자유교회는 제외)

✚ 세계의 대형 교회들

높이(m)	교회	국가/도시
161.5	울름 대성당	독일, 울름
158.0	평화의 성모 대성당	코트디부아르(상아 해안), 야무수크로
157.4	성 베드로와 성모 마리아 대성당	독일, 쾰른

151.5	성모 마리아 대성당	독일, 슈트랄준트
151.0	노트르담 대성당	프랑스, 루앙
147.3	성 니콜라오 성당	독일, 함부르크
143.0	뮌스터 대성당	프랑스, 스트라스부르
137.0	슈테판 대성당	오스트리아, 빈
135.0	신 대성당	오스트리아, 린츠
133.0	베드로 대성당	바티칸, 로마

✚ 성당 이용료

오스트리아 트루마우 교구의 성당 이용료(단위: 유로)

미사 성제 예물	7
특별 미사 예물	14
혼인미사 예물	18
장례식(미사를 드리지 않고 종도 울리지 않는다)	43
장례식(미사는 드리되 종은 울리지 않는다)	63
장례식(미사를 드리고 종을 울리지만 오르간은 연주하지 않는다)	70
장례식(미사를 드리고 종을 울리고 오르간을 연주한다)	100

금주령

670년 영국의 대주교 시어도어는 성직자들의 음주로 인한 폐단을 막기 위해 징계부를 작성하지 않을 수 없었다. 그는 이렇게 권장했다. "신부가 성스러운 시편을 혀 꼬부라진 소리로 중얼거릴 정도로 술에 취하면 12일 동안 물과 빵만 먹고 지내야 한다. 수도자가 토할 정도로 술을 마시면 30일 동안 속죄해야 한다. 주교가 성체를 토할 만큼 술에 취하면 90일 동안 속죄해야 한다."

세상에서 가장 짧은 회칙

아시시의 성 프란치스코(1182~1226)는 선하고 부드러운 성품과 준엄하고 강인한 면을 동시에 가진 성인이었다. 프란치스코만큼 예수와 비슷한 인물은 없었다고 한다. 그는 갑작스러운 회심 이후 전혀 다른 방향으로 인생을 살았다.

부유한 상인의 아들이었던 프란치스코는 인생의 전반부를 매우 방탕하게 보냈다. 본인의 말대로 완전히 '죄악'에 빠져 살았던 것이다. 그러다가 그는 단번에 '회개자'가 되어 매우 가난한 생활을 하며 예수를 새롭게 맞아들였다. 그의 수도회가 세워진 곳은 산타 마리아 델리 안젤리라는 작은 교회였고, 때는 1208년 4월 15일이었다. 프란치스코는 두 명의 동료를 만났고, 그의 첫 수도회 회칙은 복음서에 있는 세 구절이었다.

첫째 회칙: "네가 완전한 사람이 되려거든, 가서 너의 재산을 팔아 가난한 이들에게 주어라. 그리고 와서 나를 따라라."— 마태 19,21
둘째 회칙: "누구든지 내 뒤를 따라오려면, 자신을 버리고 날마다 제 십자가를 지고 나를 따라야 한다."— 마태 16,24
셋째 회칙: "길을 떠날 때에 아무것도 가져가지 마라. 지팡이도 여행 보따리도 빵도 지니지 마라."— 마르 6,8

✚ 세라핌

1224년 아시시의 프란치스코가 그리스도를 만나는 신비 체험을 했을 때, 예수는 날개가 여섯 달린 천사의 모습으로 나타났다. 여섯 날개는 흔히 천사 세라핌(사랍)의 표지(標識)다. 세라핌은 천사의 아홉 품계 중 둘째 자리를 차지한다. 그래서 프란치스코는 '사랍의 성인'으로 묘사된다. 환시 중에 그리스도는 프란치스코의 몸에 당신의 다섯 상처를 새겼다. 이것이 역사상 최초로 확인된 성흔이다.

날개가 여섯 달린
세라핌의 모습

스틸리티스의 기둥

많은 은수자들이 사막의 외진 골짜기로 들어갔고, 어떤 이는 동굴로, 어떤 이는 두메산골로 들어갔다. 그러나 시메온 스틸리티스는 기둥을 고행 장소로 삼았다. 스틸리티스의 기둥은 처음에 3m였고, 나중에는 20m로 높아졌다. 이렇게 세상과 거리를 둔 곳에서 그는 비와 해를 가리지도 않고 죽는 날까지 살았다. 음식물은 바구니에 담아 끌어올렸다. 기둥 위에서 살면서도 그는 효과적으로 공적인 생활을 위해 힘을 쏟았다. 시메온은 하루에 두 번씩 순례자들에게 설교했다. 많은 이들이 그에게 조언을 구하기 위해 먼 길을 걸어왔다. 시메온은 5세기에 시리아에서 극단적인 주상(柱上) 고행 운동의 창시자가 되었고, 이 운동은 비잔틴 제국 밖으로 확산되었다. 기둥이 부족해지자 고행자들은 방법을 바꾸어 나무 위에 올라가거나 무거운 사슬을 몸에 감고 생활하기도 했다.

예수에 관한 책

현재 전세계의 서점에는 예수에 관해 17만 5,000종에 이르는 책들이 500개 언어로 출간되어 있다. 검색 사이트 구글에서 '예수'를 검색하면

2억 1,600만 개의 항목이 뜬다. 인터넷 서점 '아마존'에는 예수를 제목으로 단 책이 약 4,800권 있다. 그중 몇 가지를 뽑으면 다음과 같다.

『의료 주술사 예수』
『선(禪)의 교사 예수』
『심리치료사 예수』
『바그완 예수』
『날조된 예수』
『미지의 예수』

『잘못 알려진 예수』
『웃으시는 예수』
『예수의 어두운 일면』
『예수는 카시미르에서 죽었다』
『예수는 카시미르에서 죽지 않았다』
『예수는 할리우드로 갔다』

산상 설교

마태오 복음서(5,1-7,29)에 적힌 참행복은 예수의 산상 설교를 요약한 것이다. 숭고한 사상을 이처럼 쉬운 말로, 그것도 이와 같은 수사력으로 표현한 기술은 그 어디에서도 찾아볼 수 없다.

"예수님께서는 그 군중을 보시고 산으로 오르셨다. 그분께서 자리에 앉으시자 제자들이 그분께 다가왔다. 예수님께서 입을 여시어 그들을 이렇게 가르치셨다.

  1 행복하여라, 마음이 가난한 사람들
     하늘나라가 그들의 것이다.
  2 행복하여라, 슬퍼하는 사람들
     그들은 위로를 받을 것이다.

3 행복하여라, 온유한 사람들
그들은 땅을 차지할 것이다.
4 행복하여라, 의로움에 주리고 목마른 사람들
그들은 흡족해질 것이다.
5 행복하여라, 자비로운 사람들
그들은 자비를 입을 것이다.
6 행복하여라, 마음이 깨끗한 사람들
그들은 하느님을 볼 것이다.
7 행복하여라, 평화를 이루는 사람들
그들은 하느님의 자녀라 불릴 것이다.
8 행복하여라, 의로움 때문에 박해를 받는 사람들
하늘나라가 그들의 것이다."

✚ 수사학의 대가 예수

"정녕 너희 바리사이들은 잔과 접시의 겉은 깨끗이 하지만, 너희의 속은 탐욕과 사악으로 가득하다. 어리석은 자들아, 겉을 만드신 분께서 속도 만들지 않으셨느냐? (…) 너희는 불행하여라! 너희가 드러나지 않는 무덤과 같기 때문이다. 사람들이 그 위를 밟고 다니면서도 무덤인 줄을 알지 못한다. 너희가 지식의 열쇠를 치워 버리고서, 너희 자신들도 들어가지 않고 또 들어가려는 이들도 막아 버렸기 때문이다." — **루카 11,37-54**

✝ 신앙의 변호인

세네카: "인간이 확신하는 것의 대부분은 신앙을 통해 아는 것들이다."

쇼펜하우어: "세계를 완전히 이해할 수 있다고 생각하는 사람만이 이 신앙(불가사의한 초자연적 현상에 대한 믿음)을 비웃을 수 있다. 그러나 그렇게 하는 사람은 지극히 피상적인 시각으로 세상을 보는 사람이고, 우리가 오묘하고 이해할 수 없는 바다에 빠져 있음을 알지 못하는 사람이다."

파스칼: "최고로 발전한 이성이라면 세상에는 아직 이해할 수 없는 것이 많음을 깨달을 것이다. 만일 깨닫지 못한다면 그 이성은 지극히 허약한 이성이다."

라이프니츠: "불가사의는 우리의 이성을 넘어선다. 우리의 정신이 자연의 힘으로 발견하는 인식 속에 없는 진실을 보여주기 때문이다. 그러나 불가사의는 우리의 이성과 배치되지 않으며 우리가 논리를 통해 도달하는 그 어떤 진실과도 모순되지 않는다."

캔터베리의 성 안셀모: "신앙이라는 양식을 더 많이 섭취할수록 우리의 지성은 더욱 풍부하게 채워진다."

키케로: "하느님이 존재한다는 사실은 너무도 자명하다. 그렇기에 나는 그를 부정하는 사람의 건전한 이성을 의심한다."

시편 13장: "어리석은 자 마음속으로 '하느님은 없다' 말하네."

프랑스의 라 브뤼에르: "하느님의 존재와 영혼의 불멸성을 부정한 사람 중에 분별 있고 절제 있고 정의롭고 순결한 사람이 있었는지 알고 싶다. 그런 사람은 최소한 편견이 없을 것이다. 하지만 그런 사람은 존재하지 않는다."

수호성인

성인은 위로자요 조력자요 사람을 하느님과 이어주는 중개자이다. 순례지 교회에 바쳐진 수많은 봉헌 예물들은 이들의 도움으로 실현된 치유와 기도의 응답에 대해 말해준다. 사람들은 9세기부터 14인의 유명 구난 성인들을 공경하고 그들의 도움을 청해 왔다. 전설에 따르면 이들은 죽기 전에 하느님께 전구의 은총을 청했고 실제로 받아들여졌다고 한다.

아카치오 Achatius	죽음의 공포와 절망
에지디오 Aegidius	참된 속죄
바르바라 Barbara	임종하는 사람들의 수호성녀
블라시오 Blasius	인후통, 죽음의 공포
크리스토포로 Christophorus	불시의 죽음
치리아코 Cyriacus	죽는 순간의 시련
디오니시오 Dionysius	두통

에라스모 Erasmus	복통
에우스타키오 Eustachius	인생의 시련기
제오르지오 George	가축의 전염병
가타리나 Katharina	혀의 질병과 언어 장애
마르가리타 Margareta	산모
판탈레온 Pantaleon	의사들의 수호성인
비토 Vitus	간질

✚ 동물과 직업과 질병의 수호성인

| 동물 |

꿀벌	성 암브로시오, 성 베르나르도
나귀	성 안토니오
가금류	성 빈첸시오
거위	성 마르티노
조류	킬데어의 성녀 브리지다
닭	성 갈로
개	잘츠부르크의 성 루페르토
암소	킬데어의 성녀 브리지다
양	성 요한 세례자
말	성 안토니오
소	성 고르넬리오
암양	성 요한 세례자

| 직업 |

유모, 산파 ·· 성녀 아가타
예술가 ··· 순교자 성 제오르지오
경매인 ··· 투르의 성 마르티노
붕대 제조인 ··· 마스트리히트의 성 람베르토
사절 ·· 성 가브리엘 대천사
세탁소 여직원 ··· 성 라우렌시오
귀족의 집사 ··· 성 아델렐모
도량형 검정관 ··· 성 미카엘 대천사
주철공 ··· 성 세바스티아노
식초 제조인 ··· 주님 봉헌 축일의 성모 마리아
매사냥꾼 ·· 성 트리폰
줄 제조인 ·· 성 보니파시오(빈프리트), 성 테오도시오
구두 수선공 ··· 복자 테오발도 로제리
환전상 ··· 성 마태오
짐꾼 ·· 성 아퀼리노
울타리 제조인 ··· 성 피아크리오
벨트 제조인 ··· 투르의 성 마르티노, 프로뱅의 성 테오발도
도공 ·· 성 플로리아노
건초 일꾼 ·· 성 제르바시오, 성 프로타시오
익살꾼 ··· 성 필립보 네리
극장주 ··· 성 요한 세례자
상자 제조인 ··· 성 피아크리오
단추 제조인 ··· 성 그레고리오 1세
술 창고지기 ··· 성 바르나바

화장실 청소인	성 율리오 1세
상여꾼	성 세바스티아노
양초 제조인	주님 봉헌 축일의 성모 마리아
임대 마차 마부	성 페레그리노 라치오시
조종사	성 크리스토포로
돗자리 세공인	테베의 성 바오로
야간 경비원	알칸타라의 성 베드로
바늘 제조인	라벤나의 성 아폴리나리스
항법사	십자가의 성 요한 요셉 칼로시르토
그물 제조인	성 베드로
제지 공장주	성 요한
교황	성 베드로
분말 제조인, 향유 제조인	성녀 마리아 막달레나
비누 제조인	성 플로리아노
낙농가	카바르냐의 성 우구초
윤리학자	성 알폰소 마리아 데 리구오리
카드 제조인	성 발타사르
문지기	성녀 루치아
저울 제조인	성 미카엘 대천사
물 지게꾼	성 안드레아
바느질 수선인	성녀 베로니카
우주 비행사	쿠페르티노의 성 요셉

| 질병 |

후두염	성 수이트베르토

알콜 중독	성 요한 세례자
복통	성녀 안나
다리 통증과 관절통	멜데르트의 성 에르멜린디스
실명	앙제의 성 알비노
하혈	시에나의 성 베르나르디노
흉통	성녀 안나
설사	오세르의 성 제르마노
간질	성 베드로
열병	성 아달하르도, 카타니아의 성녀 아가타
담석증	누르시아의 성 베네딕토
청력 이상	성 루이 9세
황달	클뤼니의 성 오딜로
성병	성녀 레지나
사지 절단과 골절	성 스타니슬라오 코스트카
요실금	성 제르바시오, 성 프로타시오
심장병	아빌라의 성녀 데레사
요통	성 라우렌시오
좌골 신경통	소렌토의 레나토
기침	성 시노, 성녀 발부르가
히스테리	성 비토
좌골 신경통	성 라우렌시오
무릎 통증	성 간굴포
산통	팔레스트리나의 성 아가피토
두통	성 아카치오
암	모뵈주의 성녀 알데군다, 성 베아토

폐병	시에나의 성 베르나르디노
위병	성녀 에메렌시아나
편두통	알렉산드리아의 성녀 가타리나
신경통	성 바르톨로메오, 성 고르넬리오
신장 결석	라벤나의 성 아폴리나리스
귓병	성 고르넬리오, 성 펠릭스, 성 나보르
류머티즘	뷔르츠부르크의 성 부르카르도
등의 통증	성 식스토 2세, 성 토마스
뇌졸중	성 볼프강
코감기	수비아코의 성 마우로, 성 시노
어깨 통증	타미스의 성녀 아말베르가
늑간 신경통	성 스테파노
청력 상실	로마의 성녀 에우제니아
발작	아우크스부르크의 성 울다리코
부인병	투르의 성 브리시오
정신착란	성 에브룰포
치통	성녀 아폴로니아, 성 크리스토포로

✚
기도와 계율과 성사에 관련된 수

영혼의 세 가지 적: 세상, 악마, 육신.

그리스도교 신자의 세 가지 향주덕(向主德): 믿음, 소망, 사랑.

네 가지 기본 덕목(사추덕 四樞德) : 예지, 정의, 용기, 절제.

가톨릭 교회의 여섯 가지 법규
1 모든 주일과 축일에 미사에 참례해야 한다.
2 정해진 날에 금식재와 금육재를 지켜야 한다.
3 적어도 1년에 한 번 고해성사를 받아야 한다.
4 적어도 1년에 한 번 부활 시기에 영성체를 해야 한다.
5 혼인에 관한 교회의 법을 지켜야 한다.
6 교회 유지비를 부담해야 한다.

일곱 가지 대죄 : 교만, 인색, 음욕, 분노, 탐욕, 질투, 나태.

일곱 성사 : 세례성사, 견진성사, 성체성사, 고해성사, 병자성사, 성품성사, 혼인성사.

성령의 일곱 은혜 : 슬기(지혜), 깨달음(통찰), 일깨움(의견), 굳셈(용기), 앎(지식), 받듦(공경), 두려워함(경외).

일곱 가지 물질적인 자선 행위
1 굶주린 사람에게 먹을 것을 주는 것.
2 목마른 사람에게 마실 것을 주는 것.
3 헐벗은 사람에게 입을 것을 주는 것.
4 낯선 사람에게 방을 내어주는 것.

5 옥에 갇힌 사람을 구해주는 것.
6 아픈 사람을 방문하는 것.
7 죽은 사람을 묻어주는 것.

일곱 가지 영적인 자선 행위
1 의심하는 사람에게 충고하는 것.
2 무지한 사람을 가르치는 것.
3 죄인을 바른 길로 인도하는 것.
4 슬퍼하는 사람을 위로하는 것.
5 내가 받은 불의를 용서하는 것.
6 귀찮은 사람을 인내로 참아내는 것.
7 산 사람과 죽은 사람을 위해 기도하는 것.

'주님의 기도'의 일곱 가지 청원
하느님에 대한 호칭 : 하늘에 계신 우리 아버지,
첫째 청원 : 아버지의 이름이 거룩히 빛나시며
둘째 청원 : 아버지의 나라가 오시며
셋째 청원 : 아버지의 뜻이 하늘에서와 같이 땅에서도 이루어지소서.
넷째 청원 : 오늘 저희에게 일용할 양식을 주시고

다섯째 청원: 저희에게 잘못한 이를 저희가 용서하오니 저희 죄를 용서하시고
여섯째 청원: 저희를 유혹에 빠지지 않게 하시고
일곱째 청원: 악에서 구하소서.
아멘.

✚ 화살기도

아빠, 아버지
하느님 감사합니다.
저의 모든 것 되시는 하느님.
저의 주님 되시는 하느님.
하느님, 이 죄인에게 자비를 베푸소서.
저의 예수님, 불쌍히 여기소서.
거룩하신 삼위일체를 찬미하나이다.
예수 성심, 우리를 불쌍히 여기소서.
아버지, 제 뜻대로 마시고 아버지의 뜻대로 하소서.
하느님의 아들 주 예수 그리스도님, 저를 불쌍히 여기소서.

성경 속의 식이요법

모세가 산에서 가지고 내려온 율법에는 십계명만 담겨 있지 않았다. 작은 글씨로 쓰인 율법서에서 우리는 하느님의 백성이 언제 무엇을 어떻게 먹어야 하는지를 읽을 수 있다. 레위기에는 이렇게 적혀 있다. "이스라엘 자손들에게 이렇게 일러라. '너희는 소나 양이나 염소의 굳기름은 어떤 것이든 먹어서는 안 된다. 죽은 짐승의 굳기름이나 맹수에게 찢긴 짐승의 굳기름은 어떤 일에나 쓸 수 있다. 그러나 그것을 먹어서는 결코 안 된다.(…)'"(레위 7,23-27) 규정은 세세한 부분까지 이어진다. 가령 어떤 음식에 어떤 도구를 써야 하고 그릇은 어떻게 씻어야 하는지도 나와 있다. 현대의 영양학자들은 구약 성경의 여러 섭생 규정이 선견지명이라고 극찬한다. 성경은 부정한 짐승, 피, 굳기름, 썩은 짐승의 시체처럼 절대로 먹지 말아야 할 음식뿐만 아니라 적극 권장할 만한 음식도 열거한다. 거기에는 현대 영양학의 관점에서 볼 때도 건강한 섭생의 근간이 되는 음식들이 거명되어 있다.

1 굽이 갈라지고 그 틈이 벌어져 있으며 새김질하는 짐승 중에서 정결하고 기름이 없는 것.(레위 11,2-3)
2 지느러미와 비늘이 있는 물고기.(레위 11,9; 신명 14,9)
3 오이, 수박, 부추, 파, 마늘.(민수 11,5)
4 포도와 포도주.(신명 8,7-9; 요한 15)
5 밀, 보리, 포도주, 무화과, 석류, 올리브기름, 꿀.(신명 8,8)
6 건포도와 사과.(아가 2,5)
7 빵.(탈출 12; 에제 4,9)

8 누에콩.(에제 4,9)
9 꿀, 유향, 편도, 호두.(창세 43, 11)
10 암소와 양과 염소에서 나온 버터와 우유.(이사 7,15-22)

| 하느님이 권하는 식단은 이상적인 식이요법이다 |

고기와 단것은 한 달에 3~4회 섭취하라.
달걀, 조류, 물고기, 치즈, 요구르트, 우유는 일주일에 3~4회 섭취하라.
과일, 야채, 콩과식물, 호두, 샐러드, 올리브기름, 빵, 곡류는 날마다 섭취하라.

금식 규정

독일 주교회의는 1986년에 로마 교회법에 따라 이렇게 결정했다. 만 21세부터 60세까지의 모든 가톨릭 신자는 금식재를 의무적으로 지켜야 한다. 의무에서 면제되는 사람은 신체적 허약, 가난, 중노동으로 인하여 금식할 경우 건강에 심각한 지장이 초래되는 사람이다.

가톨릭 교회에서 정한 의무적인 금식일은 재의 수요일과 성 금요일 이틀뿐이다. 이 두 날에는 금식재만이 아니라 금육재(고기를 먹지 않는 것)도 지켜야 한다. 한 끼 식사와 경우에 따라서는 두 끼의 가벼운 음식물 섭취는 허용된다. 금육재는 속죄일, 즉 연중 모든 금요일에(대축일과 겹치지 않을 경우) 지켜야 한다.

식사 규정

성 베네딕토는 수도회의 형제들을 위한 식사 규정에서 네 발 짐승을 먹는 것만을 금지했기 때문에 새고기는 어떻게 해석해야 할지 의견이 분분했다. 9세기에 풀다 수도원의 유명 수도원장이었던 라바누스 마우루스는 모든 종류의 새고기 섭취를 이런 주장으로 정당화했다. 새는 물고기로 보아야 한다. 새는 물고기가 만들어진 날에 창조되었고 물고기와 똑같이 물에서 나왔기 때문이다. 그리하여 수도자들은 마침내 닭을 먹을 수 있는 공식적인 허락을 받았다.

클뤼니 수도원의 몰락

11세기에 프랑스의 클뤼니 수도원은 여러 수도원들의 중심지였다. 베네딕토회 수도자들의 정신적인 등불이던 클뤼니 수도원 연합은 유럽에 1,000여 개의 수도원을 두고 총 1만여 명의 수도자들을 거느렸다. 12세기까지는 베네딕토회의 규율을 엄수했으나 그 후 여러 변화를 거치면서 클뤼니 수도원의 규율은 약화되었다. 종교적인 축제도 수없이 많이 열렸다. 그럴 때면 언제나 풍성한 식탁이 차려졌다. 심지어 수도원 주방에 소금 관리인까지 고용하고 있었다. 자신이 세운 시토회 수도자들과 함께 엄격한 회칙을 지키면서 단순한 삶을 살았던 클레르보의 성 베르나르도는 『기욤에게 보내는 변명서』에서 클뤼니 수도원의 풍습에 대해 이렇게 적었다. "식사 때가 되면 하찮은 수다와 웃음소리와 알맹이 없는 이야기들이 실내 분위기를 가득 메운다. 배가 고픈 목구멍으로는 탐욕스럽게 음식을 삼키고, 귀로는 쓸데없는 이야기들을 열심히 듣는다. 끊임없이 대접이 나오고 멀리하는 고기 대신 재빨리 풍성한 생선 요리가 두 배로 차려진다." 결국 클뤼니 수도원은 몰락의 상징이 되었고 지금은 폐허만이 한때의 영광을 말해주고 있다.

✛ 케이크 레시피

성경에는 하느님께서 예언자 에제키엘에게 두루마리를 주어 먹게 하신 이야기가 나온다. 그 두루마리는 에제키엘의 입에서 꿀처럼 달았다. 마인츠 교구의 주부들이 조합해 놓은 아래와 같은 성경 속 수수께끼를 풀어보면 케이크가 만들어져 나온다. 케이크 재료는 성경 각 절에 숨어 있다. 예를 들어, '250g 잠언 30,33'은 잠언 30장 33절에 나오는 재료를 말한다. "우유를 누르면 버터가 나오고…", 다시 말해 버터 250g이라는 뜻이다.

| 재료 |

250g 잠언 30,33
2술 판관 14,18(시구의 첫 줄)
4.5술 1열왕 5,2
2술 1사무 30,12(둘째 재료)
3/4술 1코린 3,2
2술 나훔 3,12

1술 민수 17,23

6조각 예레 17,11(자고새를 통째로 말하는 것이 아님!)

한 줌 마태 5,13

4~5찻술 예레 6,20(둘째 재료: 식성에 따라 조절)

3찻술 베이킹파우더(아쉽게도 성경에는 나오지 않음)

| 요리법 |

밀가루 반죽: 잠언 23,14(첫째 구절)

굽는 시간: 중간 온도로 판관 10,4(2~3개의 수를 합할 것)

상차림: 루카 14,12-14

✚ 가르멜 수도원의 생명수

몇몇 수도원에서 만든 약제들은 그 조제법과 색깔과 신비의 약효에 힘입어 세계적인 명성을 얻었다. 유명한 것으로는 가르멜 수도회에서 만든 가르멜 액 또는 멜리사 액, 마리아회에서 만든 수백 년 전통의 '아케버스', 클로스터프라우에서 나온 약초 증류액과 녹색의 에메랄드 워터가 있다. 카르투지오회에서 만든 노랑과 녹색의 약초주는 수도회(1084년에 창설됨)의 이름을 딴 '샤르트뢰즈'라는 상표로 20세기 초에 유럽 살롱에서 유행 음료가 되기도 했다. 가톨릭 교회에서 가장 엄격한 수도회인 카르투지오회 수도자들은 그로부터 300년 전에 연금술 비밀문서를 해독하여 전설의 '오드비', 즉 '생명의 물'의 조제법을 알아내었다. '엘릭시어 베제탈'이라고 불린 이 생명수는 약 120가지의 천연 원료를 배합하여 만든 신비의 물이다. 오늘날에도 세 명의 수도자만이 그 구성 원리의 비밀을 전수받고 있는데, 최현대식 실험 방법을 동원하여 재료의 혼합 원리를 알아내려고 해도 성공한 경쟁자는 아직 없다. 리파트란 소네의 성녀 가타리나 도미니코회 수녀들은 약초와 과일을 이용한 실험을 통해 장수의 영약을 제조했다.

| 원료 |

알코올 함량 60%의 술 1ℓ, 대황(大黃) 5g, 알로에 30g

엔치안 5g, 사프란 팅크제 25g

| 조제법 |

재료를 모두 섞어 병에 넣고 약 4주 동안 담아 둔다. 오래 살고 싶은 사람은 매일 2~3 수저를 마신다.

거룩한 약초들

수도원의 의술은 자연의학이었다. 수도자들은 고대 저술을 공부하고 약초들을 폭넓고 면밀하게 관찰하여 개개 식물의 효능에 대해 지식을 쌓았다.

아르니카(Arnica montana) : 하느님의 모친 마리아의 꽃인 아르니카는 민간 의학에서 최고로 꼽는 약용 식물이다. 쓴 성분에 염증을 막는 효능이 있다.

안젤리카(Angelica archangelica = 구리때) : 전설에 의하면 14세기에 대천사 라파엘이 페스트를 막는 약용 식물로 인간에게 주었다고 한다. 안젤리카 차는 위장과 대장 활동을 돕는다. 오늘날에도 베네딕토회와 카르투지오회 수도자들은 안젤리카에서 얻은 향유를 술에 넣어 마신다.

세인트존스워트(Hypericum perforatum = 제절초, 성 요한의 약초) : 성 요한 세례자의 이름을 따왔다. 꽃잎을 문지를 때 나오는 검붉은 즙은 머리가 잘려 순교한 요한의 피라는 전설이 있다. 상처, 류머티즘, 신경과민 치료에 쓰인다.

금련화, 한련(Tropaeolum majus) : 비타민 C가 풍부하여 자연 항생제로 쓰이고 저항력을 높여준다.

샐비어(Salvia officinalis) : '구원한다'라는 뜻의 라틴어 salvare에서 이름을 얻었다(그리스도=구세주). 고대부터 영원한 생명의 상징으로 꼽혔다. 빙엔의 성녀 힐데가르데에 의하면 신체의 나쁜 액을 빨아들인다고 한다.

샐비어

✚ 최후의 만찬

레오나르도 다 빈치의 그림으로 유명한 〈최후의 만찬〉에서 예수는 사도들과 함께 유다인의 파스카 축제 전날 밤에 파스카 식사, 즉 과월절 만찬을 했다. 음식이 차려졌던 예루살렘 구시가지의 예수님 추종자의 집 이층 방은 지금도 구경할 수 있게 되어 있다. 파스카 축제 때면 전통적으로 그랬듯이, 이날도 둥글납작한 빵과 붉은 포도주와 양고기와 쓴

나물이 준비되었다. 최후의 만찬을 묘사한 오래된 그림을 보면 참석자들이 반원형 식탁에 둘러 앉아 있고, 예수는 이례적으로 가운데가 아니라 당시로서는 상석인 왼쪽 가장자리에 앉아 있다. 마태오 복음서에는 이렇게 적혀 있다. "저녁때가 되자 예수님께서 열두 제자와 함께 식탁에 앉으셨다." 예수는 먼저 임박한 배신을 예고하여 제자들을 놀라게 했다. 그리고 저녁 식사가 시작되었다. 예수는 둥글납작하고 부드러운 빵을 들고 찬미의 기도를 드린 다음 그것을 떼어 제자들에게 나누어 주시며 역사상 사람들 입에 가장 자주 회자되는 축성의 말을 한다. "받아 먹어라. 이는 내 몸이다." 예수는 다시 붉은 포도주가 담긴 잔을 들고 감사의 기도를 드린 후 제자들에게 돌리며 말했다. "모두 이 잔을 마셔라. 이는 죄를 용서해 주려고 많은 사람을 위하여 흘리는 내 계약의 피다." 제자들이 준비한 '파스카 양'(루카 22,7)도 차려졌을 것이다. 제자들 사이에서는 누가 배신자이고 누구를 가장 높은 사람으로 보아야 하는지를 놓고 격렬한 말다툼이 벌어졌다. 예수는 이렇게 중재했다. "민족들을 지배하는 임금들은 백성 위에 군림하고, 민족들에게 권세를 부리는 자들은 자신을 은인이라고 부르게 한다. 그러나 너희는 그렇게 해서는 안 된다. 너희 가운데에서 가장 높은 사람은 가장 어린 사람처럼 되어야 하고 지도자는 섬기는 사람처럼 되어야 한다. 누가 더 높으냐? 식탁에 앉은 이냐, 아니면 시중들며 섬기는 이냐? 식탁에 앉은 이가 아니냐? 그러나 나는 섬기는 사람으로 너희 가운데에 있다."(루카 22,24-27)

✚ 가난한 라자로

예수의 비유(루카 16,19-30)에 의하면, '가난한 라자로'는 이승에서 가난과 질병에 시달리다가 저승에서 위로받는 사람의 상징이다. 반면에 그의 대립 인물인 '부자'는 불길이 타오르는 지옥에서 고통을 받는다. 가난한 라자로는 이승의 삶에서 나병에 시달렸기 때문에 욥처럼 나병을 치료하는 병원의 수호성인이 되었고 나중에는 모든 병원의 수호성인이 되었다. 병원을 일컫는 이름 'lazaretto'는 라자로의 이름에서 생겨났다.

✚ 베드로 헌금

8세기로 거슬러 올라가는 베드로 헌금(Denarius Sancti Petri)은 영국의 그리스도교 신자들이 고안한 제도이다. '성 베드로의 은화'(공식 명칭은 Obulus Denarius Census Sancti Petri)라는 뜻의 베드로 헌금은 사도 성 베드로와 성 바오로 대축일(6월 29일)에 드리는 미사의 예물을 말한다. 이 날 전세계의 교구에서 모아진 헌금은 교황청의 자선활동 후원을 위해 로마로 보내지며, 그 액수는 매년 약 1억 유로에 달한다.

✚ 회의론자를 위한 반론

어느 날 랍비에게 계몽주의자가 찾아왔다. 계몽주의자는 유식한 학자였다. 그는 랍비에게 신앙의 진리란 존재하지 않으며, 신앙은 시대에 뒤떨어진 과거의 유물이라는 점을 증명할 생각이었다. 방에 들어섰을 때 그는 랍비가 손에 책을 들고 생각에 잠겨 이리저리 서성이는 것을 보았다. 랍비는 계몽주의자에게 신경도 쓰지 않았다. 그러더니 얼마 후 그는 멈춰 서서 계몽주의자를 흘끗 보며 말했다. "그 말이 맞을지도 모르지요." 그것이 전부였다. 학자는 무릎을 비틀거리며 도망치듯 랍비의 집을 떠났다.

✚ 처음

"한처음에 하느님께서 하늘과 땅을 창조하셨다. 땅은 아직 꼴을 갖추지 못하고 비어 있었는데, 어둠이 심연을 덮고 하느님의 영이 그 물 위를 감돌고 있었다. 하느님께서 말씀하시기를 '빛이 생겨라' 하시자 빛이 생겼다."— **성경 첫 권인 창세기의 첫 구절**

"한처음에 말씀이 계셨다. 말씀은 하느님과 함께 계셨는데 말씀은 하느님이셨다. (…) 모든 것이 말씀을 통하여 생겨났고 말씀 없이 생겨난 것은 하나도 없다."— **요한 복음서의 첫 구절**

"세상의 통치자들아, 정의를 사랑하여라. 선량한 마음으로 주님을 생각하고 순수한 마음으로 그분을 찾아라! 주님께서는 당신을 시험하지 않는 이들을 만나 주시고 당신을 불신하지 않는 이들에게 당신 자신을 드러내 보이신다."— **지혜서의 첫 구절**

"하느님은 사랑이십니다."(Deus caritas est.) — **새 천년의 첫 교황 베네딕토 16세의 첫 회칙의 첫 구절**

✚ 천지창조의 일곱 날

성경의 제1권인 창세기에 따르면 하느님은 '처음에' 하늘과 땅을 창조하셨다. 땅은 꼴을 갖추지 못하고 비어 있었고 어둠이 '심연'을 덮고 있었다. 하느님의 영만이 그 물 위를 감돌았다. 이제 하느님이 만물을 창조하시는 일곱 날이 시작되었다.

첫날: 빛
이튿날: 궁창
사흗날: 땅, 바다, 풀, 과일나무
나흗날: 해, 달, 별
닷샛날: 바다 생물, 새
엿샛날: 육지 동물, 남자와 여자
이렛날: 안식

십계명

당신은 십계명 중 몇 개나 알고 있는가?

1. 나는 너의 주 하느님이다. 너에게는 나 말고 다른 신이 있어서는 안 된다.
2. 주 너의 하느님의 이름을 부당하게 불러서는 안 된다.
3. 안식일을 지켜 거룩하게 하여라.
4. 아버지와 어머니를 공경하여라. 그러면 너는 주 너의 하느님이 너에게 주는 땅에서 오래 살고 잘될 것이다.
5. 살인해서는 안 된다.
6. 간음해서는 안 된다.
7. 도둑질해서는 안 된다.
8. 이웃에게 불리한 허위 증언을 해서는 안 된다.
9. 이웃의 아내를 탐해서는 안 된다.
10. 이웃의 재산은 무엇이든지 욕심내서는 안 된다.

시편 1장

성공한 삶은 언제 오는가? 어떻게 살아야 올바른 삶인가? 지난 세대들이 이 세상 여행길의 안내자처럼 이용한 성경 시편 제1장에 '올바른 길과 잘못된 길'이라는 길잡이가 될 만한 제목이 달린 것도 우연은 아니다.

행복하여라,
악인들의 뜻에 따라 걷지 않고
죄인들의 길에 들지 않으며
오만한 자들의 자리에 앉지 않는 사람,
오히려 주님의 가르침을 좋아하고
그분의 가르침을 밤낮으로 되새기는 사람,
그는 시냇가에 심겨 제때에 열매를 내며
잎이 시들지 않는 나무와 같아
하는 일마다 잘되리라.
악인들은 그렇지 않으니
바람에 흩어지는 겨와 같아라.

✚
성경 속의 동물

성경에서 가장 많이 언급되는 열 가지 동물은 다음과 같다.

1. 양	200번	2. 어린양(새끼 양)	188번
3. 사자	176번	4. 소	166번
5. 숫염소	165번	6. 말	164번
7. 황소	152번	8. 나귀	150번
9. 염소	138번	10. 낙타	62번

기적의 변호인

기적은 눈에 보이는 자연에서 일어나는 예사롭지 않은 현상이며 하느님의 전능이 직접 만들어낸 작품이다. 신앙적으로 볼 때 기적은 자연법칙에 위배되는 것이 아니라 예외적인 현상으로서 자연법칙 위에 서 있다.

루소: "진지하게 생각하면 하느님이 기적을 일으킬 수 있느냐는 물음은 그 자체로 엉뚱한 것이 아니라면 하느님을 부인하는 일이다. 이 물음에 아니라고 답하는 사람을 벌하면 그에게 너무 큰 영광을 안기는 것이다. 그런 사람은 차라리 정신병원으로 보내는 것이 낫다. 하느님이 기적을 일으킬 수 있다는 사실을 과연 누가 부인한 적이 있는가?"―『산에서 보내는 편지 3부』

존 스튜어트 밀: "나는 자연 현상 중에서 인과법칙을 제외하고는 그 어떤 항상성의 법칙도 인정하지 않는다. 기적은 인과법칙의 예외 현상이 아니다."―『연역과 귀납 논리학 체계』

성 아우구스티노: "우리는 흔히 기적이 자연을 거스른다고 말한다. 맞지 않는 말이다. 하느님의 의지로 생겨난 것이 어떻게 자연을 거스르겠는가? 창조주의 의지는 창조된 모든 사물에 본연의 자연을 정해놓지 않았는가? 기적은 자연을 거스르는 것이 아니라 우리의 자연 인식을 거스르는 것이다."―『신국론』

✚ 기적을 인정받는 일곱 가지 기준

시복과 시성 절차를 담당하는 로마 교황청 시성성 문서국에는 서류가 산더미처럼 쌓여 있다. 1588년부터 1982년까지 접수된 것 중 심사가 완료되지 않은 문서만 1만 5천여 권에 달한다. 심의 절차에는 많은 노력과 시일이 소요된다. 시복이나 시성 절차를 시작하려면 우선 해당자가 거룩한 삶을 살고 타계한 뒤 그에 대한 공경심이 남다른 교구에서 고인이 남긴 모든 글(강론집, 편지, 일기, 잡지 기고문, 저술, 방송과 TV 원고 등)을 취합해야 한다. 이와 동시에 신자들은 시복 및 시성 대상자에 대해 긍정적으로 증언하거나 이의를 제기하도록 요청받는다. 특히 시복 및 시성 대상자의 치유의 기적이 인정되려면 교황 베네딕토 14세(+1758)가 교황 선출 전에 저술한 4권짜리 책 『하느님의 종들의 시복과 시복자들의 시성에 관하여』(De servorum Dei beatificatione et beatorum canonisatione)(볼로냐, 1734/38)에 명시된 일곱 가지 기준(제4권, 8장)을 충족시켜야 한다.

1 치료가 불가능하거나 적어도 어려운 중병이어야 한다.
2 질병이 이미 사라진 뒤에 치유되어 치유 후 어차피 질병이 나타나지 않는 상태이어서는 안 된다.
3 어떤 약제도 복용하지 않았어야 하며, 만일 약제를 복용했을 때는 그 약효가 없다는 것이 증명되어야 한다.
4 치유가 갑작스럽고 순간적으로 일어나야 한다.
5 치유가 완전해야 한다.
6 치유 전에 어떤 특정한 수단에 의하여, 또는 일정한 시각에 예기치

않았던 위기가 발생하지 않았어야 한다. 이 경우의 치유는 기적이라고 할 수 없고, 치유의 전부 또는 일부가 자연적으로 설명 가능하다고 할 수 있다.

7 치유 후 해당 질병이 재발하지 않아야 한다.

✚
시성 절차

기적은 가톨릭 신앙에서 결코 하찮은 일이 아니라 하느님의 신비를 드러내는 본질적인 현상이다. 그리스도의 출현 자체가 인간의 평범한 잣대로는 설명하기 힘든 기적이다. 기적은 세상을 떠난 인물이 '영광의 제단'에 오르기 위해, 즉 시성되기 위해 필요한 조건이다.

시성 절차는 대단히 까다롭고 복잡하며 많은 노력과 시간이 투입된다. 시성의 기초는 시성 대상자의 소속 교구 법정이나 로마의 시성성에서 선서한 증인들이 참석하여 진행되는 재판이다. 시복 후에 시성 대상자의 전구를 통해 의심의 여지없는 기적이 두 가지 이상 일어난 것으로 확인되면 본격적인 시성 절차를 시작할 수 있다. 심의 서류에는 시성 대상자의 '이력서'와 '기적 서류'를 첨부해야 한다. 이때 처음부터 의사가 투입되어 기적으로 인해 대부분 갑작스럽게 완치된 질병이 의학적으로 설명 불가능한 것임을 확인해야 하다. 그 밖에 '악마의 변호인'이라고 불리는 반대자(검사)가 등장하는데, 그는 오직 시성에 대해 비판적인 이의를 제기하는 역할만 맡는다. 시성 소송의 전거가 되는 고전 문서는 교황 베네딕토 14세가 펴낸『하느님의 종들의 시복과 시복자의 시성에 관하여』이다. 이 규정은 요한 바오로 2세의 1983년 2월 26일부 교황령 『완덕의 천상 스승』(Divinus perfectionis magister)에 의해 수정되었다.

✚
성모의 일곱 가지 고통

'성모의 일곱 가지 고통'은 6세기경 동방교회에서 발전되었다. 처음에는 다섯 가지를 기념하였으나 15세기에 일곱 가지로 정해졌다. 1913년부터 9월 15일을 통고의 복되신 동정 마리아 기념일로 지냈다.

첫째 고통 ················· 시메온의 예언을 듣다.
둘째 고통 ················· 이집트로 피신하다.
셋째 고통 ········· 성전에서 열두 살의 예수를 잃다.
넷째 고통 ········· 십자가의 길에서 예수를 만나다.
다섯째 고통 ············ 예수가 십자가에 못 박히고
　　　　　　　　　　창에 찔리고 십자가에서 내려지다.
여섯째 고통 ············· 예수의 시신을 팔에 안다.
일곱째 고통 ··················· 예수를 무덤에 묻고
　　　　　　　　　　외롭게 눈물을 흘리다.

✚ 성모의 일곱 가지 기쁨

'성모의 일곱 가지 기쁨'은 성 프란치스코 수도회에서 발전되었다.

첫째 기쁨	천사 가브리엘에게 예수 잉태 소식을 듣다.
둘째 기쁨	엘리사벳을 만나 기쁨을 나누다.
셋째 기쁨	아들 예수를 낳다.
넷째 기쁨	동방박사가 찾아와 인사를 하다.
다섯째 기쁨	열두 살 된 예수를 잃었다가 다시 찾다.
여섯째 기쁨	예수가 부활하다.
일곱째 기쁨	성모께서 승천하다.

✚ 성모 축일과 기념일

1월 1일	천주의 모친 성 마리아 대축일
2월 11일	루르드의 복되신 동정 마리아 기념일
3월 25일	주님 탄생 예고 대축일
5월 13일	파티마의 복되신 동정 마리아 기념일
5월 31일	복되신 동정 마리아 방문 축일
예수 성심 대축일 다음 토요일	티없이 깨끗하신 성모 성심 기념일
7월 5일	성모의 일곱 가지 기쁨 축일
7월 16일	가르멜 산의 복되신 동정 마리아 기념일

8월 5일	성모 대성전 봉헌 기념일
8월 15일	성모 승천 대축일
8월 22일	여왕이신 복되신 동정 마리아 기념일
9월 8일	복되신 동정 마리아 탄생 축일
9월 12일	성모 마리아의 성명(聖名) 축일
9월 15일	통고의 복되신 동정 마리아 기념일
10월 7일	묵주기도의 복되신 동정 마리아 기념일
11월 21일	복되신 동정 마리아의 자헌 기념일
12월 8일	복되신 동정 마리아의 원죄 없으신 잉태 대축일

성모의 발현

성모 마리아의 발현은 결코 이례적인 현상이 아니다. 1986년 사라고사에서 열린 제42회 성모 주간에 전문가들은 지금까지 최소한 2만 1,000번의 성모 발현이 있었다고 주장했다. 이 횟수는 기원후 1000년부터 계산한 수치이다. 20세기에만 400여 차례의 발현이 있었던 것으로 집계되었고, 그중 200번은 1944년에서 1993년 사이에 일어났다. 물론 통일된 집계가 이루어진 것도 아니고 가톨릭 교회에서도 이 수치를 공식적으로 확인한 적은 없다. 로마 가톨릭 교회가 진실성을 인정한 것은 일곱 차례의 발현뿐이다.

1531년	멕시코의 과달루페	1606년	리투아니아의 실루바
1830년	파리의 뤼뒤박(기적의 메달)	1846년	프랑스의 라 살레트

| 1858년 | 프랑스의 루르드 | 1917년 | 포르투갈의 파티마 |
| 1933년 | 프랑스의 바뇌 | | |

또 다른 17번의 발현에서는 관할 주교가 최종적인 판단과 관계없이 성모 발현지를 공경해도 좋다는 허락을 내렸다.

성모 발현에 관한 통계표

국가＼세기	1	3	4	5	6	7	8	9	10	11	12	13	14	15	16	17	18	19	20	합계
벨기에										2		5	1	1	2	4		4	32	51
체코슬로바키아												1	4	1	1	1	2	1	3	14
독일					2		2	1	6	10	4	5	2	20	7	6	47			112
영국						1		1	2	5	1								3	13
프랑스	1		1	1		2	1	2	1	6	10		4	5	7	22	3	49	52	171
그리스								1					1				1	2		5
헤르체고비나																		1		1
아일랜드																		1	9	10
이탈리아			1		1						2	2	17	5	15	25	9	3	19	100	199
크로아티아																		1	2	3
룩셈부르크															1				1	2
몰타															2					2
네덜란드									1	1			1				1		5	8
오스트리아													1	2	2	7	3	5	10	30
폴란드													1	1	3	1		4	13	23
포르투갈													1	2					4	7
루마니아																1		2		3
러시아										1	1	2		1	1	3	1	9		19
스웨덴														1						1
스위스								1					2	6	4	1	2	4		20
스페인	1					1				1	2	2	8	4	11	3		1	18	52
헝가리												1		2	1	7	6		7	24
바티칸																		2	2	4
유럽합계	2		2	1	1	5	2	5	5	19	30	36	34	36	86	70	29	140	275	774

프랑스 루르드

1858년 2월 11일, 방앗간집 딸 베르나데트 수비루는 자신이 살던 루르드의 집에서 가까운 마사비엘 동굴에서 신비스러운 여인이 나타나는 광경을 목격했다. 여동생 투아네트와 친구 잔느 아바디와 함께 땔감을 구하러 가던 길이었다. "세찬 바람이 지나간 뒤 나는 무언가 하얀 것을 보았다. 젊은 처녀처럼 보였다. 나는 성호를 긋고 싶었지만 손이 아래로 떨어지는 바람에 그렇게 할 수 없었다. 그 순간 젊은 여인이 성호를 그었다. 그런 다음 나도 성호를 그었다"고 베르나데트는 이야기했다. 불가사의한 여인은 나중에 자신이 "원죄 없는 동정녀"라고 말했다고 한다. 2월 14일에 두 번째로 나타났을 때는 베르나데트를 따라 학교 친구들까지 모두 발현 장소로 갔다. 총 18회에 걸친 성모 마리아의 발현 중 15회째에는 동굴에 모여든 사람이 '1만에서 2만 명'에 이른 것으로 관할 경찰서장은 추산했다.

보고된 치유 사례	6,800건
이 중 가톨릭 교회가 기적으로 인정한 사례	67건
치유된 여성의 비율	80%
연간 순례객	600만 명
시즌 당 식사 횟수	70만 회
숙박 건수	16만 5,359건
성수 이용 횟수	40만 회
정규 직원 및 시즌 당 고용 직원	340명
시즌 당 자원봉사자	10만 명

병상	1,304개
경당과 성당	22개
1일 평균 미사 회수	52회
동굴에서 나오는 1일 샘물의 양	8,500m³
동굴의 분수	35개
여성 전용 온천	10개
어린이 전용 온천	1개
남성 전용 온천	6개
'화해의 경당'의 고해소	20개
성수기의 '고해 신부'	130명
전동 휠체어	1,000대
연간 양초 사용량	8,000ton
야영장 면적	15ha

| 가톨릭에서 인정한 치유자 수 |

프랑스인	55명
이탈리아인	5명
독일인	1명
오스트리아인	1명
스위스인	1명

| 루르드의 성모 발현 일지 |

1858년 2월 11일: 14세의 방앗간집 딸 베르나데트 수비루가 마사비엘 동굴에서 처음으로 성모 발현을 체험했다.

1862년 1월 18일: 타르브 교구의 로렌스 주교가 발현의 진실성을 공식 인정했다. 장기간의 조사와 베르나데트에 대한 심문 후에 주교는 사목 교서에서 이렇게 선언했다. "천주의 모친이며 원죄 없으신 마리아께서 베르나데트 수비루에게 실제로 발현하셨다."

1864년 4월 4일: 마사비엘 동굴의 성모상을 축성했다(리옹의 조각가 파비쉬가 라쿠르 수녀의 후원으로 제작함).

1876년 7월 3일: 파리의 교황대사 멜리아가 교황 비오 9세를 대리하여 지하 예배당과 동굴의 성모상에 관을 씌워 축성했다. 축성식에는 23명의 대주교와 주교, 3,000명의 사제와 10만 명의 순례객이 참석했다.

1880년: 기적의 치유를 확인하기 위해 의료원이 개원했다. 부아사리 박사가 초대 원장이 되었다.

1933년 12월 8일: 베르나데트 수비루가 로마에서 시성되었다. 시성식에는 베르나데트의 오빠 장 마리와 조카가 참석했다.

1936년 4월 25~28일: 루르드에서 3일 동안 구원의 성년 기념제가 파첼리 추기경(훗날의 교황 비오 12세), 60여 명의 추기경과 주교, 4,000명의 사제와 25만 명의 순례객이 참석한 가운데 열렸다.

1958년: 성모 발현 100돌을 맞아 론칼리 추기경(훗날의 교황 요한 23세)이 지하 경당을 비오 10세에게 봉헌했다.

부패하지 않은 베르나데트의 시신이 느베르에 있는 자비의 자매 수녀원에 안치되어 있다.

메주고리예

1981년 6월 24일부터 크로아티아의 메주고리예에서는 성모 마리아가 발현하여 메시지를 남겼다는 소식이 전해지면서 지금까지 전세계에서 수백만 순례객을 끌어 모았다. 가톨릭 교회는 이에 대해 유보적인 입장을 보이고 아직까지 공식 인준을 하지 않았다. 그럼에도 메주고리예는 오래전부터 고위 성직자들까지 방문하는 순례지가 되었다. 모스타르의 주교가 프랑스 몽펠리에 의대 교수들로 구성, 임명한 조사위원회는 1984년에 예언자라고 알려진 네 아이에 대해 발현 전과 발현 중 그리고 발현 후에 네 단계에 걸쳐 조사를 벌였다. 조사에서는 뇌파 검사(EEG), 안전도(眼電圖) 검사(Electrooculogram=EOG), 심장 검사, 혈류와 심전도 검사(ECG)를 실시했다. 앙리 주와유 교수가 서명한 조사 결과의 발췌록은 다음과 같다.

▶ 환시가 시작될 때 베타파가 잠시 멈추고 곧 지속적으로 움직이는 알파파로 바뀌었다.
▶ 환시 중에 대뇌 피질은 주변의 청각 및 시각 자극을 인지하지 못했다.
▶ 눈에 위협을 가하거나 밝은 빛을 비추어도 깜박거리지 않았다.
▶ 환시가 시작되자 0.2초 내에 아이들의 안구 운동이 동시에 멈췄고, 환시가 끝나자 0.2초 내에 다시 안구가 동시에 움직이기 시작했다.
▶ 혈압이 약간 떨어지는 미세한 변화가 나타났다.
▶ 정상적인 심장 수축 기능을 보였다(ECK).
▶ 청각 기능에 장애가 생겼다. 환시 중에 오른쪽 귀에 가해진 90데시벨

의 소리를 듣지 못했다고 진술한 이반의 말이 이로써 설명된다. 이반은 불시에 소리가 가해졌는데도 놀라지 않았다.

소견 결론: "메주고리예에서의 환시는 병리적 현상도 사기도 아니다. 우리 의료진은 이 현상을 명명할 만한 학문적 용어를 알지 못한다."

✛
기적의 메달

'기적의 메달'이라는 매력적인 이름으로 불린 이 메달은 주로 얇은 금속으로만 만들어졌고, 돈을 받지 않고 배포되었다. 파리 뤼뒤박 11번지의 수련소의 젊은 수녀 가타리나 라부레가 만들기 시작하여 지금까지 전세계에 10억 개가 배포된 이 메달은 모든 시대를 통틀어 사람들이 가장 열망하는 보물일 것이다. 이 메달이 기적을 일으킨다는 확신을 주었기 때문이다. 1839년 파리 대주교는 특별히 이 메달과 관련한 사목 교서를 작성하여, 메달을 지니고 다니면서 틈 날 때마다 거기에 적힌 기도문을 바치라고 권고했다. 교황 그레고리오 16세는 가슴에 달린 십자가 밑에 직접 이 메달을 달고 다녔다. 레오 13세는 1894년에 '원죄 없이 잉태되신 기적의 메달의 성모 발현' 축일을 11월 27일로 제정했다. 비오 10세는 '기적의 메달 협회'를 창설했고, 비오 12세는 자신을 알현하는 방문객들에게 기꺼이 메달을 선사했다. 마리아의 발현 때 메달의 모습을 직접 전해 받은 메달의 제창자 가타리나 라부레는 1933년에 시복되었다. 사망한 지 56년이 지나 묘를 열었을 때 가타리나의 유해는 부패하지 않고 남아 있었다. 그로부터 14년 뒤인 1947년 7월 27일에 그녀는 비오 12세에 의해 시성되었다.

✛ 카푸친회의 비오 신부

카푸친회의 비오 신부(+1968년 9월 23일)만큼 이탈리아에서 공경을 받는 성인도 없다. 가르가노 산에서 활동한 기적의 비오 신부는 농부 집안에서 여덟째 아이로 태어났다. 그는 사제이자 치유자였고 예언자였다. 비오 신부의 장례식에는 10만 명이 넘는 사람들이 참석했고, 2002년 6월 16일에 거행된 그의 시성식에도 거의 같은 수의 인원이 로마로 몰려갔다. 고행과 거룩한 삶은 그를 20세기의 가장 중요한 사제의 한 명으로 만들었다. 그가 활동한 산 조반니 로톤도의 교회는 현재 세계 최대 순례지의 하나이다. 1918년부터 50년간 끊임없이 그리스도의 오상을 몸에 지니고 생활한 비오 신부는 성 프란치스코, 시에나의 성녀 가타리나, 아빌라의 성녀 데레사 같은 수도자들에 이어 그리스도의 상처를 몸에 입은 사제였다. 비오 신부보다 더 많은 초자연적 능력을 가졌던 성인은 없었다.

치유한 질병: 암, 다발성 경화증, 안구 성장, 영혼의 상처.

동시이처존재: 비행 중인 미군 폭격기에 나타나는 동시에 수도원에도 있었다.

오상: 두 손과 두 발과 가슴 부위의 상처에서 많은 양의 피를 흘렸지만 패혈증은 없었고 피에서 향기가 나는 경우도 있었다.

향기: 출처를 알 수 없는 향내, 장미향, 백합향 등을 내뿜었다.

독심술: 사람들의 마음을 들여다보고 그들이 고해소에서 숨기고 있는 것까지 알아내었다. 이로써 고해 시간을 줄이고 사람들을 뉘우치게 만들었다.

예언: 적중한 예언으로는 비오 신부가 카롤 보이티야에게 직접 들려준 그의 교황 선출과 피격 사건이 있다.

광휘를 발하는 얼굴: 모세가 시나이 산에서 내려왔을 때 성경에서 묘사한 모습과 비슷했다.

변화: 고통받는 그리스도의 얼굴로 바뀌었다.

증식: 음식물이나 돈이 늘어나고 무형의 것이 유형의 물질로 바뀌었다.

외국어 구사: 본인 말에 의하면 그의 수호천사를 통역사로 이용했다고 한다.

천사와의 소통: 천사나 성인, 가난한 영혼들과 소통하고 그들의 도움으로 편지까지 부쳤다고 한다.

하루 일과: 새벽 2시 30분에 잠자리에서 일어나 2시간 동안 기도를 드렸다. 새벽 4시 50분에는 미사를 드리고 6시 30분에서 9시까지는 고해석에 앉았다. 오전 9시에는 독방에서 묵주 기도를 드렸다. 10시 45분에는 교회에서 성체조배를 하고 낮 12시 15분에는 점심 식사를 했다(대개 수프와 맥주 한 잔). 13시에는 독방에서 성무일도를 드리고 14시 15분에는 신자들의 고해를 들었다. 15시 30분에는 교회에서 기도와 축복의 시간을 가졌고 17시에는 휴식, 산책, 대화를 했다. 18시 30분에는 독방에

서 기도한 뒤 19시에는 방 창문에 서서 수도원 뜰에 모인 사람들에게 축복을 내렸다. 곧이어 잠자리에 들었다.

✚ 성 마르티노의 망토

서양에서 공경을 받는 가장 유명한 옷은 성 마르티노의 망토(Cappa)다. 이 망토를 위해 특별히 경당까지 건립되었다. 경당을 뜻하는 독일어 'Kapelle'는 이렇게 태어났다. 프랑크 왕국에서는 왕실에서 숭배하던 이 망토를 보관하기 위해 별도의 전담신부(Capellanus)까지 고용하여 관리를 맡겼다.

✚ 수도자의 유서

1996년 5월 알제리 티비렌의 수도원에서 일곱 명의 '흰옷 수도자'들이 목이 잘린 채 발견되었을 때 수도원장인 크리스티앙 드 세르제 신부의 유서도 함께 발견되었다. 이 수도원 공동체는 현지인들과 함께 메마른 땅을 일구어 아름다운 정원을 만들어냈다. 그들의 목표는 이슬람교 신자들과 함께하는 이해의 장을 만드는 것이었다. 신부는 자신을 죽일 살인자를 예감하며 이렇게 적었다. "마지막 순간의 친구인 그대여 (…) 그대는 그대가 무슨 짓을 저질렀는지 아마 모를 것이네. 그대에게 '고맙다'는 말과 '안녕'이라는 말을 하고 싶네. 나는 그대에게서 하느님의 모습을 보네. 우리 두 사람의 아버지이신 하느님이 허락하신다면, 우리가 행복한 악인으로 다시 낙원에서 만났으면 좋겠네."

✢ 성인의 유해

시복식을 거행하게 되면 그 진행 과정 중에 시복 대상자의 무덤을 열어야 한다. 모든 성인들의 유해가 부패하지 않고 남아 있지는 않지만, 훗날 성인의 반열에 오른 복자 중에는 사후 수백 년이 지난 뒤에도 유해가 썩지 않은 채로 발견되는 경우가 상당히 많다. 영국 예수회 소속 신부인 허버트 서스턴은 1955년 『육체에 나타난 신비주의 현상』이라는 저서에서 부패가 일어나지 않는 현상을 연구했다. 그의 기록은 주로 바티칸의 시성 문서와 자료를 근거로 하고 있다. 서스톤은 자신이 관찰한 현상을 여섯 부류로 나누었다.

1 고인의 시신 근처에서 자연의 것이 아닌 향기가 발생한 경우. 수개월 또는 수년에 걸쳐 향기가 나는 경우도 있다.
2 사후 경직이 전무한 경우.
3 방부 처리를 하거나 금속관 또는 진공된 관에 안장하지 않았는데도 수백 년 이상 부패하지 않은 경우.
4 사후 수주, 수개월 또는 수년이 흘렀는데도 시신에서 피가 흐르는 경우.
5 체온이 남아 있는 경우. 마리아 빌라니의 사망 9시간 뒤에 한 외과의사가 그녀의 심장을 적출하기 위해 시신을 열자 시신 내부의 온도가 너무 높아 여러 차례 손을 떼야 했다.

아래 성인들의 시신은 아직도 부패하지 않은 상태로 교회에 안장되어 있다.

비안네 · 아르스의 성인 신부. 성모 마리아와 대화를 나누었다.
베르나데트 수비루 · 루르드에서 성모의 발현을 경험함.
아빌라의 데레사 · · · · · · · · · · · · · · 스페인의 신비 체험자. 화살이 그녀의 심장을 관통했다.
시에나의 가타리나 · 문맹이었으나 교황 고문을 지냈다. 이탈리아의 수호성녀이다.
프란치스코 하비에르 · 예수회 신부로서 아시아 지역에서 근대 선교 활동의 초석을 놓았다.
필립보 네리 · · · · · · · · · · · · · · · · 자신의 유산을 기부했다. 자유로운 신앙심, 설교 금지.
가타리나 라부레 · 기적의 메달을 만든 성녀.
막달레나 소피아 바라 · 예수 성심 수도회의 설립자.
돈 보스코 · 살레시오 수도회의 설립자이며 청소년 사목자.
요한 23세 교황 · 제2차 바티칸 공의회를 소집했다.

✚
나폴리의 야누아리오

나폴리에 안치된 성 야누아리오의 유해에서 해마다 응고되었던 피가 액화되는 현상만큼 많이 묘사되고 연구된 사건은 없을 것이다. 이탈리아 베네벤토의 주교였던 야누아리오는 그리스도교 박해 때인 305년 디오클레티아누스 황제에 의해 참수되었다. 처형 직후 어느 여인이 순교자 야누아리오의 피를 두 개의 병에 받았다고 한다. 그의 유해는 313년에 두 병과 함께 나폴리로 옮겨져 지하 묘지에 안장되었다. 이때 유해를 옮기던 중 피가 액화되는 기적이 처음 일어났다고 한다. 성인의 유해는 1646년부터 나폴리 성당의 바로크 경당에 모셔져 있다. 피가 액화되는 현상은 수백 년 전부터 해마다 계속되고 있다.

✛ 야고보의 길

야고보의 길을 따라가는 순례는 우리 시대의 커다란 영적인 소원으로 발전했다. 해마다 독일에서만 약 80만 명이 피레네 산맥에서 대서양에 이르는 수백 년 역사의 순례 길을 떠나고 있고, 그중 약 10만 명이 목적지인 산티아고 데 콤포스텔라에 있는 사도 야고보의 무덤에 도착한다. 순례자를 위한 숙소와 이정표는 그간 더 많아졌다. 스페인 외의 지역에서도 사정은 비슷하다. 독일의 메클렌부르크 포어폼메른 지방에서는 2006년 한 해에만 네 개 구간이 야고보의 길에 추가되어 장장 10만km에 달하는 유럽 순례 길에 새로운 가지가 만들어졌다. 셜리 맥클레인, 세스 노테봄, 파울로 코엘료, 하페 케르켈링 등이 이 역사적인 순례의 길을 글로 풀어냈다.

✚ 특이한 성인들

'존경하올 분' 성 베다(672/673~735)는 영국 베네딕토회의 수도자이며 학자였다. 1899년에 교회학자로 선포되었고 축일은 5월 25일이다.

'말더듬이' 성 노트케르(840~912)는 성 갈렌 수도원의 수도자이며 학자였다. 축일은 4월 6일이다.

'절름발이' 성 헤르만(+1054)은 라이헤나우의 수도자였고 〈살베 레지나〉(Salve Regina)를 작곡했다. 축일은 9월 24일이다.

'침묵하는 이' 성 루돌프(+1130)는 벨기에의 수도자였다. 축일은 4월 30일이다.

✚ 오래된 금언

기도하고 삼가는 법을 배우라.
싸우고 인내하는 법을 배우라.
잊고 용서하는 법을 배우라.
그리하면 그리스도의 삶을 살 것이니!

✚ 모든 일에는 때가 있다

모든 일에는 때가 있다.

> 태어날 때가 있고 죽을 때가 있으며
> 심을 때가 있고 심긴 것을 뽑을 때가 있다.
> 울 때가 있고 기뻐 뛸 때가 있다.
> 껴안을 때가 있고 떨어질 때가 있다.
> ― 코헬렛 3, 1-4

✚ 회심

사람들은 바이에른의 대신학자이며 레겐스부르크의 주교였던 요한 미하엘 자일러가 사람들을 올바른 길로 인도하기 위해 무슨 일을 하는지 알고 싶었다. 그는 청중들에게 이렇게 말했다. "저는 지금 한 남자의 회심을 위해 애쓰고 있습니다. 그는 유명하지만 큰 죄인이기도 합니다." 궁금해진 사람들은 그 남자가 누구냐고 물었다. "요한 미하엘 자일러입니다."

모든 이를 위한 윤리

"나에게는 모든 것이 허용됩니다. 하지만 모든 것이 유익하지는 않습니다." 바오로는 코린토 신자들에게 보낸 첫째 서간(6,12)에서 신약 성경의 윤리를 이렇게 요약했다. 복음서 윤리의 으뜸가는 유일한 계명은 사랑이다. "남을 사랑하는 사람은 율법을 완성한 것입니다"라고 바오로는 로마 신자들에게 보낸 서간(13,8)에 적었다. 복음서의 관점에서 볼 때 사랑하지 않는 사람은 '죄인', 즉 잘못을 범하는 사람이다. 그렇게 해서 하느님을 욕되게 했기 때문이 아니라, 자신의 본성에 절대적으로 어긋나는 행동을 했기 때문이다. 요한은 그의 첫째 서간에서 이렇게 말한다. "사랑하지 않는 자는 죽음 안에 그대로 머물러 있습니다."(3,14) "자기 형제를 사랑하는 사람은 빛 속에 머무릅니다."(2,10) '죽음 안에 머물고', '빛 속에 머문다'는 것은 인간성의 실현과 무의미한 삶 중에서 하나를 택하라는 성경의 표현이다. 이런 의미에서 신약 성경의 윤리는 매우 세계적이다. 특정 집단이 아닌 인간 자체의 발전에 마음을 쓰기 때문이다. 예수의 말씀이 처음부터 '복음', 즉 '기쁜 소식'이라고 불린 것은 우연이 아니다.

입교자

성 토마스 데 아퀴노: "시냇물 위를 걸어라. 그리하여 바다에 빠지지 않도록 하라. 우리는 쉬운 것을 통해 어려운 것에 도달해야 한다."

✚ 그리스도의 무기

바로크 시대에 그리스도의 무기(Arma Christi)는 예수가 고난과 십자가형을 당할 때 쓰인 수난 도구라고 불렸다. 흔히 차량 통행이 많은 도로변의 기도용 십자가에 그려져 있다. 십자가 외에 또 다른 그리스도의 무기 일곱 가지는 망치, 못과 집게, 채찍, 창, 해면이 달린 장대, 가시관, 사람의 손(예수의 뺨을 때린)이다. 수난 도구는 죄악을 막는 강력한 무기이자 그리스도의 고통을 조용히 묵상하면서 인간 영혼에 있는 모든 악의 근원을 뿌리 뽑는 병기라고 생각되었다.

✚ 거룩한 창

거룩한 창은 독일 민족의 신성로마제국 황제의 표상 중 가장 오래된 유물이다. 창끝은 제국 십자가의 가로대 내부의 빈 공간에 보관되어 있었다. 전승에 따르면 이 창은 예수의 죽음을 확인했던 로마 병사 론지누스의 무기였는데, 사도 타대오가 아르메니아(세계 최초의 그리스도교 국가)로 가지고 갔다고 한다. 4세기에는 에리반의 게그하르트 수도원(현재의 수도원명 게그하르다반크[Geghardavank]는 '거룩한 창의 수도원'이라는 뜻이다)에 보관되어 있었다. 나폴레옹 원정 중에는 안전을 위해 뉘른베르크에서 빈으로 옮겨다 놓았다. 히틀러는 오스트리아를 합병한 뒤 이 창을 빈에서 가져왔고 연합군은 다시 오스트리아로 가져다 놓았다. 현재 이 창은 빈 호프부르크 박물관에 전시되어 있다.

하느님의 이성

| 제1차 바티칸 공의회 3차 회의 문서 제4장 |

"신앙이 이성 위에 있다고 해도 신앙과 이성 사이에는 결코 현실적인 모순이 일어날 수 없다. 비밀을 계시하고 믿음을 부어 주시는 바로 그 하느님이 인간의 정신 속에 이성의 빛을 심으셨기 때문이다. 하느님은 스스로 당신을 부정할 수 없고, 참은 참과 결코 배치되지 않는다."

사도신경

기원후 325년 니체아에서 동방과 서방의 모든 교회를 위해 열린 공의회에서는 신앙 고백이 공식 작성되었다. 이 고백 안에는 그리스도교 신자들이 믿는 모든 내용이 축약 형태로 포함되어 있다. 중세에 가톨릭 교회는 결정적인 대목에 filioque('성자에게서 발하시고')라는 개념을 덧붙였다. 이 수정된 부분을 훗날 루터교는 받아들였지만 정교회에서는 오늘날까지 거부하고 있다. 독일어로 된 신경 중에 '가톨릭 교회'라고 나오는 구절은 그리스도의 위임을 받은 전세계적인 보편 교회를 말한다. 가톨릭은 '모든 이를 위한, 보편적인'이라는 뜻이다. 오늘날 개신교에서는 이 개념이 '보편 교회'로 대치되었다. 사도신경은 다음과 같다.

전능하신 천주 성부

천지의 창조주를 저는 믿나이다.

그 외아들 우리 주 예수 그리스도님

성령으로 인하여 동정 마리아께 잉태되어 나시고

본시오 빌라도 통치 아래서 고난을 받으시고 십자가에 못 박혀 돌아가시고 묻히셨으며

저승에 가시어 사흘날에 죽은 이들 가운데서 부활하시고

하늘에 올라 전능하신 천주 성부 오른편에 앉으시며

그리로부터 산 이와 죽은 이를 심판하러 오시리라 믿나이다.

성령을 믿으며 거룩하고 보편된 교회와 모든 성인의 통공을 믿으며

죄의 용서와 육신의 부활을 믿으며

영원한 삶을 믿나이다.

아멘.

예수의 어록

| 예수의 어록 |

나는 세상의 빛이다. ― 요한 8,12

나는 포도나무요 너희는 가지다. ― 요한 15,5

나는 부활이요 생명이다. ― 요한 11,25

나를 통하지 않고서는 아무도 아버지께 갈 수 없다. ― 요한 14,6

나를 보는 사람은 나를 보내신 분을 보는 것이다. ― 요한 12,45

진리의 영께서 오시면 너희를 모든 진리 안으로 이끌어 주실 것이다.
― 요한 16,13

고생하며 무거운 짐을 진 너희는 모두 나에게 오너라. 내가 너희에게 안식을 주겠다. ― 마태 11,28

나는 길이요 진리요 생명이다. ― 요한 14,6

내 살을 먹고 내 피를 마시는 사람은 내 안에 머무르고, 나도 그 사람 안에 머무른다. ― 요한 6,56

너희가 내 안에 머무르고 내 말이 너희 안에 머무르면, 너희가 원하는 것은 무엇이든지 청하여라. 너희에게 그대로 이루어질 것이다. ― 요한 15,7

| 예수에 관한 어록 |

그러니 너희도 준비하고 있어라. 사람의 아들이 올 것이기 때문이다.
― 마태 24,44

그분께서 우리를 사랑하시어 당신의 아드님을 (…) 보내 주신 것입니다. ― 1요한 4,10

그리스도 예수님께서 나타나시어 환히 드러났습니다. ─ 2티모 1,10

예수께 오너라. 그분이 너희에게 안식을 주실 것이다. ─ 마태 11,28

그리스도께서는 사흘날에 되살아나시었습니다. ─ 1코린 15,4

그분께서 세상에 계셨고 세상이 그분을 통하여 생겨났지만 세상은 그분을 알아보지 못했다. ─ 요한 1,10

나는 성령께서 비둘기처럼 하늘에서 내려오시어 저분 위에 머무르시는 것을 보았다. ─ 요한 1,32

그를 믿는 이는 누구나 부끄러운 일을 당하지 않으리라. ─ 로마 10,11

말씀이 사람이 되시어 우리 가운데 사셨다. ─ 요한 1,14

이 마지막 때에는 아드님을 통하여 우리에게 말씀하셨습니다. 하느님께서는 아드님을 만물의 상속자로 삼으셨을 뿐만 아니라, 그분을 통하여 온 세상을 만들기까지 하셨습니다. ─ 히브 1,2

✚ 예수의 명칭

변호해 주시는 분(1요한 2,1)

하느님의 어린 양(요한 1,29)

부활이요 생명(요한 11,25)

산 이와 죽은 이의 심판관(사도 10,42)

임금들의 임금(1티모 6,15)

고통의 사람(이사 53,3)

교회의 머리(에페 5,23)

스승님(마태 8,19)

하느님의 거룩하신 분(마르 1,24)

중개자(1티모 2,5)

사랑하시는 아드님(에페 1,6)

햇순(이사 11,1)

세상의 빛(요한 8,12)

보이지 않는 하느님의 모상(콜로 1,15)

말씀(요한 1,1)

모퉁잇돌(에페 2,20)

성실하고 참된 증인(묵시 3,14) 구원자(요한 4,42)

바위(1코린 10,4) 종(마태 12,18)

대사제(히브 6,20) 믿음의 영도자이시며 완성자(히브 12,2)

문(요한 10,9) 전능하신 주 하느님(묵시 1,8)

생수(요한 4,10) 유다 지파에서 난 사자(묵시 5,5)

생명의 빵(요한 6,35) 평화의 군왕(이사 9,5)

왕 중의 왕(1티모 6,15) 신랑(마태 9,15)

알파이며 오메가(묵시 22,13) 외아들(요한 3,16)

참포도나무(요한 15,1) 임마누엘(이사 7,14)

기름부음받은이(다니 9,25) 아멘(묵시 3,14)

스승(요한 3,2)

십자가의 길

십자가의 길 기도는 14개의 기도문으로 이루어져 있다. 혼자서 기도하거나 함께 기도할 수 있다. 가톨릭 교회에서는 사순시기에 십자가의 길 기도를 많이 바친다.

1 예수님께서 사형 선고 받으심을 묵상합시다.
2 예수님께서 십자가 지심을 묵상합시다.
3 예수님께서 기력이 떨어져 넘어지심을 묵상합시다.
4 예수님께서 성모님을 만나심을 묵상합시다.
5 시몬이 예수님을 도와 십자가 짐을 묵상합시다.

6 베로니카, 예수님의 얼굴을 닦아드림을 묵상합시다.
7 기력이 다하신 예수님께서 두 번째 넘어지심을 묵상합시다.
8 예수님께서 예루살렘 부인들을 위로하심을 묵상합시다.
9 예수님께서 세 번째 넘어지심을 묵상합시다.
10 예수님께서 옷 벗김 당하심을 묵상합시다.
11 예수님께서 십자가에 못 박히심을 묵상합시다.
12 예수님께서 십자가 위에서 돌아가심을 묵상합시다.
13 제자들이 예수님의 시신을 십자가에서 내림을 묵상합시다.
14 예수님께서 무덤에 묻히심을 묵상합시다.

✚
베로니카의 수건

"우리는 하느님을 볼 수 있습니다. 그리스도를 보는 사람은 하느님을 보는 것입니다." 교황 베네딕토 16세가 한 말이다. 그렇다면 그리스도는 어떻게 생겼을까? 우리는 그분의 모습을 어떻게 상상할 수 있는가? 화가와 조각가들만 이 의문에 사로잡힌 것이 아니다. 복음서에는 나자렛 예수에 대한 묘사가 없다. 단지 사도들이 예수의 묘에서 여러 장의 수건을 발견했다는 언급이 요한 복음서에 나와 있을 뿐이다. 그중에서 "예수님의 얼굴을 쌌던 수건은 아마포와 함께 놓여 있지 않고 따로 한곳에 개켜져 있었다." 성경 외적인 전승은 이 수건을 베로니카의 땀수건으로 알고 있다.

베로니카는 'Vera Ikona'에서 만들어진 합성어로, 번역하면 유일무이한 '참 그림'이라는 뜻이다. 지난 2000년의 역사를 더듬어보면 아케이로포이에토스(Archeiropoietos), 즉 '인간의 손이 그리지 않은 그림'으로 공경 받아온 이 신비스러운 그림에 관한 이야기들이 펼쳐진다. 이 수건은 로마로 가기 전에 콘스탄티노플에 있었고 그 전에는 동방에 있었다. 성 베드로 대성당에 모셔진 이 수건은 전 유럽에서 수백만 명의 순례객들을 불러 모았다. 그리스도교에서 가장 값진 이 유물은 400년 전부터 아브루치의 산악도시 마노펠로의 카푸친 수도회 성당에 '거룩한 얼굴'(Volto Santo)로 전시되어 있는 작은 베일 속의 그림과 동일한 것일 확률이 높다. 2006년 8월 이곳을 방문한 교황 베네딕토 16세는 베일 속의 형상을 보고 깊은 감동을 받았다. 베일은 아마포가 아니라 족사(Byssus: 조개에서 얻어지는 섬유)로 만들어졌기 때문에 그 위에 그림을 그릴 수 없다고 역사가이며 작가 파울 바데는 『하느님의 얼굴』이라는 저서에서 말했다. 뿐만 아니라 독일의 수녀 블란디나 슐뢰머는 베일에 나타난 얼굴이 토리노 수의에 찍힌 예수의 얼굴과 한 치의 어긋남도 없이 똑같음을 밝혀내었다.

✚ 배신의 스토리

마르코: 베드로가 안뜰 아래쪽에 있는데 대사제의 하녀 하나가 왔다.
루카: 사람들이 안뜰 한가운데에 불을 피우고 함께 앉아 있었다.
마르코: 하녀는 불을 쬐고 있는 베드로를 보고 그를 찬찬히 살피면서 말했다. "당신도 저 나자렛 사람 예수와 함께 있던 사람이지요?" 그러나

베드로는 부인했다.

요한: 베드로는 "나는 아니오" 하고 말했다.

마태오: 베드로는 모든 사람 앞에서 부인했다.

마르코: "나는 당신이 무슨 말을 하는지 알지도 이해하지도 못하겠소."

루카: "이 여자야, 나는 그 사람을 모르네." 얼마 뒤에 다른 사람이 베드로를 보고, "당신도 그들과 한패요" 하고 말했다. 그러나 베드로는 "이 사람아, 나는 아닐세" 했다.

마르코: 베드로는 바깥뜰로 나갔다.

마태오: 베드로가 대문께로 나가자 다른 하녀가 그를 보고 거기에 있는 이들에게, "이이는 나자렛 사람 예수와 함께 있었어요" 하고 말했다.

마르코: 그러나 베드로는 또 부인했다.

마태오: 그러자 맹세까지 하면서 "나는 그 사람을 알지 못하오" 하고 다시 부인했다.

마르코: 조금 뒤에….

루카: 한 시간쯤 지났을 때에….

마르코: 곁에 서 있던 이들이 다시 베드로에게, "당신은 갈릴래아 사람이니 그들과 한패임에 틀림없소" 하고 말했다.

마태오: "당신의 말씨를 들으니 분명하오."

마르코: 베드로는 거짓이면 천벌을 받겠다고 맹세하기 시작하며, "나는 당신들이 말하는 그 사람을 알지 못하오"라고 말했다. 그러자 곧 닭이 두 번째 울었다.

루카: 그때 주님께서 몸을 돌려 베드로를 바라보셨다.

마르코: 베드로는 예수님께서 하신 말씀이 생각났다. "닭이 두 번 울기 전에…."

마태오: "닭이 울기 전에…."

마르코: "너는 세 번이나 나를 모른다고 할 것이다."

마태오: 베드로는 밖으로 나가 슬피 울었다.

— 마르 14,66-72; 마태 26,69-75; 루카 22,55-62; 요한 18,15-18; 요한 18,25-27

✚ 가상칠언

요제프 하이든은 '십자가 위의 일곱 말씀'(가상칠언)을 관현악곡(1786), 현악 4중주곡(1787) 그리고 오라토리오 편성(1796)으로 작곡했다.

1. "아버지, 저들을 용서해 주십시오. 저들은 자기들이 무슨 일을 하는지 모릅니다."— 루카 23,34
2. "내가 진실로 너에게 말한다. 너는 오늘 나와 함께 낙원에 있을 것이다."— 루카 23,43
3. "여인이시여, 이 사람이 어머니의 아들입니다. 이분이 네 어머니시다."— 요한 19,26-27
4. "엘리 엘리 레마 사박타니."(저의 하느님, 저의 하느님, 어찌하여 저를 버리셨습니까?) — 마르 15,34; 마태 27,46
5. "목마르다."— 요한 19,28
6. "다 이루어졌다."— 요한 19,30
7. "제 영을 아버지 손에 맡깁니다."— 루카 23,46

이 말씀들은 예수가 자신의 십자가 죽음을 해석하고 제자들에게 남기는 마지막 메시지로 이해할 수 있다.

✚
치유자

"그분에게서 힘이 나와 모든 사람을 고쳐 주었다." 루카 복음서(6,19)에 있는 구절이다. 예수는 치유자이며 '의사'였다. 'christus medicus'인 것이다. '구세주'를 뜻하는 독일어 Heiland는 고치고 구원한다는 뜻을 지닌 고고 독일어 'heilan'에서 나왔다. 안티오키아의 이냐시오는 기원후 110년에 그리스도를 처음으로 의사라고 불렀다. 알렉산드리아의 클레멘스도 그리스도를 치유자로 찬미했다. "그러므로 말씀 또한 구세주이다. 그분은 인간의 평안과 구원을 위해 영혼의 치료약을 발견하셨기 때문이다. 그는 건강을 유지해 주시고, 상처를 덮어 주시며, 고통의 원인을 말해 주시고, 비이성적인 욕망의 뿌리를 잘라버리시며, 섭생법을 알려 주시고, 병든 이에게 유익한 해독제를 처방해 주신다."

| 질병의 치료 |

눈먼 사람을 고치다	요한 9,1-12; 마르 8,22-26; 마태 9,27-31
나병 환자를 고치다	마르 1,40-45; 루카 17,11-19
열병 환자를 고치다	마르 1,29-31
하혈하는 여인을 고치다	마르 5,25-34
손이 오그라든 사람을 고치다	마르 3,1-6
귀먹고 말 더듬는 이를 고치다	마르 7,31-37; 마태 15,29-31
중풍 환자를 고치다	마태 8,5-13; 루카 7,1-10; 마르 2,1-12
등 굽은 여인을 고치다	루카 13,10-17
수종 환자를 고치다	루카 14,1-6
왕실 관리의 아들을 살리다	요한 4,46-53

못 가의 병자를 고치다 ·· 요한 5,2-9

| 마귀를 쫓음 |

카파르나움의 남자 ······················· 마르 1,24-28; 루카 4,31-37
게라사인들의 마귀 ······································· 마르 5,1-20
마귀 들려 말 못하는 사람 ································ 마태 9,32-34
마귀 들려 눈멀고 말 못하는 사람 ······························ 마태 12,22
시리아 페니키아 여인의 딸 ················ 마르 7,24-30; 마태 15,21-28
마귀 들린 아이 ··· 마르 9,14-29

독일인 미헬

'독일인 미헬'은 대천사 미카엘을 가리키는 말이다. 미카엘은 독일의 수호성인으로 꼽힌다. 독일 민족의 신성로마제국 깃발에 그의 모습이 수놓아져 있다. 전투가 벌어지면 싸움을 하는 군대의 선두에서 제국 깃발을 들고 갔기 때문에, 미헬의 모습이 나타나는 곳에서는 누구를 상대로 싸우는지 알 수 있었다. 프랑스에서는 독일인 미헬이라는 개념을 노르망디에 있는 수도원의 섬 몽생미셸과 연관짓는다. 독일인 순례자만큼 이 성을 자주 찾는 국민도 드물다.

미션 파서블

818   자신들의 인종 언어만을 사용하는 전세계 818개 인종 집단이 현재까지 그리스도교 선교사들의 방문을 받지 못했다.

10000   중국에서는 하루 1만 명의 사람들이 그리스도교로 개종한다. 이로써 중국은 가장 높은 그리스도교 신자 증가율을 기록하는 나라이다.

175000   현재 전세계의 서점에는 17만 5,000권에 이르는 다양한 예수 관련 책들이 서가를 채우고 있다. 모두 500개 언어로 나와 있으며, 해마다 4개 언어로 된 신간이 출시되고 있다.

14000000   힌두교, 이슬람교, 불교권에서 개종한 1,400만 명의 그리스도교 신자들은 기꺼이 자기들의 종교 안에서 예수 그리스도를 증거하는 쪽을 택했다.

✞ 땅의 주인

"땅은 하느님의 것이지 부자들의 소유가 아니다."
— 교황 요한 23세

✞ 교회의 재산

로마 황제가 성 라우렌시오에게 교회의 보물을 바치라고 명령했다. 얼마 후 라우렌시오는 수많은 로마의 빈민들을 데리고 나타나 황제에게 말했다. "이들이 교회의 가장 귀한 보물입니다." 라우렌시오는 이로 인해 순교당했다.

✞ 교회에 다니는 사람이 더 오래 산다

버클리 대학에서 실시한 연구에 따르면 규칙적으로 미사나 예배에 참석하는 사람이 그렇지 않은 사람보다 훨씬 오래 사는 것으로 나타났다. 버클리 대학 '인구 실험실' 학자들은 1965년부터 미국 앨러미다 시 주민 6,545명 이상을 대상으로 장기 연구를 수행했다. 그 결과 하느님에 대한 믿음이 스트레스 대처 능력을 강화시키는 것으로 나타났다. 이런 심리 안정 효과는 다시 균형 잡힌 생활과 행복한 삶을 영위하는 데 도움을 주고 결국 장수에도 효과가 있는 것으로 밝혀졌으며, 남자보다는 여자에게 효과가 큰 것으로 나타났다. 세계보건기구(WHO)의 자료에 따르면 현재 독일에서는 600만 명이 우울증에 시달리고 있다. 2020년에는 전세계적으로 우울증이 혈액순환 장애 다음으로 흔한 질병이 될 것으로 예상된다.

✜ 보이론 수도원의 요제프

공동체의 복지를 위해 십수년 동안 농장에서 차 재배를 담당했던 보이론 수도원의 요제프 형제는 알반 신부가 있는 병원 성당에서 복사로 일했다. 당시에는 미사가 끝나면 성모송을 세 번 바쳤다. 라틴어로 된 성모송을 외우기가 힘들었던 요제프는 "Ora pro nobis peccatoribus"(저희 죄인을 위하여 빌어 주소서)라고 하는 대신에 "Ora pro nobis pecoribus"라고 말했다. 미사가 끝나고 알반 신부가 그를 불러 말했다. "요제프 형제님, 기도가 잘못되었어요. 형제님은 '우리 소들을 위하여 빌어주소서'라고 했어요. 'Pecus'는 소예요. 맞기는 맞지만 그래도 틀렸어요."

✜ 아르스의 비안네 신부

아르스의 성 비안네 신부에 관해 이런 이야기가 전해진다. 하느님을 믿지 않는 리옹 대학의 교수 두 명이 아르스로 가서 그 유명한 신부를 자세히 관찰하기로 했다. 성변화의 순간에 참석했던 신자들이 무릎을 꿇자 두 교수는 제정신인 사람들이 어떻게 한 조각 빵 앞에서 무릎을 꿇느냐고 서로 말했다. 요한 마리아 비안네 신부가 성체를 영해 주기 전 신자들에게 보여주는 순간에 그 성체가 저절로 신부의 손을 벗어나 영성체를 하는 첫째 신자의 입술 위로 날아가 앉았다. 의심을 품고 있던 두 교수 중 한 명은 그리스도교로 개종하여 훗날 사제가 되고 도미니코회 수도자가 되었다.

✚ 하느님에 대한 불경

알렉시스 드 토크빌: "하찮은 정권의 대표자 앞에서 굽실거리다가 그런 자신의 비굴함을 하느님에 대한 불손으로 만회할 수 있다고 믿는 사람들을 나는 보았다."

✚ 미사 전례 절차

시작예식	복음	성변화
참회	강론	주님의 기도
자비송	신앙고백	평화의 기도와 인사
대영광송	보편 지향 기도	빵 쪼갬/하느님의 어린 양
본기도	예물준비	영성체

제1독서	예물기도	영성체 후 기도
화답송	감사기도	강복
제2독서	감사송	파견
복음환호송	거룩하시도다(상투스)	

✚ 미사에서의 몸가짐

성 아우구스티노는 말했다. "눈에 보이는 신체 외적인 움직임은 눈에 보이지 않는 내면의 영적인 태도를 강하게 만든다. 외면의 움직임이 없으면 내면의 태도도 불가능하다."

앉기: 앉는 행위는 경청과 묵상을 쉽게 만든다. 독서와 강론이 진행될 때, 영성체가 시작될 때, 예물을 준비하는 동안 신자들은 앉아 있는다.

서기: 서는 행위는 주의를 집중하여 미사에 적극적으로 참여하려는 태도와 경외심을 상징한다. 대개 미사 참례자들은 누구나 선 자세로 미사를 시작한다. 대영광송과 본기도, 복음 봉독 때 신자들은 서 있는다. 감사송과 '주님의 기도'를 바칠 때도 선다.

무릎 꿇기: 제대 앞에서 인사하고 무릎을 꿇는 행위는 경외심과 존경의 표시이다. 성변화 때 신자들이 무릎을 꿇는 것은 하느님 앞에 엎드려 그분의 전능과 영광을 인정한다는 의미이다.

합장: 마음의 평화와 묵상과 기도의 표시이다.

양손 펴기: 사제들이 양손을 펴서 기도하는 자세를 '오란스 자세'라고 한다. 두 팔을 벌리고 손바닥을 위로 향하는 이 자세는 개방성을 의미한다.

성호 긋기: 예수님의 죽음과 이를 통해 그리스도교 신자들에게 내려진 구원을 상징적으로 기념하는 표시이다. 안수와 더불어 그리스도교에서 가장 오래된 축복 동작의 하나이다. 복음서를 봉독하기에 앞서 작은 동작으로 세 번 성호를 긋는다.
- 이마에 긋는다. 복음은 온전히 이성을 바쳐 이해해야 하기 때문이다.
- 입술에 긋는다. 복음은 입을 통해 전하고 널리 알려야 하기 때문이다.
- 가슴에 긋는다. 복음은 가슴에 간직해야 하기 때문이다.

가슴을 치기: 성찰과 통회의 표시이다. 고백기도를 바칠 때 가슴을 세 번 친다.

대영광송

하늘 높은 데서는 하느님께 영광.
땅에서는 주님께서 사랑하시는 사람들에게 평화.

라틴어

Glória in excélsis Deo.

Et in terra pax hominibus bonæ voluntátis.

영어

Glory to God in the highest,

and peace to his people on earth.

독일어

Ehre sei Gott in der Höhe

und Friede auf Erden den Menschen seiner Gnade.

스페인어

Gloria a Dios en el cielo,

y en la tierra paz a los hombres que ama el Señor.

영성체 기도

성 토마스 데 아퀴노의 영성체 기도

"전능하시고 영원하신 하느님, 보소서, 당신의 아들 우리 주 예수 그리스도의 성찬례에 왔습니다. 병든 이가 생명을 주는 의사에게 오듯이, 더러운 이가 자비의 샘에 오듯이, 눈먼 이가 영원의 밝은 빛을 찾아오듯이, 가난하고 곤궁한 이가 하늘과 땅의 주님께 오듯이 왔습니다. 당신의 넘치는 자비로움에 기대어 비나이다. 저의 병을 자비롭게 고쳐 주시고, 저의 더러움을 씻어 주시고, 저의 먼 눈을 밝혀 주시고, 저의 가난에 풍족함을 내려 주시고, 저의 벌거벗음을 덮어 주십시오. 그리하여 제가 천사의 양식과 왕 중의 왕과 군주들의 주님을 크나큰 경외와 공손함으로, 깊은 회개와 신심으로, 깨끗하고 신실한 마음으로, 제 영혼의 구원에 도움이 되는 마음과 정신으로 모시게 하소서."

성당 예절

위대한 신학자 로마노 과르디니가 권하는 성당에서 가져야 할 올바른 몸가짐이다.

"우리는 한 순간이라도 무릎을 꿇지 않고는 교회에 들어서지 말아야 한다. (…) 제대 앞에서는 깊숙이 몸을 숙여 절하고 교회 안을 걸을 때는 언제나 격식 있는 자세를 취한다. 자세는 중요하다. 자세는 품위의 표현으로 그치는 것이 아니다. 우리를 온전히 바치기 위해, 신비로움에 가까이 다가가기 위해 우리는 서고 허리를 숙이고 무릎을 꿇는다. 무릎을 꿇는 행위에서 가장 많은 일들이 일어난다. 그러나 그 모든 것에도 알맞은 때가 있다. 교회에서 팔짱을 끼고 앉아 있으면서 하느님의 말씀을 받아들일 수 있다고 생각하는 사람은 없어야 한다. 그런 자세는 벌써 하느님을 물리치는 것이다."

오란스

과거 지중해 지역의 관례적인 기도 모습인 오란스(Orans)는 가장 오래된 기도 자세라고 할 수 있다. 미사 중에 사제들이 이 자세를 취했다. 양손을 모으지 않고 팔을 구부린 채 손바닥을 위로 하여 어깨나 머리 높이까지 쳐드는 이 자세는 축복과 구원을 청하는 표시이다. 동방 교회의 성화에서 오란스 자세를 취한 성모 마리아의 모습을 드물지 않게 볼 수 있다. 요즈음에는 이 자세가 주로 성령 쇄신 운동에서 많이 사용되고 있다.

O로 시작하는 응답가

O-안티폰은 기도 구절이다. 이미 9세기부터 성탄절이 되기 전 7일 동안 일종의 대림의 절정으로서 저녁 기도 때 불렀다는 기록이 있다. 과거에는 그리스도의 강생을 준비하는 가운데 마리아가 대천사 가브리엘을 만나는 모습이나 예수의 어린 시절 이야기들을 삽입하기도 했다.

O Sapientia	오 지혜여	12월 17일
O Adonai	오 주님	12월 18일
O Radix Jesse	오 이사이의 족보여	12월 19일
O Clavis David	오 다윗의 열쇠여	12월 20일
O Oriens	오 샛별이여	12월 21일

O Rex Gentium ·············· 오 백성의 임금이여 ·············· 12월 22일
O Emmanuel ·············· 오 임마누엘이여 ·············· 12월 23일

혼인 서약

성당에서 결혼을 할 때 사제는 신랑 신부에게 혼인 서약을 할 것을 요구한다. 신랑과 신부는 하느님 앞에서 혼인을 약속하고 '사랑과 신의의 증표'로 반지를 서로 끼워 준다.

사제: "두 사람은 하느님과 교회 앞에서 혼인 서약을 하고 결혼으로 맺어졌습니다. 이제 서로 신의의 반지를 끼워 주십시오."

신랑 신부는 마주본다.

신랑이 신부의 반지를 집어든다.

신랑: "나 아무개는 하느님 앞에서 당신을 나의 아내로 맞이합니다. 기쁠 때나 슬플 때나, 건강할 때나 아플 때나, 죽음이 우리를 갈라놓을 때까지 당신에게 성실할 것을 약속합니다. 평생 동안 당신을 사랑하고 아끼고 존경하겠습니다."

신랑이 신부에게 반지를 끼워준다.

신랑: "이 반지를 우리의 사랑과 신의의 증표로서 받아주십시오. 성부와 성자와 성령의 이름으로. 아멘."

신부는 신랑에게 줄 반지를 집어든다.

신부: "나 아무개는 하느님 앞에서 당신을 남편으로 맞이합니다. 기쁠 때나 슬플 때나, 건강할 때나 아플 때나, 죽음이 우리를 갈라놓을 때까

지 당신에게 성실할 것을 약속합니다. 평생 동안 당신을 사랑하고 아끼고 존경하겠습니다."

신부가 신랑에게 반지를 끼워준다.

호쿠스포쿠스

'호쿠스포쿠스'(Hokuspokus)라는 말의 유래에 대해서는 여러 가설이 있다. 그리스도교 성찬례에서 사제는 "이는 곧 내 몸이다"라는 뜻의 라틴어 문장 "Hoc est enim corpus meum"(줄여서 Hoc est corpus)을 나지막한 소리로 말한다. 라틴어를 모르는 미사 참석자들의 귀에는 이것이 '호쿠스포쿠스'로 들렸다. 가톨릭 신앙에 의하면 무언가가 변화되기 때문에, 즉 성찬용 빵인 제병이 예수 그리스도의 몸으로 바뀌기 때문에 이 말이 마법의 주문처럼 쓰이게 되었다. 스칸디나비아 반도 주민들의 일부는 이 주문이 북유럽 신화에 나오는 오쿠스 보쿠스(Ochus Bochus)라는 이름의 마법사에서 유래했다고 믿는다.

구경거리

바오로는 코린토 신자들에게 보낸 첫째 서간에서 자신을 비롯한 사도들에 대해 이렇게 말한다. "내가 생각하기에, 하느님께서는 우리 사도들을 사형 선고를 받은 자처럼 가장 보잘것없는 사람으로 세우셨습니다. 그래서 우리가 세상과 천사들과 사람들에게 구경거리가 된 것입니다."(1코린 4,9) 그리고 이런 말로 끝을 맺는다. "우리는 세상의 쓰레기처럼, 만민의 찌꺼기처럼 되었습니다. 지금도 그렇습니다."(1코린 4,13)

✚ 기적의 표징

에디트 슈타인은 수녀가 된 뒤에 십자가의 데레사 베네딕타로 불렸다. 유다인 혈통의 뛰어난 학자였던 슈타인은 아우슈비츠에서 나치에게 살해되었다. 요한 바오로 2세는 그녀를 유럽의 수호성녀로 선포하고 시성했다. 시성되려면 기적을 행했다는 증거가 필요하다. 데레사의 경우는 두 살 난 미국 여아 베네딕타 맥카시가 급성 간염과 신장염을 동반한 중독에서 치유된 것이 기적의 증거였다. 아이는 1987년에 간 이식 수술을 기다리고 있었으나 희망이 없었다. 결국 아이의 부모는 기도하면서 데레사에게 전구를 청했고 베네딕타는 곧 건강하게 치유되었다.

  라파엘 구이자 발렌시아에 대한 시복 절차가 1951년에 추진된 것은 그의 부패하지 않은 시신이 발견된 것이 계기였다. 멕시코의 주교였던 라파엘의 경우에는 유전적으로 불임 선고를 받은 여성이 그의 전구를 통해 아이를 임신하고 건강하게 출산한 사례가 '기적의 표징'으로 인정되었다.

기적에 관하여

레다 비덴브뤼크 시의 지방법원 판사 하랄트 그로흐트만은 1988년에 설명이 불가능한 현상들을 주제로 작성한 박사학위 논문을 베를린 자유대학에 제출했다. 그 서문에서 에센 교구 주교를 지낸 프란츠 헹스바흐 추기경은 이렇게 적었다. "지방법원 판사의 이 책은 (…) 지난 수백 년 동안 교회의 엄격한 법률적 입증 절차와 조사를 통해 검증된 기적의 외형적 사실들이 실제로 현재까지 반박의 여지없이 증명되었음을 기록하고 있다. (…) 생생한 필치로 쓰인 이 책에서 독자는 성경에 언급된 거의 모든 기적들이 최근까지 반복되었음을 알게 될 것이다."

| 성체 기적 |

- 란치아노의 성변화 기적
- 만차네다의 기적
- 파베르니의 성체 기적
- 토리노의 기적
- 아르스의 성 비안네 신부의 떠다니는 성체
- 알몰다의 빛을 발하는 성체

| 성모 발현 |

- 과달루페에서 발현
- 1830년 파리에서 발현하여 기적의 메달 제작을 명함
- 파티마에서 천주의 모친으로 발현
- 1947년 로마의 트레 폰타네에서 발현

– 아르스의 성 비안네 신부에게 발현

| 그 밖의 발현과 기적들 |

– 예수 그리스도의 발현

– 천사와 성인과 죽은 이들의 발현

– 시라쿠사의 눈물 흘리는 성모

– 나폴리의 성 야누아리오의 피의 기적

– 죽음에서 부활

– 칼란트에서 다리 상처가 아뭄

– 동시이처존재

– 공중 부양

– 정상적으로 안장한 사람의 유해가 썩지 않음

– 음식물을 섭취하지 않고 수십 년 동안 생존한 사람들

– 연옥과 지옥의 환시(외형적으로 확인 가능한 특징들을 보임)

– 불에 탄 손자국

| 피가 흐르는 성체 |

란치아노(8세기), 페라라(1171년), 알라트리(1228년), 피렌체(1230년), 볼세나(1263년), 오피다(1283년)

| 축성한 성체가 빛을 발하는 현상 |

토리노(1453년), 나폴리 인근의 파테르노(1772년)

| 성체에 발현하신 예수 |

브렌(1153년), 앙제 교구의 레췰메(1668년)

란치아노의 성체

전승에 따르면 8세기에 바실리오회 소속의 한 신부가 이탈리아의 한 성당에서 미사를 거행하고 있었다. 그러나 그는 성체 안에 깃든 하느님의 현존과 제병이 그리스도의 살과 피로 변하는 성변화에 대한 믿음을 마음속으로 강하게 부인했다. 어느 날 그가 성체를 높이 들고 성변화를 위한 축성의 기도를 드리는 순간 성체가 갑자기 살아 있는 살로 변하고 잔에 담긴 포도주는 피로 변했다고 한다. 그로부터 1,000년이 훨씬 지난 뒤에도 부패하지 않고 남아 있던 성체와 성혈은 대주교 파치피코 페론토니의 지시로 시에나 대학과 여러 전문가들의 검사를 받았다. 훗날 요한 바오로 2세는 한 차례 더 조사를 의뢰했다. 검사 결과 학자들은 다음과 같은 소견을 내놓았다.

1 성체의 살은 실제 살이며 피는 실제 피이다.
2 그 둘은 동일인의 살과 피이다.
3 그 둘은 혈액형이 똑같다.
4 살은 심장 조직의 구조를 뚜렷하게 보여준다.
5 혈액 도표는 사람의 피라는 것을 보여준다.
6 살과 피는 살아 있는 사람의 것과 동일하다.

이 성체는 현재까지 부패하지 않고 남아 있고 성혈도 보존되어 있다. 성혈은 각기 모양이 다른 다섯 부분으로 나뉘었는데, 다섯 부분을 합한 전체 무게가 각 부분의 무게와 동일하다.

✝ 대교황

레오 1세(440~461)　　　로마를 훈족의 왕 아틸라의 침략에서
　　　　　　　　　　　　지켜냈다.
그레고리오 1세(590~604)　고대 후기의 뛰어난 교황.
니콜라오 1세(858~867)　　교황권의 권위를 강화했다.
요한 바오로 2세(1978~2005)　대교황의 칭호를 받을 예정이다.

✝ 무류성

교황은 신앙과 도덕적인 문제에서 오류가 있을 수 없다는 신념이 1870년 제1차 바티칸 공의회에서 교리로 선포되었다. 독일 주교와 오스트리아 주교를 비롯한 일단의 소수자들은 여기에 저항했다. 물론 이 무류성은 특정 조건에서만 유효하다. 즉 교황이 전체 교회가 인정해야 한다는 의지를 가지고 '성좌(聖座)에서'(Ex cathedra) 교리를 선포해야 하는 것이다.

반면에 교황 개인의 자격으로 발표하는 신조는 무류성에 해당하지 않는다. 1870년 이후 로마 가톨릭 교회에서 성좌를 통해 선언한 교리는 성모 마리아의 육신이 천상으로 옮겨졌다는 1950년의 성모 승천 교리 하나뿐이다.

삼층관

교황들이 쓰던 삼층관 티아라는 주교관인 미트라에서 발전해 나왔다. 원래 티아라는 고대 페르시아(아케메네스) 제국의 왕들이 쓰던 금테 두른 뾰족한 터번이었다. 티아라는 8세기에 처음으로 문헌에 언급되었고, 10세기에는 일층으로 만들어졌다. 13세기 말에 이층이 추가되어 결국 삼층관으로 자리 잡았다. 삼층관은 전례적인 의미를 갖는 것이 아니라 교황권과 세속 군주들을 구별하는 상징이었지만, 교황권은 점차 세속 군주들과 비슷해져 갔다. 1964년에 교황 바오로 6세가 현대식 삼층관을 가난한 사람들에게 하사하면서 티아라의 역사도 막을 내렸다. 이 삼층관은 미국 가톨릭 신자들의 제3세계 자선 활동에 대한 감사의 표시로 현재 워싱턴 D.C.의 원죄 없는 잉태 대성당에 보관되어 있다. 바오로 6세의 후임인 요한 바오로 1세와 요한 바오로 2세는 삼층관을 계속 교황 문장에 새겨 넣었지만 베네딕토 16세는 이마저도 중지시켰다. 그는 세속 권력의 표시인 삼층관 대신 주교관을 그려 넣게 했다.

한국 주교회의 전국위원회

한국 주교들은 2002년 춘계 정기총회에서 다음과 같은 전국위원회 설립을 승인했다.

청소년사목위원회	평신도사도직위원회
천주교용어위원회	정의평화위원회
전례위원회	이주사목위원회
신앙교리위원회	성서위원회
생명윤리위원회	사회복지위원회
복음화위원회	민족화해위원회
문화위원회	매스컴위원회
교회일치와 종교간대화위원회	교회법위원회
교육위원회	교리교육위원회
가정사목위원회	

분주한 교황에게 주는 충고

성 베르나르도는 교황 에우제니오 3세(1145~1153년 재위)에게 편지를 보내어 이렇게 충고했다. "성하께서 한평생을 분주한 일에만 쏟고 자신을 돌아볼 여지를 남기지 않는다면 제가 성하를 훌륭하다 칭찬해야 할까요? 성하도 인간입니다. 성하의 인품이 만물을 포괄하고 완벽해지려면 다른 이들을 위해서만 일하지 말고 성하 자신에게도 세심한 마음을 쏟아야 합니다. (…) 그러니 유념하십시오. 성하 자신을 돌보십시오. 항상 그렇게 하라는 말씀도 아니고, 이따금 그렇게 하라는 말씀도 아닙니다. 오직 한 번만이라도 성하 자신을 돌보라는 말씀입니다."

✚ 견진성사

견진성사는 입문 성사 중 하나로, 성령의 힘을 통해 신앙을 굳건히 하는 것을 의미한다. 견진성사는 주교나 그의 대리인을 통해 거행된다. 우선 주교는 견진성사를 받는 이들의 머리 위에 두 손을 펴고 성령을 불러 내린다. 이어 성사 받는 이들의 머리에 손을 얹고 그의 이름을 부르며 이렇게 말한다. "성령 특은의 날인을 받으시오." 그리고 주교는 견진성사를 받는 이의 이마에 성유를 바르고 성사 받는 이는 "아멘"으로 답한다. 주교가 머리에 손을 얹어 축복하는 안수 행위는 견진성사를 받는 이가 교회와 결합되고 그리스도의 사제직에 참여함을 의미한다. 성유를 바르는 도유 행위는 성사 받는 이가 이러한 삶에 충실하도록 강건하게 만들고 기름부음받으신 그리스도와 하나가 되게 한다. 과거에는 성사 받는 신자가 주교에게 뺨을 맞는 과정이 있었다. 저항을 무릅쓰고 복음의 말씀을 증거하라는 사명의 표시였다.

✚ 최고의 미덕

미덕은 특정 종교의 특권이 아니다. 고대 문명마다 고유의 도덕률의 규범을 기록해 놓았다. 유교에서는 충, 효, 예, 의, 지를 최고의 미덕으로 꼽았다.

그리스도교에서는 세 가지 향주덕(向主德: 믿음, 소망, 사랑) 외에 이른바 사추덕(四樞德)이라고 하는 네 가지 기본 덕목인 지혜, 정의, 용기,

절제가 상급의 덕으로 형성되었다.

   사추덕은 성경 속의 한 문장에 들어 있다. 지혜서의 한 구절은 이렇게 요약해 놓았다. "누가 의로움을 사랑하는가? 지혜의 노고에 덕이 따른다. 정녕 지혜는 절제와 예지를, 정의와 용기를 가르쳐준다."

악덕의 기호

미덕과 대립하는 이른바 악덕은 종교 미술에서 흔히 혐오스러운 인간의 모습으로 상징화되어 있고 미덕과 싸우는 모습으로 표현된다. 의인화된 악덕 중 가장 중요한 것들은 다음과 같다.

교만: 박쥐 날개가 달리고 머리에는 관을 쓴 여인
질투: 개를 타고 가는 여인
무절제: 여우를 타고 가는 여인
탐욕 또는 인색: 돈궤짝 위에 앉아 있는 남자
나태: 나귀 등에서 잠자는 남자
분노: 자기 옷을 찢는 남자
음욕: 돼지나 숫염소를 타고 가는 여인
불신앙: 우상을 섬기는 사람들
절망: 자기 목을 매는 사람
어리석음: 돌을 깨무는 남자
비겁: 토끼를 보고 도망치는 남자

죄악의 종류

| 대죄 |

1 교만   2 인색   3 음욕   4 질투
5 탐욕   6 분노   7 나태   8 슬픔(동방 교회에서 추가한 죄악)

| 간접적인 죄악 |

1 죄악을 권하는 행위
2 다른 이로 하여금 죄를 짓도록 요구하는 행위
3 다른 이의 죄에 동의하는 행위
4 다른 이로 하여금 죄를 짓도록 자극하는 행위
5 다른 이의 죄를 칭찬하는 행위
6 죄에 침묵하는 행위
7 죄를 벌하지 않는 행위
8 죄에 동조하는 행위
9 다른 이의 죄를 변호하는 행위

| 성령 모독죄 | *

1 하느님의 자비를 거슬러 죄를 짓는 행위
2 하느님의 자비를 의심하는 행위
3 깨달은 그리스도교의 진리를 거스르는 행위
4 이웃이 받은 하느님의 은총을 질투하는 행위
5 구원의 권고에 완강히 저항하는 행위
6 의도적으로 회개하지 않는 행위

| 하느님을 거부하는 죄 |

1 의도적인 살인
2 순리를 거스르는 성행위
3 가난한 자, 과부, 고아를 억압하는 행위
4 정당한 임금을 주지 않거나 탈취하는 행위

* 성령 모독죄는 마르코 복음서(3,28)에 있는 말씀으로 거슬러 올라간다. "그러나 성령을 모독하는 자는 영원히 용서를 받지 못하고 영원한 죄에 매이게 된다." 꼭 저주를 해야 성령 모독이 아니다. 하느님의 자비를 거부하는 사람도 성령을 모독하는 것이다. 성령은 하느님의 용서를 얻는 기본 조건인 참회로 이끌기 때문이다. 그리스도교에서 죄악은 인간이 하느님으로부터 멀어지는 불완전한 상태를 말한다.

✚ 사계의 재

전통적으로 교회의 전례력에는 사계절마다 특별히 강조하는 날들이 있다. 새로운 계절을 맞으면서 참회와 기도를 하며 몸과 마음의 정결에 힘쓰도록 하는 날이다. 이 말은 사계절과 연관되어 넷을 뜻하는 라틴어 Quartus에서 나왔다. 사계의 재(四季의 齋)를 지키는 날은 각 계절이 시작되는 첫 주의 수요일, 금요일, 토요일이다.

그 밖의 재일(齋日)은 다음과 같다.

1 대림시기 첫 주
2 사순시기 첫 주일 다음에 오는 주

3 성령 강림 대축일 직전의 주
4 10월의 첫째 주

✙ 고난의 가르침

요한 바오로 2세 : "고난 속에 커다란 신비가 있습니다."

요한 23세 : "고난과 고통 속에서 우리는 주님의 동반자가 됩니다. 눈물은 기쁨이 되고, 굴욕은 승리가 되며, 고통은 영광으로 바뀝니다."

앙투안 드 생텍쥐페리 : "살면서 모든 일이 순조로우리라는 순진한 믿음을 갖지 않게 하소서. 곤경과 패배와 반격은 삶에 주어지는 당연한 덤이고 그로 인해 우리가 성장한다는 분별 있는 통찰을 주소서."

시몬느 베유 : "인간은 무(無)이며 허무인 고난 속에서 더 풍요한 현실을 발견할 수 있어야 합니다."

쿠르트 코흐 주교 : "고난만큼 인간을 서로 강하게 맺어주는 것은 없습니다."

십자가의 성 요한 : "인간은 고난 속에서 하느님의 힘을 느낍니다. 행동 속에서는 자신만을 의지하고 나약해집니다. 그러나 고난 속에서 인간은 정화되고 슬기로워지며 사려가 깊어집니다."

폴 클로델: "하느님은 고통을 없애려고 오지 않으셨습니다. 고통을 설명하려고 오지도 않으셨습니다. 하느님은 고통을 자신의 현존으로 완성하기 위해 오신 것입니다."

게르트루트 폰 르포르: "하느님의 사랑을 체험하는 순간이 있습니다. 그 체험은 처절한 고독 속에 내버려지고 절망의 가장자리로 밀려났을 때만 주어집니다."

✟ 영혼에 관하여

오래된 교리서 중에서

"인간은 육체와 정신으로 만들어졌다. 하느님이 창조하실 때에 두 개의 커다란 나라가 있었다. 육체의 나라와 정신의 나라. 인간은 그 중간에 서서 두 나라에 동시에 관여하고 있다. 인간은 육체와 영혼으로 만들어졌다. 그의 영혼은 정신의 본질이다."

지혜서 중에서

"지혜는 간악한 영혼 안으로 들지 않고 죄에 얽매인 육신 안에 머무르지 않는다." — **지혜 1,1-7**

마이스터 에크하르트

"신비를 깨달으려는 노력은 영혼이 하느님과 합일을 이루고자 하는 소망에서 태어난다. 인간이 존재하는 동안 그 소망은 끝나지 않을 것이다."

프란치스코의 설교

아시시의 성 프란치스코는 1210년에서 1221년 사이에 다음과 같은 『대중 설교의 표본』을 지었다. 그는 서문에서 이렇게 말한다. "아래에 있는, 또는 이와 비슷한 권고와 행복의 말씀들을 내 모든 형제들은 필요할 때마다 원하는 사람 누구에게나 하느님의 축복과 함께 전할 수 있습니다."

전능하신 주님이고 삼위일체이시며
한 분이시고 우주의 창조주이신
성부와 성자와 성령을 두려워하고 공경하십시오.
그분을 찬양하고 찬미하며
그분께 감사하고 경배하십시오.
자신을 돌아보고 회개에 합당한 열매를 맺으십시오. (마태 3,2; 3,8)
여러분은 곧 죽을 사람임을 명심해야 하기 때문입니다.
주십시오. 그러면 여러분도 받을 것입니다! (루카 6,38)
용서하십시오. 그러면 여러분도 용서를 받을 것입니다!
여러분이 다른 사람들의 허물을 용서하지 않으면, 아버지께서도
여러분의 허물을 용서하지 않으실 것입니다. (마태 6,14 이하)
서로 여러분의 죄를 고백하십시오! (야고 5,16)
회개 속에서 죽는 사람은 행복하니
그들이 하늘나라에 들어갈 것이기 때문입니다.
회개 속에서 죽지 않는 사람은 불행하니

그들이 악마의 자식이 되어 악마가 하는 일을 하고
영원한 불 속으로 들어갈 것이기 때문입니다.(요한 8,44; 마태 25,41)
그러니 조심하고 모든 악을 멀리하십시오.
죽는 날까지 선을 떠나지 마십시오!

✚ 프란치스코의 오상

"40일 중의 어느 날―때는 성 십자가 현양 축일이었다―산에 있던 성 프란치스코에게 그리스도께서 날개를 달고 십자가에 못 박힌 세라핌의 모습으로 나타나시어 손과 발에 박힌 못자국과 옆구리의 상처를 그에게 새기셨다고 전승은 이야기한다. 밤중에 일어난 그 현시는 너무도 밝아 주위의 산과 계곡을 다 비추어 마치 한낮처럼 또렷하게 보일 정도였다고 한다. 그 지방에서 양떼를 지키던 목동들이 이 사실을 증언했다."
― 초기에 나온 『세 동료 전기』와 훗날 발간된 『잔 꽃송이』에서

✚ 축일의 수

가톨릭의 전례가 계속 확대되면서 16세기에는 축일의 수가 엄청나게 늘었다. 일부 교구에서는 1년에 100일 이상의 주일과 축일을 기념하는 경우도 있었다. 이에 따라 교황 우르바노 3세(1185~1187)는 축일의 수를 34일로 제한해야 했다. 현재 독일의 축일 수는 주마다 다르다. 가톨

릭의 바이에른 주가 13일로 가장 많은 축일을 휴일로 지정하고 있지만, 이것이 바이에른 주의 경제 발전에 지장을 주지는 않는다.

✚ 신비 체험

아빌라의 성녀 데레사는 가톨릭 교회에서 가장 위대한 여성 중 한 명이다. 그녀는 교황 바오로 6세에 의해 교회학자로 선포되었다. 스페인의 위대한 신비가였던 데레사는 각기 다른 의식 상태로 이끌어주는 여러 가지 기도문을 알고 있었다. 그녀는 그 의식 상태를 '황홀경', '무아경' 또는 '영혼의 비상(飛上)'으로 구분했다. '영혼의 비상'에서는 하느님과 신비로운 합일이 일어나는 높은 단계에서 '깊은 평화'가 나타난다고 했다. 데레사는 자신이 경험한 신비 체험이 어떤 것인지 해석하지 않았다. "이것을 어떻게 이해해야 하는지 나는 모른다"고 그녀는 적었다. "이해하지 못한다는 사실이 내게는 큰 기쁨이었다. 내 딸들아, 너희들의 영혼은 어리석은 이성이 현세에서 이해할 수 있는 것을 주시하지 말고 도저히 이해 불가능한 것을 주시해야 한다." 그녀는 삶에서 얻은 지혜와 경험을 이렇게 요약했다. "모든 것이 헛되도다. 하느님 한 분으로 족하다."(Todo es nada, dios solo basta.) "그리스도를 사랑하기 시작한 사람이라면 남에게 많이 줄수록 자신이 더 많이 받는 사람임을 깨닫는 오묘한 경험을 하기 때문이다."

✚ 아빌라의 성녀 데레사

17개의 수녀원과 15개의 남자 수도원을 세운 아빌라의 성녀 데레사는 삶을 마감하면서 시간의 무(無)에 빠져버렸다. 그녀는 수도생활을 하던 젊은 시절에는 미모 때문에 유명했지만 세탁통이나 화덕도 가까이 한 여인이었다. 한번은 어느 대담한 기사가 데레사의 기품 있는 발을 보고 경탄을 금치 못하자 그녀는 반짝이는 눈빛으로 대답했다. "잘 봐두세요, 기사님. 이것이 제 발을 보는 마지막 기회입니다."

스페인의 신비가 데레사는 1582년 10월 4일에 세상을 떠났다. 그 다음날 교황 그레고리오 13세가 시행한 달력 개혁에 따라 새 역법이 발효되었다. 그리하여 10월 4일 다음날은 열흘을 건너뛰어 10월 15일이 되었다. 이에 따라 위대한 성녀 데레사의 죽음은 날짜를 잃어버린 채 우주의 무한대로 사라졌다.

✚ 리지외의 성녀 데레사

기나긴 성인 목록에서 리지외의 성녀 데레사(+1897년 9월 30일)만큼 일찌감치 많은 이들의 공경과 찬미를 받은 이는 별로 없다. 하느님에 대한 인간의 사랑은 그의 이웃 사랑을 통해 알 수 있다는 것이 그녀의 가르침이었다. 1925년에 거행된 데레사의 시성은 신자들의 열망과 기도로 이루어졌다. 시성식 발표가 나오자 데레사의 소지품을 얻으려는 유례없는 요구가 빗발치기 시작했다. 공경해마지 않는 데레사의 유품을 가지려는 수많은 요구를 들어주기 위해 그녀의 손길이 닿은 옷가지, 침대보, 침대 휘장 등을 잘라서 나누어 주어야 했다.

	1909~1910년까지의 배포 건수	1897~1925년까지 발송 건수
초상화	18만 3,348건	3,000만 50건
유품	3만 6,612건	1,700만 건

성인들의 통공

성인들의 통공은 거룩한 삶을 살도록 부름 받고 세례를 통해 축복받은 모든 이들, 다시 말해 교회의 모든 구성원을 포괄하는 개념이다. 전통적으로 말하듯이 '이미 천당에서 완벽한 성성(聖性)에 도달하여' 복을 누리는 성인들이건, 이 세상에 살아 있는 사람들이건, 죽어서 연옥에서 단련 중인 영혼들이건 모두 그리스도 안에서 하나의 가족을 이루는 구성원들이 서로 친교와 공로를 나누는 것을 말한다.

성인들의 통공에 속한 사람들	교회의 개념
지상의 그리스도교 신자들	전투하는 교회
천당에 오른 성인들	승리의 교회
연옥에 머물고 있는 가련한 영혼들	단련을 받는 교회

✚ 공중 부양

예수와 베드로가 갈릴래아 호수 위를 걸은 것은 중력 파괴에 비유된다. 공중 부양에서는 사람이 제3자의 도움 없이 바닥을 딛지 않고 공중에 떠 있거나 공중을 날아다닌다. 예수회 신부였던 빌헬름 샤모니의 조사에 의하면 200명이 넘는 성인과 준성인들이 공중 부양을 한 것으로 보고되어 있다. 조사의 근거는 1977년 데겐하르트 대주교가 파더보른에 설립한 성인 연구소에 소장된 2,000권이 넘는 시성 절차 서류들이다. 성인들 중에서 공중 부양이 가장 많이 목격된 사람은 '날으는 신부' 또는 기적의 치유자로 어마어마한 인기를 얻었던 이탈리아의 프란치스코회 신부 쿠페르티노의 성 요셉(1603~1663)으로, 100번의 공중 부양을 기록했다. 그가 사망하고 2년이 지난 뒤에 벌써 주교의 심의 절차가 시작되었다. 이와 관련한 모든 서류는 주교에 이어 사건을 담당한 검사(악마의 변호인, Advocatus diaboli)이며 훗날 교황 베네딕토 14세가 된 프로스페로 람베르티니에게 넘어갔는데, 그는 여기에 대해 다음처럼 설명했다. "의심의 여지가 없는 목격자들이 하느님의 종이 보여준 그 유명한 공중 부양과 탈혼 상태의 놀라운 비상(飛上)에 관해 진술했다."

서류에는 도로테아 체카라는 이름의 50세 여자 증인의 말이 인용되어 있다. "나는 그로텔라의 성당에 있었다. 저녁기도가 시작되고 요셉 신부님이 들어오셨다. 그는 본당 한가운데에서 성모상이 있는 제단까지 날아간 뒤 장궤틀에 무릎을 꿇고 앉아 탈혼에 빠졌다." 또 다른 공중 부양에 대한 체카 부인의 심리 기록에는 이렇게 적혀 있다. "첫째 십자가는 올리브 나무로 만들어져서 크고 무거웠기 때문에 남자 열 명이서도 들지 못했다(그녀의 남편은 다섯 명도 들 수 없다고 증언했다). 요셉 신부님은 빠른 걸음으로 여섯 걸음이나 되는 거리를 날더니 십자가를 들어 혼자 구덩이에 세웠다. 마지막에 남은 대형 십자가들을 그로텔라의 예수 수난 언덕에 세울 때 남자 열 명이 들지 못하여 애쓰고 있었는데, 그 광경을 요셉 신부님이 창 너머로 내다보고 있었다. 신부님은 세 걸음으로 달려가 외투를 벗어 놓고 열다섯 걸음을 새처럼 날아오르더니 십자가를 들고 아무 도움 없이 구덩이에 세웠다. 그 십자가의 길이는 54뼘(약 12m)이었다."

또 다른 증인인 70세의 프란체스코 알레그레티는 나폴리의 부왕과 수많은 교회 방문객들이 보는 앞에서 벌어진 요셉 신부의 가장 신빙성 있는 비상에 관해 교황청의 심의 재판에서 진술했다. "그는 작은 문으로 들어와 원죄 없는 잉태 제단 근처에 섰다. 제단 앞에는 사절과 그의 부인과 신하들을 비롯해 아시시에서 온 많은 사람들이 서 있었다. 요셉 신부는 무릎을 굽힌 뒤 원죄 없는 잉태 성모상을 향해 몸을 돌렸다. 그리고 평소처럼 '오' 소리를 내며 두 팔을 벌린 채 열 걸음 정도 떨어진 제단 위의 원죄 없는 잉태 성모상으로 날아가 그것을 껴안았다. 원죄 없는 잉태 성모상은 바닥에서 사람 키보다 높은 곳에 있었는데 신부님은 여자 몇 명의 머리 위를 날아간 것이다."

✚ 수도원의 묘지

18세기까지만 해도 서구에서는 경작지와 묘지를 엄격하게 구분하지 않았다. 수도원 뜰에 있는 묘지는 대개 과수원이었다. 공동묘지는 주로 불모지에 조성되었다. 수도원 묘지에 풀이나 유용 작물이 자라면 거기에서 나오는 수확은 신부와 수도원 관리인이나 무덤을 파는 인부들에게 돌아갔다. 1784년이 되어서야 의사 요한 프리드리히 그멜린이 묘지에 식수를 할 수 있는 토대를 마련했다. 그러나 미관상의 이유 때문이 아니라 위생 때문이었는데, 시체 부패 과정에서 발산되는 독이 건강에 해롭다는 확신을 가졌던 것이다. 1876년부터는 함부르크-올스도르프에 독일에서 처음으로 미관을 고려한 공원묘지가 탄생했는데, 미국식

을 따라 조경술을 도입하여 조성했다. 과거에 묘지 식수의 '고전'은 '피를 흘리는 수녀'라고 불린 시클라멘이었다. 슬픔에 잠긴 사람처럼 고개를 숙인 꽃잎 중간의 붉은 반점이 성모 마리아의 고통을 연상시켰다. 그 밖에 여러 꽃들의 상징은 다음과 같다.

사과나무	인간의 타락
호두나무	육체와 영혼
버찌	낙원
주목, 두송, 딱총나무	사악한 힘을 막아줌
레이디스 맨틀, 양귀비	잠*
담쟁이, 회양목, 상록수	영속, 영원한 삶

카네이션 ·· '관에 박는 못'이라고도 불렸다.
장미 ·· 순교

* 잠은 죽음을 가리키는 시적인 표현으로도 쓰인다. 요한 세바스티안 바흐의 합창곡 〈아름다운 세상이여〉 중에 "오라 죽음이여, 잠의 형제여"라는 구절이 있다.

✠ 백합

성인들의 묘사에서 백합만큼 자주 사용된 표지도 없다. 백합은 순결의 상징이기도 하지만 무엇보다 신자들이 열망하는 성스러운 특징인 순수한 마음을 잘 나타낸다. 그리스도교 회화에서 백합을 상징물로 가진 사람은 다음과 같다. 성녀 안젤라 메리치, 가르멜회 수도자 성 안젤로, 파도바의 성 안토니오, 성녀 발비나, 성 도미니코, 캔터베리의 성 에드문도, 성 에메리코, 성녀 에우랄리아, 성 헤르만 요셉, 폴란드의 성 히야친토, 십자가의 성 요한, 성 요셉, 성 가시미로, 스웨덴의 성녀 가타리나, 시에나의 성녀 가타리나, 아시시의 성녀 클라라, 성 루이 9세(루도비코), 툴루즈의 성 루도비코, 파치의 성녀 마리아 막달레나, 톨렌티노의 성 니콜라오, 성 필립보 네리, 페냐포르트의 성 라이문도, 몰렘의 성 로베르토, 리마의 성녀 로사, 성녀 로살리아, 성녀 살로메, 성 스타니슬라오 코스트카, 성 빈첸시오 페레리오. 대천사 가브리엘과 미카엘은 사자의 지팡이의 상징으로 백합을 들고 있다.

✝ 모든 성인 대축일

그리스도교가 박해를 당하던 때에 신자들은 비밀리에 순교자의 무덤에 모여 주로 그들의 순교일에 전례를 거행했다. 그리스도교가 공인된 후 순교자 공경은 모범적이고 거룩한 삶을 살아 성인이 된 신자들에 대한 공경으로 확대되었다. 그 첫째 인물이 투르의 성 마르티노였다. 교황에 의해 시성된 첫 성인은 아우크스부르크의 주교였던 성 울다리코였는데, 993년에 교황 요한 15세에 의해 시성되었다. 모든 성인 대축일인 11월 1일이 되면 그리스도교 신자들은 죽음으로써 '영원한 구원'을 얻은 성인들을 기억하고 기린다.

✝ 성경의 해석

"오는 세대를 위하여 이것이 글로 쓰여, 다시 창조될 백성이 주님을 찬양하리라"고 성경(시편 102,19)에 적혀 있다. 리지외의 성녀 데레사는 인간이 하느님을 찾기 위해서는 성경 이상의 것은 필요하지 않다고 말했다. 가톨릭 교회의 교리서는 성경의 폭넓은 해석을 위해 '네 가지 의미 차원'을 받아들일 것을 권한다. 이 가르침에 따르면 성경은 네 가지의 의미 영역을 가지고 있다. 성경 속의 이야기와 거기에 담긴 여러 층위들은 다음과 같은 네 가지 관점에서 보아야 완전히 해독할 수 있다.

네 가지 의미 차원	중세의 금언
1. 사실 자체	문자는 일어난 사건을 가르쳐준다.
2. 사실의 의미	네가 믿어야 할 것은 우의이다.
3. 도덕적인 요구	네가 실행해야 할 것은 도덕적인 의미이다.
4. 약속	네가 도달해야 할 곳은 비의(秘義)이다.

✚
성경 속의 관능적 대목들

| 솔로몬의 아가 중에서 |

2장: 젊은이들 사이에 있는 나의 연인은 숲 속 나무들 사이의 사과나무 같답니다. 그이의 그늘에 앉는 것이 나의 간절한 소망, 그이의 열매는 내 입에 달콤하답니다.—그이가 나를 연회장으로 이끌었는데, 내 위에 걸린 그 깃발은 사랑이랍니다.—여러분, 건포도 과자로 내 생기를 돋우고 사과로 내 기운을 북돋아 주셔요. 사랑에 겨워 앓고 있는 몸이랍니다.—그이의 왼팔은 내 머리 밑에 있고, 그이의 오른팔은 나를 껴안는답니다.—예루살렘 아가씨들이여, 노루나 들사슴을 걸고 그대들에게 애원하니, 우리 사랑을 방해하지도 깨우지도 말아 주오. 그 사랑이 원할 때까지.

4장: 나의 누이여 나의 신부여, 그대는 닫혀진 정원, 봉해진 우물.—그대의 새싹들은 석류나무 정원이라오. 맛깔스런 과일로 가득하고 거기에는 헤나와 나르드, 나르드와 사프란, 향초와 육계향, 온갖 향나무와 함께 몰약과 침향, 온갖 최상의 향료도 있다오.—그대는 정원의 샘, 생수가 솟는 우물, 레바논에서 흘러내리는 시내라오.

5장: 그이의 뺨은 발삼 꽃밭 같아 향기로운 풀들이 탑을 이루고, 그이의 입술은 몰약이 흘러 떨어지는 나리꽃이랍니다. ─그이의 팔은 보석 박힌 금방망이. 그이의 몸통은 청옥으로 덮인 상아 조각이랍니다. ─그이의 다리는 순금 받침대 위에 세워진 하얀 대리석 기둥. 그이의 모습은 레바논 같고 향백나무처럼 빼어나답니다. ─그이의 입은 달콤하고 그이의 모든 것이 멋지답니다. ─나의 연인은 이렇답니다, 내 벗은 이렇답니다, 예루살렘 아가씨들이여!

7장: 돌아와요, 돌아와요, 술람밋이여! 돌아와요, 돌아와요, 우리가 그대를 바라볼 수 있도록! 너희는 어찌하여 술람맛이 두 줄 윤무를 추기라도 하는 듯 바라보느냐? ─오, 귀족 집 따님이여, 샌들 속의 그대의 발은 어여쁘기도 하구려! 그대의 둥근 허벅지는 목걸이처럼 예술가의 작품이라오. ─그대의 배꼽은 동그란 잔, 향긋한 술이 떨어지지 않으리라. 그대의 배는 나리꽃으로 둘린 밀 더미. ─그대의 두 젖가슴은 한 쌍의 젊은 사슴, 쌍둥이 노루 같다오. ─그대의 목은 상아탑. 그대의 두 눈은 헤스본의 밧 라삠 성문 가에 있는 못.

　정녕 아름답고 사랑스럽구려, 오 사랑, 환희의 여인이여! ─그대의 키는 야자나무 같고, 그대의 젖가슴은 야자 송이 같구려. ─그래서 나는 말했다오. 나 야자나무에 올라 그 꽃송이를 붙잡으리라. 그대의 젖가슴은 포도송이, 그대 코의 숨결은 사과. ─그대의 입은 좋은 포도주 같아라. 그래요, 나는 나의 연인에게 곧바로 흘러가는, 잠자는 이들의 입술로 흘러드는 포도주랍니다. ─나는 내 연인의 것. 그이는 나를 원한답니다. ─오셔요, 나의 연인이여, 우리 함께 들로 나가요. 시골에서 밤을 지내요. (…) 거기에서 나의 사랑을 당신에게 바치겠어요.―합환채는 향기를 내뿜고 우리 문간에는 온갖 맛깔스런 과일들이 있는데 햇것도 있고 묵은 것도 있어요. 나의 연인이여, 이 모두 내가 당신을 위하여 간직해 온 것이랍니다.

| 창세기 중에서-야곱의 아내들 |

야곱은 라헬을 얻으려고 칠 년 동안 일을 했다. 이것이 그에게는 며칠로밖에 여겨지지 않았다. 그가 그만큼 라헬을 사랑했던 것이다.―마침내 야곱이 라반에게 말했다. 기한이 찼으니 제 아내를 주십시오. 같이 살겠습니다.―그러자 라반은 그곳 사람들을 모두 청해 놓고 잔치를 베풀었다.―저녁이 되자 그는 딸 레아를 야곱에게 데려다 주었다. 그래서 야곱은 그와 한자리에 들었다.―그런데 아침에 보니, 레아가 아닌가! 야곱이 라반에게 말했다. 저에게 이러실 수가 있습니까? 제가 라헬을 얻는 대신 외삼촌 일을 해드리지 않았습니까? 그런데 왜 저를 속이셨습니까?―라반이 대답했다. 우리 고장에서는 작은딸을 맏딸보다 먼저 주는 법이 없다. 이 초례 주간을 채워라. 그리고 네가 다시 칠 년 동안 내 일을 해 준다면 작은애도 우리가 너에게 주겠다.―야곱은 그렇게 하기로 하고 초례 주간을 채웠다. 그러자 라반은 자기의 딸 라헬을 그에게 아내로 주었다.―야곱은 라헬과도 한자리에 들었다. 그는 레아보다 라헬을 더 사랑했다.―그는 다시 칠 년 동안 라반의 일을 했다.―주님께서는 레아가 사랑받지 못하는 것을 보시고, 그의 태를 열어 주셨다. 그러나 라헬은 임신하지 못하는 몸이었다.

요한 묵시록의 말 탄 네 사람

전쟁 – 흰말

"내가 또 보니, 흰말 한 마리가 있는데 그 위에 탄 이는 활을 가지고 있었습니다. 그는 화관을 받자, 승리자로서 더 큰 승리를 거두려고 나갔습니다."

살육 – 붉은 말

"그러자 다른 붉은 말이 나오는데, 그 위에 탄 이는 사람들이 서로 살해하는 일이 벌어지도록 땅에서 평화를 거두어 가는 권한을 받았습니다. 그리하여 그는 큰 칼을 받았습니다."

굶주림 – 검은 말

"내가 또 보니, 검은 말 한 마리가 있는데 그 위에 탄 이는 손에 저울을 들고 있었습니다. 나는 또 네 생물 한가운데에서 나오는 어떤 목소리 같은 것을 들었습니다. '밀 한 되가 하루 품삯이며 보리 석 되가 하루 품삯이다. 그러나 올리브기름과 포도주에는 해를 끼치지 마라.'"

죽음 – 푸르스름한 말

"내가 또 보니, 푸르스름한 말 한 마리가 있는데 그 위에 탄 이의 이름은 죽음이었습니다. 그리고 그 뒤에는 저승이 따르고 있었습니다. 그들에게는 땅의 사분의 일에 대한 권한이 주어졌으니, 곧 칼과 굶주림과 흑사병과 들짐승으로 사람들을 죽이는 권한입니다."

— 요한 묵시록 6장

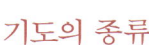
기도의 종류

찬미기도	호칭기도	염경기도
감사기도	화살기도	청원기도
관상기도	봉헌기도	참회기도
공동체기도	치유기도	속죄기도
묵주기도	서원기도	성무일도
묵상기도	시편기도	

시편기도

구약 성경의 시편은 그리스도교 신자들이 읽는 정경의 하나일 뿐 아니라 오늘날까지 교회가 바치는 성무일도의 본질적인 부분이기도 하다. 교회는 구약 시대의 성스러운 저자들이 영감으로 지은 이스라엘 찬미가로 기도를 드리는 것이다. 시편은 근원적으로 우리에게 감사하는 마음을 주고 불행 속에서 위안을 줄 뿐만 아니라, 인간의 정신과 마음을 하느님께 드높이고 인간의 마음속에 경건하고 거룩한 정신을 일깨우는 힘이 있는 것으로 알려져 있다. 그리스도교 신자들과 유다교 신자들은 예나 지금이나 똑같은 하느님께 똑같은 기도를 바친다. "시편기도는 우리가 인생의 어둠에 있을 때 하느님이 보내주시는 빛과 같다. 성부와 성자와 성령의 이름으로 간구하면 우리는 하느님의 신비 속으로 받아들여진다"라고 파리의 대주교를 지낸 장 마리 뤼스티제 추기경은 말했다. 시편을 기도로 바치는 데는 당연히 공부가 뒤따라야 한다. 간단한 선율의 구절을 끊임없이 반복하다 보면 관조의 상태가 만들어진다. 시편 131장에는 이렇게 나와 있다.

주님, 제 마음은 오만하지 않고
제 눈은 높지 않습니다.
오히려 저는 제 영혼을 가다듬고 가라앉혔습니다.
어미 품에 안긴 젖 뗀 아기 같습니다.
저에게 제 영혼은 젖 뗀 아기 같습니다.

시편 19장의 "하늘은 하느님의 영광을 이야기하고, 창공은 그분 손의 솜씨를 알리네!"를 노래로 작곡한 베토벤만큼 창조의 아름다움을 멋있게 찬미한 음악가도 없다.

임마누엘 칸트는 이렇게 썼다. "나는 평생 동안 훌륭하고 박식한 책들을 많이 읽었다. 그러나 그 모든 책에서 시편 23장의 '당신께서 저와 함께 계십니다'라는 네 마디 말만큼 내 마음을 가라앉히고 즐겁게 하는 글은 발견하지 못했다."

✚ 주님의 기도

유다교에도 기도문이 적지 않지만 '주님의 기도'만큼 모범이 될 만한 기도문은 없다. 성 아우구스티노 같은 위대한 기도자들은 주님의 기도 안에 결코 닳아 없어지지 않는 무언가가 들어 있다고 말한다. 또 주님의 기도를 개개의 선율이 각기 다르게 배열되어 끊임없이 새롭게 창조되는 음악 작품에 비유하는 사람들도 있다. 이 기도를 하면서 우리는 받기만 하고 주는 것은 거의 없다고 어느 신부는 말했다. 우리가 텅 빈 마음을 드리면 하느님께서는 그 마음을 가득 채워 우리에게 돌려주신다. 주님의 기도의 시작 부분에 벌써 강력한 문구가 숨어 있다.

1. 하느님에 대한 호칭 ·················· 하늘에 계신 우리 아버지
2. 찬미 ·················· 아버지의 이름이 거룩히 빛나시며
3. 공개와 헌신 ·················· 아버지의 뜻이 이루어지소서
4. 성령의 강복 ·················· 하늘에서와 같이 땅에서도

빛의 기도

은수 생활의 핵심은 하느님께 바치는 강렬한 삶이다. 사막의 교부들이 가장 큰 의미를 두었던 것은 이른바 폭풍 속에서 천국에 도달할 기회를 주는 '빛의 기도'였다. 이때 수도자는 두 손을 벌리고 다음처럼 기도했다.

> 주님, 당신의 뜻대로 당신이 아시는 대로
> 저에게 자비를 베푸소서.

이 신비주의적인 기도 생활은 황홀경으로 바뀌는 경우가 적지 않았다. "나는 내 마음을 떠나 관조 속에서 무아경에 빠졌다"라고 이시도로는 고백한다. 팔라디우스가 『거룩한 교부들의 삶』이라는 책에서 묘사한 어느 수도자는 지속적으로 무아경에 빠지면서 "세상보다는 하느님 곁에 더 많이 있었다"라고 했다.

묵주기도

묵주는 여러 단으로 구성된, 묵주기도를 할 때 쓰이는 줄에 꿴 구슬을 말하며, 묵주기도 자체를 뜻하기도 한다. "묵주기도는 길이 아니라 공간이며, 묵주기도에는 목적이 아니라 깊이가 있다"고 로마노 과르디니는 말한다. 중세에 탄생한 묵주기도는 그리스도교 신비주의의 오랜 역사에서 하나의 독자적인 기도이다. 이와 관련된 전설이 수없이 많이 전해 내려오고 있고, 학문적인 연구도 아직 진행 중이다. 묵주기도는 민족 전체를 그리스도교로 개종시키고 세계 대륙의 절반을 구원했다. 묵주기도에 담긴 신비로운 묵상은 신앙과 멀어진 시대에 신실한 신자들의 영원한 지주가 되면서 예상치 못한 부활을 맞고 있다.

묵주기도는 '로사리오'를 우리말로 옮긴 것인데, 로사리오라는 명칭은 5개의 큰 구슬과 50개의 작은 구슬을 꿰어 만든 묵주에서 나왔다. 기도자는 묵주의 구슬을 하나씩 굴리면서 기도한다. 구슬은 대개 장미목으로 만들어졌는데, 신자들이 장미꽃으로 화환을 엮어 성모 마리아께 바친 데서 연유한다. 그래서 묵주기도의 각 단마다 성모 마리아의 시선으로 아드님을 바라보고 짧게 요약된 형태로 복음서 전체를 묵상한다. 전통적으로 묵주기도는 3가지 신비로 구성되어 있었으나, 교황 요한 바오로 2세가 2002년 10월에 빛의 신비를 추가하여 4가지 신비가 되었다.

중세에 탄생한 전설에 의하면, 성 도미니코가 알비파와 싸울 때 성모님이 영적인 무기로써 묵주기도를 바치라는 계시를 내렸다고 한다. 그러나 성모송을 각 단마다 10회씩 바치고 다섯 단을 반복하는 오늘날의 형식은 트리어의 카르투지오회 수도원인 성 알바노 수도원의 수도자

도미니쿠스 폰 프로이센이 창안한 것으로 추정된다. 그후 교황 비오 5세가 1569년 9월 17일에 발표한 칙령을 통해 현재의 묵주기도 형식이 공식 확립되었다. 묵주기도는 묵주알을 규칙적으로 굴리면서 리듬에 맞춰 기도문을 외우고 끝없이 반복하는 방식을 통해 영혼의 깊은 평안에 들게 한다. 묵주기도는 매번 바칠 때마다 다르고, 수천 번을 반복해도 거기에서 얻는 기쁨과 평온의 느낌이 다르다. 손가락으로 세어가는 묵주알이 하나씩 늘어날수록 우리의 마음속에는 더 큰 평화가 자리 잡는다. 작곡가 요제프 하이든은 이렇게 말했다. "나는 집안을 거닐며 묵주기도를 드릴 때 가장 아름다운 선율이 떠오른다."

| 환희의 신비 |

1단 마리아께서 예수님을 잉태하심을 묵상합시다.
2단 마리아께서 엘리사벳을 찾아보심을 묵상합시다.
3단 마리아께서 예수님을 낳으심을 묵상합시다.
4단 마리아께서 예수님을 성전에 바치심을 묵상합시다.
5단 마리아께서 잃으셨던 예수님을 성전에서 찾으심을 묵상합시다.

| 빛의 신비 |

1단 예수님께서 세례를 받으심을 묵상합시다.
2단 예수님께서 카나에서 첫 기적을 행하심을 묵상합시다.
3단 예수님께서 하느님 나라를 선포하심을 묵상합시다.
4단 예수님께서 거룩하게 변모하심을 묵상합시다.
5단 예수님께서 성체성사를 세우심을 묵상합시다.

| 고통의 신비 |

1단 예수님께서 우리를 위하여 피땀 흘리심을 묵상합시다.
2단 예수님께서 우리를 위하여 매맞으심을 묵상합시다.
3단 예수님께서 우리를 위하여 가시관 쓰심을 묵상합시다.
4단 예수님께서 우리를 위하여 십자가 지심을 묵상합시다.
5단 예수님께서 우리를 위하여 십자가에 못 박혀 돌아가심을 묵상합시다.

| 영광의 신비 |

1단 예수님께서 부활하심을 묵상합시다.
2단 예수님께서 승천하심을 묵상합시다.
3단 예수님께서 성령을 보내심을 묵상합시다.
4단 예수님께서 마리아를 하늘에 불러올리심을 묵상합시다.
5단 예수님께서 마리아께 천상 모후의 관을 씌우심을 묵상합시다.

✚
묵주기도는 어떻게 하는가

1 **시작할 때**: 십자가를 잡고 십자성호를 그으며 성호경 "성부와 성자와 성령의 이름으로. 아멘"을 바치고, 이어서 사도신경을 바친다.
2 첫째 알을 잡고 주님의 기도를 바친다.
3 이어지는 세 개의 알에서는 성모송을 세 번 외운다. 이때 향주 3덕을 묵상하거나 하느님(성부)의 딸이신 마리아, 하느님(성자)의 모친이신 마리아, 하느님(성령)의 배필이신 마리아를 묵상한다.

4 둘째 큰 알을 잡고 영광송을 바친다. 이어서 '신비' 1단을 묵상하고 주님의 기도를 바친다.
5 이어지는 열 개의 작은 알에서 성모송을 열 번 바친다.
6 큰 묵주알에서 영광송, 다음 '신비', 주님의 기도를 바친다.
7 같은 요령으로 신비 5단까지 진행한다.

✚
수녀의 화살기도

잠에서 깨었을 때 : "하느님, 저의 하느님, 이른 아침에 깨어 당신을 찾습니다."(시편 62) "오늘도 하루를 시작합니다."(시편 76,10)

집을 나설 때 : "주님, 당신의 길을 알려주시고 당신의 계명의 길로 저를 인도하소서."(시편 24,4)

교회 옆을 지나갈 때 : "진정 주님께서 이곳에 계시도다!"(창세 28,10)

일터에서 : "나에게 힘을 주시는 분 안에서 나는 모든 것을 할 수 있습니다."(필리 4,13) "사람은 자기가 뿌린 것을 거두는 법입니다. 낙심하지 말고 계속 좋은 일을 합시다."(갈라 6,8-9)

중요한 일을 시작할 때 : "당신 어좌에 자리를 같이한 지혜를 저에게 주소서!"(지혜 9,4) "오소서 성령이여, 저를 비춰주소서."

사람을 만나기 전에 : "주님, 제 입에 파수꾼을 세우시고 제 입술의 문을 지켜 주소서. 제 마음이 악한 말에 기울지 않게 하소서."(시편 140)

무엇을 해야 할지 모를 때 : "주님, 말씀하십시오. 당신 종이 듣고 있습니다."(1사무 3) "주님, 제가 무엇을 해야 합니까?"(사도 9,6)

굴욕을 당할 때 : "제가 고통을 겪은 것은 좋은 일이니 당신의 법령을

배우기 위함이었습니다."(시편 119,71)

고난을 당할 때: "주님께서 주셨다가 주님께서 가져가시니 주님의 이름은 찬미받으소서."(욥 1)

시험에 들 때: "나의 주 하느님, 오늘 저에게 힘을 주십시오."(유딧 13)

슬픔과 번민에 빠졌을 때: "그분은 주님이시니, 당신 보시기에 좋으실 대로 하시겠지."(1사무 3)

여행 중에: "저는 당신 집에 사는 이방인, 제 조상들처럼 거류민일 따름입니다."(시편 39)

옷을 벗을 때: "우리는 이 세상에 아무것도 가지고 오지 않았으며 이 세상에서 아무것도 가지고 갈 수 없습니다."(1티모 6,7)

잠들기 전에: "아버지, 제 영을 아버지 손에 맡깁니다."(시편 30,6; 루카 23,46)

✚ 좋은 생각을 위한 묵상

좋은 생각에는 초기 그리스도교의 전통이 들어 있다. 수녀들을 위한 오래된 묵상집에서 몇 가지를 추려본다.

1시: 한 분의 하느님, 한 분의 구세주, 한 분의 판관, 하나의 영혼, 한 번의 마지막 심판, 하나의 영원. 필요한 것은 단 하나, 사랑 속에서 하느님을 섬기고 행복해지는 것, 그것뿐입니다.(루카 10,20)

2시: 두 계명—여기에 모든 율법이 담겨 있습니다. 그 무엇보다 하느님을 사랑하는 것, 그리고 이웃을 사랑하고 충고와 실천으로 그를 돕는 것입니다. 지난 시간 동안 나는 이 계명들을 거슬러 행동하지 않았는가?

3시: 우리 영혼의 세 가지 힘인 이성과 기억과 의지처럼 삼위일체의 하느님께 헌신합시다. 세 가지 주요 덕목이 진정한 그리스도교 신자를 만듭니다. 오 나의 하느님, 제 안에 믿음과 소망과 사랑을 길러주소서!

4시: 4시를 알리는 종소리는 네 개의 마지막 일들을 상기시킵니다. 복된 죽음, 자비로운 심판, 죄와 지옥의 회피, 그리고 천당에서의 기쁨입니다.

5시: 오감으로, 다섯 탈렌트를 가지고, 다섯 명의 슬기로운 처녀들과 함께 우리는 다섯 군데의 거룩한 상처로 우리의 희망이며 위안이 되시는 분 앞에 서기를 소망합니다.

6시: 6일간의 천지창조 기간. 하느님이 하신 그 모든 자비로운 일에 감사드리고 우리 인간의 고귀한 직분을 생각합니다.

7시: 일곱 성사, 은혜와 도움과 힘을 주는 신비로운 일들. 우리는 날마다 하늘을 향해 일곱 번 간청을 드립니다. 예수님은 십자가에서 일곱 말씀을 하셨으며, 우리는 이 시간에 주님의 어머니가 당하신 일곱 가지 고통을 묵상합니다.

8시: 하느님의 아들은 여드렛날에 '예수'라고 불리셨습니다. 노아의 홍수 때는 여덟 사람만이 구원되었습니다. 여덟 가지 참행복의 길을 가면 영원히 구원받을 것입니다!

9시: 제9시에 예수님은 당신의 영을 하느님께 맡기셨습니다. 우리가 구원의 열매를 나누게 하소서!

10시: 십계명. 열 명의 나병환자들. 구세주는 결혼식에 열 명의 처녀들을 부르셨습니다. 나는 어느 처녀에 속할까요? "깨어서 기도하라!"

11시: 포도밭 주인은 제11시에 밭에서 일할 일꾼들을 사려고 집을 나셨습니다. 나는 그때부터 얼마나 일을 했을까요?

12시: 우리가 믿는 신앙 고백의 열두 항목. 천국으로 들어가는 열두 성문이 있습니다. 그곳에서는 열두 개의 별이 달린 관을 쓴 하느님의 어머니와 열두 사도들이 우리를 기다리고 계십니다. 낮에는 12시간이 있고 밤 또한 12시간이 있으며 1년은 1200만 초입니다. 언제 우리의 마지막 시간의 종이 울릴까요? 저희가 항상 그때를 마음속에 생각하고 늘 준비하게 하소서!

✠
십자가의 민족

에티오피아에서는 그리스도교 신자들에게 십자가를 목걸이에 달고 다니도록 법으로 규정한 때가 있었다. 이 규정의 기원은 그리스도교 신앙을 강화하기 위해 같은 법을 제정한 차라 야곱 황제(1434~1468)로 거슬러 올라간다. '십자가의 민족'이라는 표현은 그리스도교의 표지인 십자가의 현존을 나타내는 말이기도 하다. 전세계에서 에티오피아만큼 다양한 십자가가 존재하는 나라도 없어서, 각 지방마다 고유의 십자가 형태를 개발하고 있다. 특히 세계문화유산으로 지정된 랄리벨라의 유명 교회는 암석을 십자가 형태로 깎아 만든 교회이다.

트리어의 십자가

수많은 젊은 여성들이 십자가를 유행하는 장신구처럼 스스럼없이 목에 걸고 다니지만, 이는 아직도 많은 이들에게 불쾌감을 유발할 수 있다.

"영국 항공사 브리티시 에어웨이(BA)가 자사 직원들이 제복에 십자가를 착용하는 행위를 금지한 것은 정당하다. 55세의 BA 여직원은 회사 결정에 이의를 제기했으나 1심에서 패했다."
"트리어의 판사들이 십자가를 추방했다. 트리어 지방법원장은 건물을 개축하면서 법정 안에 있던 십자가들을 다시 달지 못하게 했다."
— 2006년 11월 21일자 『쥐트도이체 차이퉁』에 실린 기사

트리어의 주교 라인하르트 마르크스는 이렇게 설명했다. "트리어 시의 역사는 1,700여 년 전부터 지금까지 그리스도교의 영향을 절대적으로 받고 있다. 트리어 교구는 독일에서 가장 오래된 교구이다. 알프스 북쪽에서 가장 오래된 성당이 트리어에 있다. (…) 공공건물, 특히 학교와 법원에 있는 십자가는 기본법에도 명시되어 있듯이 우리 공동체가 '하느님에 앞에서 책임감'을 느낀다는 것을 분명히 보여준다."

바이블 TV

1993년에서 2002년 사이에 성경 영화 역사상 최대 규모의 작품이 탄생했다. 전세계 13개 TV 제작사들이 참여해 만든 이 작품은 총 67개국에서 방영되었다. 독일 키르히 그룹이 기획한 이 시리즈물은 2002년에 나온 〈묵시록〉을 끝으로 막을 내렸다. 같은 해에 키르히 그룹은 파산했다. 시리즈물은 다음과 같다. 〈천지창조〉(1994), 〈아브라함〉(1994), 〈야곱〉(1994), 〈요셉〉(1995), 〈모세〉(1996), 〈삼손과 데릴라〉(1996), 〈다윗〉(1997), 〈솔로몬〉(1997), 〈예레미야〉(1998), 〈에스테르〉(1999), 〈예수〉(1999), 〈바오로〉(2000), 〈묵시록〉(2002).

성경 영화의 배우들

배우	배역	제목	감독 및 연도
앤소니 퀸	교황	〈슈즈 오브 더 피셔먼〉(The Shoes Of The Fisherman)	마이클 앤더슨, 1968
	바라빠	〈바라바〉(Barabbas)	리처드 플라이셔, 1962
	카야파	〈나자렛 예수〉(Jesus Of Nazareth)	프랑코 제피렐리, 1977
찰턴 헤스톤	모세	〈십계〉(The Ten Commandments)	세실 B. 드밀, 1956
	유다 벤허	〈벤허〉(Ben-Hur)	윌리엄 와일러, 1959
	성 요한 세례자	〈위대한 생애〉(The Greatest Story Ever Told)	조지 스티븐스, 1965

배우	배역	제목	감독 및 연도
막스 폰 시도	예수	〈위대한 생애〉	조지 스티븐스, 1965
클라우디아 카르디날레	간음한 여인	〈나자렛 예수〉	프랑코 제피렐리, 1977
리처드 기어	다윗	〈다윗 대왕〉(King David)	브루스 베레스포드, 1985
피터 유스티노프	네로	〈쿼바디스〉(Quo Vadis)	머빈 르로이, 1951
데버러 커	리디아	〈쿼바디스〉	머빈 르로이, 1951
모니카 벨루치	마리아 막달레나	〈패션 오브 크라이스트〉 (The Passion Of Christ)	멜 깁슨, 2004
제임스 카비젤	예수	〈패션 오브 크라이스트〉	멜 깁슨, 2004
앤 밴크로프트	마리아 막달레나	〈나자렛 예수〉	프랑코 제피렐리, 1977
로렌스 올리비에	표트르 I. 카페네프	〈슈즈 오브 더 피셔먼〉	마이클 앤더슨, 1968
율 브리너	람세스	〈십계〉	세실 B. 드밀, 1956
	솔로몬	〈솔로몬과 시바의 여왕〉 (Solomon And Sheba)	킹 비더, 1959
지나 롤로브리지다	시바의 여왕	〈솔로몬과 시바의 여왕〉	킹 비더, 1959
벤 가자라	요한 보스코	〈돈 보스코〉 (Don Bosco)	안드로 카스텔라니, 1988
	카사롤리 추기경	〈교황 요한 바오로 2세〉 (Pope John Paul II.)	존 켄트 해리슨, 2005
존 보이트	요한 바오로 2세	〈교황 요한 바오로 2세〉	존 켄트 해리슨, 2005
리처드 헤리스	아브라함	〈더 바이블: 아브라함〉 (The Bible: Abraham)	조지프 서전트, 1994
	요한	〈더 바이블: 요한 묵시록〉 (The Bible: Apocalypse)	라파엘 메르테스, 2002

✝ 축구 선수의 성호 긋기

성호를 긋고, 결혼 반지에 입을 맞추고, 오른 주먹을 내뻗고, 공중제비를 넘는 식으로 미로슬라프 클로제는 골을 넣은 뒤 환호했다. 전에는 주로 남유럽 국가 선수들이 십자 성호를 그었지만 이제는 세계 어느 축구장에서나 볼 수 있는 행동이 되었다. 하느님의 도움을 요청하는 전형적인 시간대는 선수 교체, 프리킥, 페널티킥을 앞둔 시점이다. 성호를 그은 뒤 엄지나 약지에 입을 맞추는 행동은 남유럽에서 대개 성모 공경의 표시이다.

✝ 영혼의 무게

미국의 어느 학자가 영혼의 무게를 측정할 수 있는지 알고 싶었다. 그래서 방금 사망한 여러 사람들의 몸무게를 재었다. 그랬더니 결과가 모두 똑같았다. 육신의 무게는 사망 직전보다 정확히 21g이 가벼웠다.

✝ 현대 라틴어

로마 교황청은 바오로 6세가 1976년에 창립한 라틴어 재단을 통해 라틴어의 보존과 계속적인 발전을 위해 힘쓰고 있다. 교황청 전문가들이 발행한 『현대 라틴어 사전』(Lexicon recentis latinitatis)에는 다음의 새로운 낱말들이 올라와 있다.

개념	현대 라틴어	뜻
베스트셀러	Liber maxime divenditus	가장 많이 팔린 책
연애	Amor levis	가벼운 사랑
스모그	Fumus et nebula	연기와 안개
보드카	Valida potio Slavica	도수가 높은 슬라브산 술
뷔르스텔	Botellus germanicus	독일의 소형 소세지
갱스터	Gregalis latro	조직 폭력배
나이트클럽	Taberna nocturna	야간 유흥업소
플레이보이	Iuvenis voluptarius	젊은 호색한

✚ 세계의 종교 인구

종교	신자 수(명)
이슬람교	13억 1,000만
가톨릭	11억 1,900만
개신교	3억 7,600만
정교회	2억 2,000만
성공회	8,000만
자유교회	4,200만
유다교	1,500만

힌두교	8억 7,000만
불교	3,700만
중국 전통 종교	4억 500만
시크교	2,500만
민족 종교	2억 5,600만
아프리카 종교	1억
신흥 종교	1억 800만
무신론자 / 비종교인	9억 2,100만

(2005년 중반기 현재, 세계 총인구 : 64억 5,400만 명)

유럽의 종교인 통계

유럽인의 약 75%는 그리스도교(가톨릭, 개신교, 정교) 신자이다. 이슬람교 신자는 8%이며 그 대부분이 러시아의 유럽인 거주지(2,500만 명), 프랑스(550만 명), 독일(320만 명), 영국(150만 명), 이탈리아(100만 명)에서 살고 있다. 유럽인 중 유다교 신자는 200만 명이다. 기타 대륙에서 발생한 종교와 신생 종교를 믿는 이들도 있다. 유럽인의 17%는 신앙이 없다. 무신앙자는 주로 에스토니아, 체코, 네덜란드, 동부 독일에 많다.

　이상이 종교와 관련된 통계이다. 그러나 "독일은 서구 여러 나라와 똑같이 문화가 세속에 물들면서 하느님이 점차 공공 의식에서 사라지고 교회의 전통이 만든 가치들은 자꾸만 영향력을 잃고 있다."(2006년 11월 교황 베네딕토 16세)

세계 최소 규모의 가톨릭 교구

지역	설립연도	교구 교회	사제/수도자	신자 수(명)
몽골	1922/2002	1	9/17	114
사하라	1954	2	3/0	100
페로 제도	999/1931	1	1/0	130
아제르바이잔	2000	1	2/1	200

교회의 자선단체 통계

(단위: 개)

대륙	아프리카	미대륙	아시아	유럽	오세아니아
종합병원	975	1,837	1,073	1,199	152
병동	5,097	5,315	3,526	2,235	506
나병병동	254	69	327	4	2
양로원/장애인병원	658	3,910	1,776	8,069	381
고아원	1,620	2,470	3,171	2,671	64
유치원	1,255	3,888	3,121	2,283	87
혼인상담소	1,447	5,179	930	4,988	260
기타기구	1,772	4,422	1,630	1,931	58
합계	13,078	27,090	15,554	23,380	1,510

(2003년 통계)

세계에서 가장 큰 성당

최소한 규모만 따졌을 때 세계에서 가장 큰 교회는 코트디부아르(상아해안)의 야무수크로에 있는 평화의 성모 대성당(높이 158m, 면적 3만m^2)이다. 코트디부아르의 초대 대통령 펠릭스 우푸에 부아니의 지시에 따라 1986년부터 1989년까지 3년 동안 성 베드로 대성당(좌석 수 6만 개)을 본떠 지었으며 18만 개의 입석과 좌석을 보유하고 있다. 공사비는 약 2억 5,000만 유로가 들었다. 공식적으로 공사비는 우푸에 부아니 대통령의 개인 재산에서 지불된 것으로 되어 있고, 스위스의 지급 동결 계좌에서 나오는 이자로 유지비가 조달된다. 교황 요한 바오로 2세는 성당 근처에 병원을 건립하겠다는 약속을 받고 1990년 아프리카 순방 중에 성당 봉헌식에 참석했다.

오스트리아의 순례지

성모 마리아의 이름이 들어간 오스트리아의 순례지들.

마리아첼 Mariazell
마리아 빌트슈타인 Maria Bildstein
마리아 드라이아이헨 Maria Dreieichen
마리아 슈몰른 Maria Schmolln
마리아 힐프 Maria Hilf
마리아 슈츠 Maria Schutz
마리아 제잘 Maria Seesal
마리아 타페를 Maria Taferl
마리아트로스트 Mariatrost
클라인마리아첼 Kleinmariazell

마리아 란첸도르프 Maria Lanzendorf   마리아 바이트샤흐 Maria Waitschach

마리아 플라인 Maria Plain   마리아 루가우 Maria Luggau

마리아 키르헨탈 Maria Kirchenthal   마리아 로야흐 Maria Rojach

마리아 폰제 Maria Ponsee   마리아 라인 Maria Rain

마리아 슈네 Maria Schnee   마리아 부흐 Maria Buch

마리아슈타인 Mariastein   마리아 피버브륀들 Maria Fieberbründl

마리아 노이슈티프트 Maria Neustift

✚ 서유럽 순례지 홈페이지

Aachen	www.aachendom.de
Altötting	www.altoetting.de
Andechs	www.andechs.de
Augsburg/St. Ulrich	www.ulrichsbasilika.de
Bamberg	www.erzbistum-bamberg.de
Berlin-Mariendorf	www.gemeindemariafrieden.de
Birkenstein	www.erzbistum-muenchen.de
Bochum-Stiepel	www.kloster-stiepel.de
Christkindl	www.pfarre-chistkindl.at
Coesfeld	www.lamberti-coe.de
Erfurt	www.dom-erfurt.de
Ettal	www.kloster-ettal.de
Fátima	www.fatimavirtual.com

Haindling	www.marienwallfahrt-haindling.de
Helfta/Eisleben	www.kloster-helfta.de
Kaufbeuren	www.crescentiakloster.de
Kevelaer	www.wallfahrt-kevelaer.de
Köln	www.dombau-koeln.de
Lourdes	www.lourdes-france.com
Maria Taferl	www.mariataferl.at
Mariazell	www.basilika-mariazell.at
München/Herzogspital	www.altepeter.de
Ottobeuren	www.abtei-ottobeuren.de
Passau/Mariahilf	www.mariahilf-passau.de
Santiago de Compostela	www.jakobus-info.de
Trier	www.trierer.dom.de
Tschenstochau	www.jasnagora.pl/deutsch
Vierzehnheiligen	www.vierzehnheiligen.de
Weingarten	www.kloster-weingarten.de
Weltenburg	www.kloster-weltenburg.de
Steingaden-Wieskirche	www.wieskirche.de
Xanten	www.xanten-dom.de

성당 방명록

다음은 뮌헨의 성녀 안나 수도원 성당 방명록에 적힌 감사와 청원의 글귀들이다.

- 안녕하세요, 자비로운 성모 마리아님, 부탁드리오니 저희 할머니와 할아버지(그리고 우리 모든 식구)가 행복해지게 해주세요.
- 성 안토니오님, 제발 우리 아이를 살려주세요. 간절히 청합니다.
- 우리 아이에게 행운을 주신 것과 의사들이 오진한 것에 감사드립니다.
- 예수님, 제 마음이 큰 고통을 받을 때 도와주시고 헤쳐 나갈 길을 알려주소서.
- 저에게 꼭 아이를 주십시오!
- 좋은 한 해를 주셔서 감사합니다. 살면서 언제나 저를 돌보아 주신 것도 감사합니다.
- 왜 그러셨어요? 왜 하느님은 저의 어머니를 암으로 돌아가게 하시고 2년 후에는 사랑하는 언니마저 59세의 나이로 데려가셨나요?
- 하느님의 어머니, 그들에게 길을 알려 주십시오. 주님, 그들의 영혼을 어루만져주십시오. 감사합니다. 그대로 이루어질 것입니다.
- 성 안토니오님, 제발 변호사가 보낸 편지를 다시 찾게 해주세요. 어디에 두었는지 잊었거든요.
- 하느님, 제 소원은 학교에서 배우는 내용을 모두 이해하는 것이에요.
- 하늘에 계신 아버지, 저에게 힘을 주셔서 감사합니다. 저의 불안을 거두어주시고 제 믿음을 굳건히 해주소서.
- 감사합니다! 차도에서 자전거를 타고 가다가 아주 위험한 상황에 처

했는데 기적적으로 사고를 면했습니다(기적의 메달 착용자입니다).
▶ 남편: 좋으신 주님, 오랜 시간 찾아 헤맨 끝에 드디어 제 아내를 만나게 해주셔서 감사합니다. 제가 항상 진실만을 말하지 않았음에도 저를 도와주셨습니다. 하느님께서는 제가 진실한 사랑만을 원해 왔고 그러기 위해 저 자신이 노력했음을 알고 계십니다.

아내: 이제는 서로 합치는 일만 남았습니다. 저희 두 사람이 감사와 행복 속에 영원히 살겠습니다.
▶ 좋은 날을 주셔서 감사합니다.

✚
하느님 나라로 가는 길

모든 길은 로마로 통하지만 모든 길이 천국으로 통하지는 않는다. 시대를 막론하고 모든 성인들의 열망은 하느님의 뜻에 따라 살려는 노력에 있었다. 그들의 목표는 영원한 구원을 얻기 위한 조건을 이승의 삶에서 찾는 것이었다. 완전함과 깨달음은 거기에 도달하기 위한 의무가 아니라 가능성이었다. 성인들이 제시한 천국에 이르는 길을 살펴보자.

성 루도비코 마리아 그리뇽은 『황금서』에서 이렇게 말한다. "성모 마리아는 예수 그리스도께 가는 가장 손쉬운 지름길이자 완전한 길이다."

성녀 마르가리타 마리아 알라코크는 예수 성심 기도를 추천한다. "짧은 시간에 영혼을 최고의 완전함으로 드높이는 경건한 방법으로 나는 예수 성심 기도 외에 다른 것은 알지 못한다."

리지외의 성녀 데레사는 『한 영혼의 이야기』라는 자서전에서 이렇게 말한다. "나는 천국에 가는 새로운 길을 찾으려고 했다. 곧고 아주 짧으며 작은 길을 찾으려고 했다. (…) 내가 열망하는 그 길이 성경에 암시되어 있는지 찾아보았다. 그때 영원한 지혜의 입에서 나온 말씀, 아주 작은 사람이 내게 올 수 있다는 말씀을 읽었다."

✚
하느님을 찾아서

프란치스코 드 살: "하느님을 찾는 시간은 현세입니다. 하느님을 발견하는 시간은 죽음입니다. 하느님을 나의 것으로 하는 시간은 영원입니다."

마이스터 에크하르트: "하느님을 찾고, 그분을 생각하고, 그분을 사랑하는 사람은 하느님과 함께 있으며 하느님 안에 머뭅니다. 그러면 하느님도 그 사람 안에 머무십니다."

클레르보의 성 베르나르도: "바다를 항해하지 않아도 됩니다. 구름을 뚫고 나아가지 않아도 됩니다. 알프스를 건너지 않아도 됩니다. 당신에게 제시된 길은 멀지 않습니다. 하느님을 만나기 위해서는 당신 자신을 향해 가면 됩니다. 말씀은 당신 가까이에 있기 때문입니다. 그 말씀은 당신의 입 속과 마음속에 있습니다."

아빌라의 성녀 데레사: "우리는 그토록 친절한 손님을 낯설게 대해서는 안 됩니다. 아버지를 대하듯이 우리는 그분과 겸허한 마음으로 이야기할 수 있습니다."

마들렌 델브렐: "이 세상 끝까지 간다면 당신은 하느님의 흔적을 찾을 수 있습니다. 당신 영혼의 바닥까지 내려간다면 그곳에서도 당신은 하느님을 찾을 것입니다."

로마노 과르디니: "만물이 하느님을 이야기한다는 것이 무슨 뜻인지 나는 오늘 처음으로 깨달았습니다. (…) 그분은 현실의 모든 미물 속 어디에나 계십니다. 모든 것은 언제나 그분을 통해 존재합니다. 이것을 경험하는 사람은 만물 안에서 하느님을 경험합니다."

에디트 슈타인: "하느님을 찾지 못한 사람은 자신에게도 도달하지 못합니다."

교황 베네딕토 16세: "당신이 예수님을 더 잘 알수록 그분의 신비가 당신을 끌어당길 것입니다."

보나벤투라: "가장 먼저 나는 영원의 아버지께 간청합니다. 그분은 모든 계시가 내려오는 태초이고, 훌륭하고 완벽한 선물이 쏟아져 내려오

는 빛의 아버지입니다. 나는 아버지께서 밝은 정신의 눈을 주시어 우리의 발길을 평화의 길로 인도하시도록 그의 아드님이신 우리 주 예수 그리스도를 통하여 아버지께 간청합니다."

조지 해리슨: "모든 것에는 정해진 때가 있습니다. 그러나 하느님을 찾는 일에는 때가 없습니다."

✚
요한 바오로 1세의 권고

"하느님을 본 적이 없어서 그분이 존재하는지 아닌지 확신할 수 없다고 내게 말하지 마십시오. 당신들은 당신들의 조상을 본 적도 없지만 그분이 있었다는 것을 확신합니다. 이 세계는 물론이고 당신들 자신도 저절로 생겨난 영원한 물질의 산물이며 처음에는 형태도 없고 무질서했으나 서서히 꼴을 갖추고 세월이 흐르면서 점차 높은 수준으로 발전했다고 말하지 마십시오. 작고 검은 판 위에 찍힌 아주 작고 하얀 점조차 저절로 생기지는 않습니다. 하물며 수십억 년 전의 그 다양한 세계가 갑작스럽게 '저절로' 무에서 생겼겠습니까? 존재하지 않는 분이 무언가를 '저절로' 만들어낼 수 있습니까? 꿀벌은 힘들여 일합니다. 꿀벌은 파라오의 시대에 지었던 벌집을 한 치도 모양을 바꾸지 않고 오늘날까지 그대로 짓고 있습니다. 원숭이가 어떻게 인간으로 변할 만큼 그런 대단한 질적인 도약을 할 수 있겠습니까?"

— 교황 요한 바오로 1세의 산문
『주님이 하신 일을 보고도 그분을 보지 못하는 사람은 어리석어라』 중에서

✚ 은총에 관하여

개신교와 가톨릭 교리의 공통점 하나. 사람은 혼자 힘으로는 믿음을 가질 수도 없고 계명을 지킬 수도 없다. 구원에 필요한 믿음과 계명 준수를 위해서는 하느님의 은총이 필요하다. 예수는 "너희는 나 없이 아무것도 하지 못한다."(요한 15,5)고 말했다. 은총이란 인간이 영생의 행복을 누릴 수 있도록 하느님이 주시는 내면의 은혜를 말한다. 은총에는 두 종류가 있다.

| 도움의 은총 |

하느님은 도움의 은총을 통해 인간의 이성을 밝히고 의지를 움직여 인간이 악을 멀리하고 선을 행하게 하신다. 죄인은 바른 삶을 살기 위해 도움의 은총이 필요하고, 의로운 사람은 계속 의로움을 잃지 않고 천국에 오르기 위해 도움의 은총이 필요하다. 사람은 누구나 은총을 받아 구원을 받고 행복해질 수 있다. "하느님께서는 모든 사람이 구원을 받고 진리를 깨닫게 되기를 원하십니다."(1티모 2,4)

은총을 받는 방법은 성사와 기도이다. 은총을 받으려면 노력이 필요하다. 바오로는 이렇게 말한다. "하느님의 은총을 헛되이 받는 일이 없게 하십시오."(2코린 6,1) 그리스도께서도 말씀하셨다. "보라, 내가 문 앞에 서서 문을 두드리고 있다. 누구든지 내 목소리를 듣고 문을 열면, 나는 그의 집에 들어가 그와 함께 먹고 그 사람도 나와 함께 먹을 것이다."(묵시 3,20)

| 성화 은총 |

성화(聖化) 은총은 초자연적인 영혼의 생명이다. 이렇게 정의 내리는 것은 성화 은총이 인간을 하느님의 뜻에 맞는 성스러운 존재로 만들기 때문이다. 그리스도는 성화 은총을 천국의 잔치에 들어갈 때 입지 않고는 들어갈 수 없는 혼인 예복이라고 말씀하셨다(마태 22). 성화 은총은 하느님의 자녀 됨을 뜻하기도 한다.

그리스도교 신자들은 세례를 통해 성화 은총을 처음으로 받는다. 그러나 이 은총은 대죄(또는 사죄)를 지으면 다시 잃을 수 있다. 이것을 대죄(大罪) 또는 사죄(死罪)라고 하는 것은 그것이 영혼의 초자연적인 생명을 죽이기 때문이다. 성화 은총은 고해성사나 완전한 뉘우침을 통해 다시 회복할 수 있다.

성탄절에 관하여

1. **대림시기**(라틴어 adventus : '도착') : 주님의 오심을 기다림. 예수가 역사의 종말에 재림하실 것을 준비하는 시기이다. 네 번의 대림주일을 끼고 이어지는 대림시기는 1570년 교황 비오 5세에 의해 확립되었다. 대림환을 처음 도입한 사람은 함부르크에 '거친 아이들의 집'을 설립한 개신교 목사 요한 하인리히 비헤른(1808~1881)이다. 대림환을 장식하는 보라색 끈과 초는 대림시기에 행하는 참회와 일치를 상징한다.

2. **베들레헴의 별** : 흔히 베들레헴의 별로 묘사되는 유명한 혜성의 꼬리

는 기원전 7년에 발생한 목성과 토성의 상합이었다. 요하네스 케플러는 1606년 두 행성의 접근을 처음으로 계산하여 이것이 '베들레헴의 별'이었을 것으로 추정했다. 최근 발굴에 따르면 유프라테스강의 시푸르에서 기원전 8년의 별자리 판이 발견되었다. 이 판에는 이듬해에 일어날 모든 행성 운동이 그려져 있다. 그중에 바로 목성이 최고 밝기를 내는 순간 물고기자리에서 토성에 접근하는 별자리가 있는데, 이는 당시의 우주론적 사고에서 유대인을 상징했다. 그러니까 '동방박사들'은 이때 지구에 넓은 원뿔 모양의 광선을 발하며 나타난 '황도광'을 따라 온 것이다.

3. 성탄시기: 성경에는 예수의 정확한 탄생일이 나오지 않는다. 그리스도교 신자들은 로마 제국의 '정복당하지 않는 태양신의 탄생일'(Natalis Solis Invicti)에 새로운 의미를 부여하기 위해 352년부터 12월 25일을 예수의 탄생일로 정한 것으로 추측된다. 빛의 날인 이날은 이때부터 자신을 일컬어 '세상의 빛'이라 하신 예수의 날로 여겨졌다.

4. 크리스마스 트리: 불을 켜 장식한 크리스마스 트리는 1509년 대 루카스 크라나흐의 동판화에 처음 등장한다. 가정집에서는 1605년 알자스 지방에서 처음으로 크리스마스 트리를 장식했다는 기록이 있는데, 초기에는 개신교 가정들만 지키는 풍습이었다. 크리스마스 트리는 낙원의 생명 나무를 상기시킨다고 하며(이 때문에 빨간 사과를 달아놓는다), 초를 켜 장식한 트리는 그리스도를 상징(요한 1,4)한다.

5. 고요한 밤, 거룩한 밤: 역사상 가장 많이 불리는 이 성탄 캐럴은 961종의 편곡이 존재한다. 이 노래는 1818년 12월 24/25일 잘츠부르크 오

버른도르프의 성 니콜라오 교회에서 처음으로 울려 퍼졌다. 교회의 낡은 오르간이 망가지자 당시 26세의 부제 요제프 모르는 자작시 「크리스마스 노래」를 꺼내들었다. 여기에 교사이며 오르간 연주자인 프란츠 크사버 그루버가 몇 시간 만에 기타와 2성부를 위한 선율을 붙여 노래를 만들었다.

6. 아기 그리스도: 원래 성탄절에 예쁘게 차려 입고 중앙 제대에 모셔진 아기 예수(이탈리아어로 '산토 밤비노')를 의미했다. 아기 그리스도가 선물을 가져다준다고 아이들이 믿게 된 것은 젊은이들이 성탄절 행렬에서 천사로 분장하고 선물을 나누어주면서 '아기 그리스도'로 불렸기 때문이다.

7. 구유: 아기 예수가 탄생한 뒤 누워 있던 말 먹이통이다(루카 2,7). 그 유물 일부가 로마의 산타 마리아 마조레 성당에 보관되어 있다. 예수 탄생 이야기를 구유로(황소와 나귀와 함께) 표현하는 풍습은 1223년에 아시시의 성 프란치스코가 시작했다.

8. 크리스마스 과자: 제병(祭餠)으로 만든 과자는 과거에 크리스마스 트리 장식에 쓰였다. 성찬례와 영성체 때의 빵을 의미한다. 이 제병에서 훗날 크리스마스 과자가 발전해 나왔다.

9. 산타클로스: 기록상으로는 성 니콜라오의 개신교 버전으로 1820년부터 언급되었다. 미국식 이름 산타클로스도 이 성인의 이름에서 유래했다. 흰색 털이 달린 빨간 옷을 입고 뾰족 모자를 쓴 털북숭이 산타클로스는 1931년 하든 선드블롬이라는 화가가 코카콜라사 광고에서 처

음 그렸다. 순록 루돌프는 1939년 미국의 한 백화점 광고에서 창안된 것이다.

부활절 웃음

1906년까지만 해도 알트외팅엔 지방에서는 부활절 강론 때 신부가 유머와 여러 재미난 일화들을 동원하여 본당에 모인 신자들을 한바탕 웃게 만들었다고 한다. 그는 중세의 전통인 부활절 웃음(Risus paschalis)을 실천한 마지막 신부였을 것이다. 당시 설교자들은 부활절 미사를 대단히 극적이고 유쾌한 분위기로 만들었다. 얼굴을 찡그리고, 머리칼을 쥐어뜯고, 혀를 내밀고, 손짓 발짓을 해가며 그리스도가 지옥과 죽음과 악마에게 거둔 승리를 멋있게 들려주었다. 신자들이 앙코르를 요청하면 신이 난 사제들은 갑자기 암탉처럼 "꼬끼오" 하고 울거나 제의에서 달걀을 꺼내는 마술까지 선보였다. 그리스도께서 부활하시어 악마가 웃을 일이 없어지면 구원받은 사람들은 편안한 마음으로 실컷 웃을 수 있었던 것이다.

부활 달걀

달걀은 거의 모든 문화와 종교에서 다산과 부활을 상징한다. 그리스도교에서는 이 상징성이 더 강화되었다. 달걀은 그 훼손되지 않은 껍질 때문에 죽음을 이겨낸 예수의 부활을 가리킨다. 10세기부터 이집트의 그리스도교 신자들은 부활절에 달걀을 선물로 주고받았다. 12세기에는 '달걀의 축복'이라는 전통 예절이 있었다. 중세에 프랑스 사제들은 성 금요일에 붉은 색 물에 넣고 중탕으로 단단하게 익힌 달걀을 축성한 뒤 부활절에 시식용으로 내놓았다.

수도원에서는 달걀이 기본 양식이었다. 클뤼니 수도원의 수도자들은 달걀을 미친 듯이 먹어치웠다고 전해진다. 클레르보의 성 베르나르도는 이렇게 호통쳤다. "그곳에서 달걀이 얼마나 갖가지 모습으로 변하고 고문을 당하는지는 이루 말할 수가 없다. 얼마나 열심히 달걀을 변조하고, 일그러뜨리고, 녹이고, 단단하게 만들고, 더럽히는지 헤아리기 힘들다. 그들은 달걀을 부쳐 먹고, 튀겨 먹고, 속을 채워서 먹고, 휘저어서 먹는다. 달걀에 제멋대로 색깔을 입히고 눈과 입을 만족시키려고 어떤 수고도 마다하지 않는다."

✚
영원에 관한 정의

존재는 시간 너머에 있다. 존재는 영원이다. 고대 후기의 그리스도교 철학자인 보에시우스(+524)는 영원에 대한 그의 유명한 정의에서 이렇게 말했다.

"영원은 만물을 포함하는 유일한 현재 속에 주어진 무한한 생명을 소유하는 것이다."(Interminabilis vita tota simul et perfecta possesio.)

종말에 관한 역사

소위 '예언자'들은 늘 임박한 세계 멸망을 예고했다. 그중 많은 이들은 다음의 연도에 최악의 상황이 닥칠 것으로 예상했다.

+ **기원후 992년**: 주님 탄생 예고 대축일과 성 금요일이 겹치면서 탄생과 죽음이 같은 날로 모아졌다.
+ **1000년**: 일부 성경론자들은 묵시록을 글자 그대로 해석했다. "천 년이 끝나가고 있다."
+ **1169년**: 좀처럼 보기 드문 별자리가 나타났다. 모든 행성이 천칭자리에 모여 세계를 경악시켰다.
+ **1524년**: 목성과 토성과 화성이 물고기자리에 있었는데, 많은 이들이 이것을 대홍수로 해석했다.
+ **1666년**: 불안을 조성하는 수의 신비주의가 작용했다. 거룩하지 않은 수 1000과 666(요한 묵시록에서 동물의 수로 알려진 수)의 합이 되는 해였다.
+ **1843년 3월 21일 자정**: 일부 신자들이 구약 성경 다니엘서의 8장과 9장의 내용을 근거로 지구의 정확한 수명을 '계산'했다. 특히 미국에서 이 예언을 신봉했다.
+ **1881년**: 16세기 영국의 마더 쉽튼(Mother Shipton)이라는 여성이 세계 멸망의 해로 예고했다.
+ **1962년 2월 4일**: 17세기에 살았던 프라하의 쥐빌레라는 예언녀가 제시한 멸망의 해이다.
+ **1998년**: 예수는 지상에서 사신 지 1998번째 주에 십자가에 못 박혔다.
+ **2000년**: 새천년이 시작된 후 전형적인 세계 종말의 해로 꼽혔다.

✚ 무지개

무지개는 하느님께서 언약하신 자비의 상징이다. 구약 성경(창세 9,11)에서 무지개는 하느님이 인간과 맺은 계약의 표징이다. 이후로는 다시 홍수가 일어나지 않을 것이라고 하느님은 약속하셨다. 세상 종말에 올 세계 심판자도 무지개 위의 권좌에 앉은 모습으로 그려진다. 중세의 그리스도교 상징에서 무지개의 세 주요 색깔은 홍수(파랑), 세계적 화재(빨강), 새로운 땅(초록)을 나타낸다고 보았다. 무지개의 일곱 색은 일곱 성사, 성령의 일곱 은혜 또는 하늘과 땅을 조화롭게 하시는 성모 마리아의 상징이다.

✚ 마지막 일들

죽음, 심판, 천당, 지옥을 '네 가지 마지막 일들'(四末)이라고 한다. 1926년 뷔르츠부르크 교구에서 발행한 가톨릭 교리서 중 몇 가지를 살펴본다.

예수는 죽음의 순간에 대해 무엇이라고 말했는가?

예수께서 말씀하셨다. "준비하고 있어라."(루카 12,40) "너희가 그 날과 그 시간을 모르기 때문이다."(마태 25,13)

우리의 영혼은 죽음 뒤에 곧바로 하느님의 심판을 받으러 간다. 그곳에서 영혼은 지상에서의 모든 생각과 말과 행위에 대해, 그리고 선을 행하지 않은 것에 대해 해명해야 한다. 이 심판은 개별 심판이다. 개별 심판이 끝나면 영혼은 천당으로 가든가 아니면 연옥 또는 지옥으로 향한다.

죽은 이의 육신은 언제 부활하는가?
죽은 이의 육신은 최후의 날에 부활한다. 최후의 날은 세상 마지막 날이다. 하느님은 죽은 이를 깨워 새 생명으로 만드시고 그 속에서 영원히 그들의 영혼과 하나가 되신다.

죽은 이가 부활한 뒤에는 무엇이 오는가?
죽은 이가 부활한 뒤에는 최후의 심판이 뒤따른다.

복락을 받은 이는 천당에서 어떤 기쁨을 누리는가?
복락을 받은 이는 천당에서 말로 할 수 있는 것 이상의 큰 기쁨을 누린다.
1. 그들은 하느님을 마주하여 바라보고 영원한 사랑 속에서 하느님과 하나가 된다.
2. 그들은 어떤 불행도 겪지 않고 천사들의 무리와 함께 행복하게 살아간다.

저주받은 이들은 지옥에서 어떤 고통을 당하는가?
저주받은 이들은 지옥에서 말로 할 수 있는 것 이상의 고통을 겪는다.
1. 그들은 결코 하느님을 볼 수 없고 영원히 하느님으로부터 버림받는다.
2. 그들은 불의 고통을 당하고 영원히 양심의 가책으로 괴로움을 당하며 악마들의 무리 속에서 살아간다.

✢ 예수의 재림

그리스도는 제자들에게 세상 종말이 어떤 모습일지를 분명하게 말했다. 마지막 때에 관한 말씀(마태 24,1-25,46)에서 예수는 이렇게 말한다. "너희는 여기저기에서 전쟁이 났다는 소식과 전쟁이 일어난다는 소문을 듣더라도 불안해하지 않도록 주의하여라. 그러한 일이 반드시 벌어지겠지만 그것이 아직 끝은 아니다. 민족과 민족이 맞서 일어나고 나라와 나라가 맞서 일어나며, 곳곳에 기근과 지진이 발생할 것이다. 그때에 큰 환난이 닥칠 터인데, 그러한 환난은 세상 시초부터 지금까지 없었고 앞으로도 결코 없을 것이다." 예수는 또 마지막 때에 거짓 예언자가 나타나고 "불법이 성하여 많은 이의 사랑이 식어갈 것"이라고 말했다. '사람의 아들'이 어떤 모습으로 오실지에 대해서는 마르코, 마태오, 루카 복음서가 전해준다.

마르코: 그 무렵 환난에 뒤이어 해는 어두워지고 달은 빛을 내지 않으며 별들은 하늘에서 떨어지고
루카: 그리고 해와 달과 별들에는 표징들이 나타나고, 땅에서는 바다와 거센 파도 소리에 자지러진 민족들이 공포에 휩싸일 것이다. 사람들은 세상에 닥쳐오는 것들에 대한 두려운 예감으로 까무러칠 것이다.
마르코: 하늘의 세력들은 흔들릴 것이다.
마태오: 그때 하늘에 사람의 아들의 표징이 나타날 것이다. 그러면 세상 모든 민족들이 가슴을 치면서….
마르코: 그때에 사람의 아들이 큰 권능과 영광을 떨치며 구름을 타고 오는 것을 사람들이 볼 것이다. 그때에 사람의 아들은 천사들을 보내어….

마태오: …큰 나팔 소리와 함께….
마르코: …자기가 선택한 이들을 땅 끝에서 하늘 끝까지 사방에서 모을 것이다.
루카: 이러한 일들이 일어나기 시작하거든 허리를 펴고 머리를 들어라. 너희의 속량이 가까웠기 때문이다.
― **마르 13,24-27; 마태 24,29-31; 루카 21,25-28**

✚
예수의 마지막 어록

"나는 하늘과 땅의 모든 권한을 받았다. 그러므로 너희는 가서 모든 민족들을 제자로 삼아, 아버지와 아들과 성령의 이름으로 세례를 주고, 내가 너희에게 명령한 모든 것을 가르쳐 지키게 하여라. 보라, 내가 세상 끝 날까지 언제나 너희와 함께 있겠다." ― **마태 28,18-20**

찾아보기

가르멜 수도원 207
가상칠언 246
가시관 126, 153, 237, 293
가톨릭 공의회 122
감실 109, 110, 176
개신교 39, 40, 113, 172, 185, 186, 238, 302,
　　303, 313, 315, 316
갤러리 109
거룩한 창 237
견진성사 37, 39, 145, 167, 173, 200, 267
고딕 양식 26, 126
고전주의 양식 28
공중 부양 154, 262, 278
괴테 45, 82, 177
『교양인을 위한 그리스도교 입문서』 129
교황사의 진기록 74~76
그리스도의 무기 237
금식 규정 204
금주령 188
기적의 메달 221, 227, 232, 261, 309

노동기도 99
노아의 방주 50, 93, 106
뉴턴 133
니힐 옵스탓 43

다윈 58, 131
대영광송 141, 144, 173, 252~254
대천사 61, 81, 86, 120, 156, 196, 197, 248,
　　257, 281
도움의 은총 313
동시이처존재 158, 229, 262

라 브뤼에르 194
라자로 157, 211
라칭거 103, 164, 184
라테란 49, 122
라틴어 14, 16, 41, 123, 125, 142, 176, 177,
　　179, 184, 251, 259, 301
레오 13세 21
『로마 순교록』 182, 183
로마네스크 양식 26
로만 칼라 41, 113
로코코 양식 28
르네상스 양식 27, 28

마르틴 루터 73, 79, 124, 125, 134, 135, 148
맥주 35, 68, 69, 229
메주고리예 226, 227
모차르트 29, 46
무류성 40, 122, 264
무지개 94, 152, 320
묵주기도 143, 221, 287, 291~294
물고기 14, 203~205
므두셀라 50, 51

바로크 양식 27, 28
바벨탑 50, 132

324　CATHOLIC DICTIONARY

바빌론 유배 48
바티칸 43, 44, 62
반 고흐 46, 47, 132
발렌타인 데이 72
베네딕토 16세 21, 22, 36, 123, 159, 213,
　　243, 244, 265, 303, 311
베드로 헌금 211
베로니카의 수건 243, 244
부속 제대 110
부활절 38, 53, 145, 317, 318
부활 달걀 317
불가타 94
비틀스 138
빛의 기도 290
빛의 날 172

사계의 재 270
사도 교부 155
사도 전래성 41
사도신경 137, 238, 239, 293
사도좌 41
사제의 각모 113
사추덕 82, 93, 200, 267, 268
산상 설교 82, 156, 191, 192
삼위일체 14, 24, 68, 81, 83, 90, 132, 150,
　　157, 158, 174, 202, 273, 296
삼층관 153, 265
샤를르 드 푸코 44, 45, 148

성경
　− 성경 번역 97
　− 성경 속의 관능적 대목들 283~285
　− 성경 속의 동물 215
　− 성경 속의 사라진 책들 96, 97
　− 성경 속의 진기록 50
　− 성경의 도량형 106, 107
　− 성경의 시간 계산 52, 53
　− 성경의 장과 절 94, 95
　− 성경의 책들 95
　− 성경의 해석 282, 283
성당
　− 교회 건축의 양식 26~28
　− 교회의 재산 250
　− 교회의 자선단체 통계 304
　− 노트르담의 악마상 88
　− 로마의 교회들 123
　− 샤르트르 성당의 미로 126, 127
　− 성당 예절 256
　− 성당 이용료 187
　− 성당의 방향 77
　− 세계에서 가장 큰 성당 305
　− 세계의 대형 교회들 186, 187
　− 소피아 대성당 127, 128
성 베네딕토 73, 117, 136, 160, 198, 205
성 아우구스티노 72, 88, 104, 117, 166, 169,
　　216, 253, 289
성 이냐시오 148, 153, 155, 159, 160

성인
- 동물과 직업과 질병의 수호성인 195~199
- 모든 성인 대축일 282
- 성인들의 상징 152~154
- 성인의 유해 231, 232
- 성인들의 통공 277
- 성인의 최후 88, 89
- 세계 각국의 수호성인 61, 62
- 수호성인 61
- 특이한 성인들 234

성 토마스 데 아퀴노 22, 87, 117, 137, 161, 166, 170, 236, 255

성 프란치스코 25, 61, 85, 117, 147, 188, 228, 273, 274, 316

성경 영화 299, 300

성녀 데레사(리지외) 61, 166, 170, 276, 277, 282, 310

성녀 데레사(아빌라) 16, 47, 61, 118, 160, 166, 170, 198, 228, 232, 275, 276, 311

성령 모독죄 269, 270

성모 발현 221, 222, 224, 225, 227, 261

성모 축일 135, 145, 220

성모의 일곱 가지 고통 219

성모의 일곱 가지 기쁨 220

성체 기적 261

성탄절 37, 53, 145, 146, 257, 314, 316

성화 은총 314

세네카 193

세라핌 14, 86, 189, 274

소피아 대성당 127, 128

수도회
- 세계에서 가장 엄격한 수도회 77, 78
- 수도자는 어떻게 되는가 118, 119
- 수도회 약자 114~117
- 수도회의 수도복 규정 117, 118

시노드 49

시몬느 베유 146, 271

시성 절차 217, 218, 278

시토회 22, 23, 32, 89, 116, 137, 171, 205

시편 1장 214, 215

시편기도 287, 288

식사 규정 205

식사기도 100, 101

식이요법 203, 204

『신국론』 216

『연역과 귀납 논리학 체계』 216

『신의 존재에 관한 증명』 178

십계명 83, 203, 214, 296

십자가의 길 219, 242, 243

아베 마리아 29, 102

아빠스 59, 60

아인슈타인 57, 58

아침기도 58, 59, 99

악덕의 기호 268

악마상 88

악마의 계급 85

악마의 발자국 179

악마의 변호인 41, 218, 278
악마의 사전 164, 165
알파와 오메가 78
야훼와 여호와 16, 17
여행기도 100
『연옥』 178
열두 사도 108, 149, 210, 297
영성체 기도 255, 256
영혼의 무게 301
예루살렘 증후군 172, 173
예수의 명칭 241, 242
예수의 일생 156, 157
오란스 254, 257
옥타비우스 179, 180
요한 23세 20, 21, 121, 148, 232, 250, 271
요한 바오로 2세 71, 74~76, 79, 135, 136, 147, 218, 260, 263~265, 271, 291, 305
유다교 37, 52, 86, 92, 104, 108, 151, 172, 185, 288, 289, 302, 303
유다교의 절기 52, 53
유럽연합기 130
이단 48, 89~91
이슬람교 38, 39, 104, 128, 185, 186, 230, 249, 302, 303
일곱 성사 39, 200, 296, 320
일곱 은혜 94, 151, 200, 320

재림 77, 314, 322, 323
저녁기도 101, 102

전례력 53, 81, 141, 175
주교의 복장 111, 112
주님의 기도 93, 142, 201, 202, 252, 253, 289, 293, 294

천사의 품계 85, 86
천지창조 80, 83, 91, 92, 136, 172, 213, 296
최후의 만찬 174, 209, 210
추기경 18, 24, 48, 74, 167, 168
칙령 41, 48, 292

카푸친회의 비오 신부 228~230
콘클라베 18, 48
클뤼니 수도원 205, 206, 318

타우 십자가 25
톨스토이 45, 46
트리어의 십자가 298
트라피스트회 77

파스퇴르 47
팔리움 49, 112
피에타 109

하느님의 변호인 41
향주덕 93, 199, 267
혼인 서약 258, 259
화살기도 202, 287, 294, 295
황금서 181, 182, 309

327

가톨릭에 관한 신앙사전
진리를 찾는 사람들을 위한

교회 인가 2014년 4월 3일
1판 1쇄 펴낸 날 2024년 3월 27일

지은이 페터 제발트
옮긴이 이기숙
감수 최현식
주간 안채원
편집 윤대호, 채선희, 윤성하, 장서진
디자인 김수인, 이예은
마케팅 함정윤, 김희진

펴낸이 박윤태
펴낸곳 보누스
등록 2001년 8월 17일 제313-2002-179호
주소 서울시 마포구 동교로12안길 31 보누스 4층
전화 02-333-3114
팩스 02-3143-3254
이메일 bonus@bonusbook.co.kr

ISBN 978-89-6494-687-9 03230

• 책값은 뒤표지에 있습니다.